本山版
正法眼藏
全

パスカルを眼蔵させて春の宵

玄月

撮影　熊谷聖司

千夜千冊エディション

本から本へ

松岡正剛

角川文庫
20955

千夜千冊
EDITION

本から本へ

松岡正剛

前口上

知り合いの数より、付き合った本のほうが多いなんて、
ぼくのどこかがおかしいか、本がニンゲンより親しみやすいかだ。
本は出し惜しみをしない。本は手持ちを曝《さら》してくれる。
ぼくは、本から貰《もら》った衣裳と道具と言葉づかいとスタイルで
その本に暗示された遊びに熱中すればいいだけだ。

目次

第三章　読みかた指南

第四章　ビブリオゲーム

第一章 世界読書の快楽

道元『正法眼蔵』
ブレーズ・パスカル『パンセ』
滝沢馬琴『南総里見八犬伝』
オノレ・ド・バルザック『セラフィタ』
エドガア・アラン・ポオ『ポオ全集』

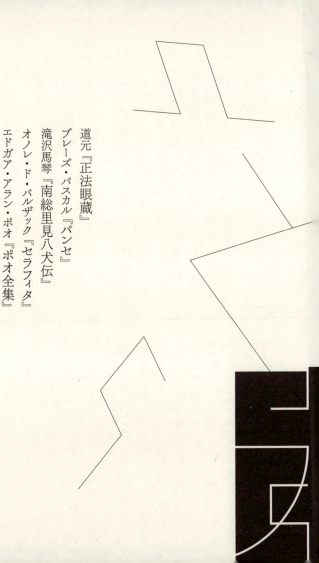

禅観七五項目を
好き勝手に要約読みをする

道元

正法眼蔵

鴻盟社　一九五二

道元の言葉は激しくて澄んで、蹲《うずくま》っている。一切同時《いっさいどうじ》現成《げんじょう》である。

高速でいて雅量に富んでいる。刀身のようでいてその刀身に月が映じ、さらにその切っ先の動きは悠久の山水の気運に応じたりもする。言葉そのものが透体脱落して、観仏三昧《ざんまい》を自在に往来する。漢語が日本語になろうとして躍っているようにも感じる。こういう仏教哲学はほかにはない。

しかし困ることがある。道元を読みはじめたら類書や欧米の思想書を読む気がしなくなることだ。それほどに、いつも汲《く》めども尽きぬ含蓄と直観が押し寄せてくる。湧いてくる。飛んでくる。深いというよりも、言葉が多層多岐に重畳していて、ちょっとした見方で撥《は》ねかたが異なってくる。水墨画には破墨と潑墨という技法があるのだが、それに近い。墨が墨を破り、墨が墨を撥ねつける。だから、道元の読みかたは二つしかない。よほどに向き合いたくてゆっくりと道元に入っていけるときに読むか、聖書を読むように傍らにおいて呟《つぶや》くように読むか。

ぼくも、その両方で読んできた。聖書のように読むのには、昭和二七年発行の鴻盟社《こうめいしゃ》の『本山版正法眼蔵』縮刷本を愛用した。本山版というのは九五巻本をいう。これはソフトカバーで手にとりやすく、読みやすい。あれほど大部の『正法眼蔵《しょうほうげんぞう》』が片手に入る。こういうハンドリング感覚というものはアフォーダンスがよいので妙なもの、『正法眼蔵』をコンサイスの辞書のように読んでいると、道元に入るというよりも、自分の前の何かの器《うつわ》に道元のミルクを移し変えているような気分になる。

ゆっくり読むときは、校注本や訳注本あるいは現代語の訳文がついている対訳本を見る。最初のうちは岩波日本思想大系をベースキャンプにしてきたが、道元の言葉はあたかも複合文様のごとくにいかようにも読めるので、テキストを変えることも多い。また道元には『永平広録』や『永平元禅師語録』も、さらに『正法眼蔵随聞記』もあって、これも見逃せない。良寛が「一夜灯前　涙とまらず　湿し尽す永平古仏録」と感想を書いたのは、おそらく『道元禅師語録』である。そういうものも読む。

関連書も多い。だから、そのまま研究書や評釈本に進んでしまうこともあるが、それはそれで夢中になれるのだ。二年ほど前には何燕生《かえんせい》の『道元と中国禅思想』（法藏館）を読んだばかりだった。道元は中国で如浄《にょじょう》に出会えて「眼横鼻直《がんのうびちょく》」を問われ「単伝正直」を知り、それなのに「空手還郷《くうしゅげんきょう》」をもって帰朝したのだが、これだけの話ではどうも中国禅との関係が見えきらなかったので、読んでみた。やはり道元は中国禅にあまり詳しくはない。また一年前には山内舜雄《しゅんゆう》の大冊『道元禅と天台本覚法門』（大蔵出版）を読んだのだが、これは失望した。

こういうぐあいだから、道元を読むといってもいつも右往左往だ。けれども、そこまでしてでも道元にさんざん振り回されることはなによりの快感で、これが親鸞や日蓮ではそうはいかない。明恵《みょうえ》、栄西、疎《そ》石《せき》もこうではない。道元から一休にまで跳ぶ。

向こうから道元がスタスタ歩いてやってくることもある。

最近のことでは、かつて現代思潮社の社主として澁澤龍彦とともにサド裁判などでならした石井恭二さんが、一九九〇年代に入って『現代文正法眼蔵』の大翻訳を敢行し、その書評や対談を頼まれたのがきっかけで、道元を現代哲学のように読み返すことが続いていた。そこへ、知人の平盛サヨ子が大谷哲夫『永平の風』（文芸社）のエディトリアル・ライティングを担当して、また道元にふれることになり、さらに大阪の講演会で一緒になった立松和平ともなぜか道元の話になって、さっそく『道元』（小学館）を送ってきた。ある版元から「道元を書きませんか」とも言われている。正直いって、とうてい書けそうもない。なにしろ四十年にわたる密会の恋人なのだ。

思い返すと、最初に道元を読んだのは学生時代のこと、森本和夫が早稲田での談話会で『正法眼蔵』の話をして刺激をうけたときのことだ。寺田透の校注で、「有時《うじ》」の一節、「いはゆる有時は、時すでにこれ有なり、有はみな時なり」に惹《ひ》かれた。

道元にアランやハイデガーやベルクソンを凌駕する時間哲学があることを知ったのは、ある意味では道元にひそむ現代的な哲学性に入りやすくなったのではあったが、反面、道元の禅者としての格闘を等閑視することになり、その後は、むしろ現代性をとっぱらって、いわば直面《ひためん》あるいはすっぴんで道元を読むほうに傾いた。

そういうときに大乗禅の師家である秋月龍珉《あきづきりょうみん》さんがぼくの前にあらわれて、「君の空海論や大拙論は出色だ」と言い出したかとおもうまもなく、なにかにつけては呼び出されるようになるうち、道元と西田幾多郎の読み方のお相手をさせられるようになった。ちょうど秋月さんが、そのころはまだ一般向けがめずらしい『道元入門』（講談社現代新書）を書いたあとだったと憶《おも》う。

道元を読むと、そこに浸りたくなる。その峡谷から外に出たくなくなっていく。それを道元は望んでいないともおもえるが、だったらその浸るところはどこかも考えたくなる。似たようなことを感じた人は当然いくらもいるようで、岩田慶治の『道元の見た宇宙』(青土社)のばあいは、“flow”という一語をあげた。そのフローに浸るというか、そこを漂うというか、自身をフローさせつつ道元とともに生の世界像に一身を任せるのが道元を読むことだという主旨になっている。

寺田透の『透体脱落』(思潮社)は、道元ばかりを扱っているのではないけれど、やはり主旨の中核を道元が占めている。寺田は「僕に残す光それ自体であるやうな虚無、しかし意力の充満した美しい虚無のかんじにさそはれる」と書いた。寺田は道元が放った光に浸った。それが吉田一穂《いっすい》では、自身の脊髄を道元と合わせて極北の軸を自らに突き刺すことをもって道元に浸るのだから、これは苛烈な道元との合体だ。

みんながみんな、道元を好きに読んできた。それが道元の「逆対応」という魅力であった。そこには禅のもつ魅力もむろん関与しているが、それだけではなく、道元の文才や言葉づかいや独自の用法もあずかっている。すでに井上ひさしが『道元の冒険』でもあきらかにしたことだ。

さて、このようなことを綴ってばかりでは、いつまでたっても『正法眼蔵』には入れないので、周縁余談はこのへんにして、では、以下にはごくごく僅《わず》かな隙間から洩《も》れ零《こぼ》れる道元の裂帛《れっぱく》の言葉を案内しておきたいとおもう。もっとも、こんなことをするのは初めてで、やりはじめてみてすぐわかったのだが、もっと早くにこういうノートを何種類も作っておけばよかったと悔やむばかりなのである。

五年におよんだ入宋《にっそう》の日々を終えた道元は、安貞元年（一二二七）に帰国すると建仁寺《けんにんじ》に身を寄せて、『普勧坐禅儀』を書いた。坐禅の心得と作法の一書である。しかしそれが、従来の仏教のいっさいの贅肉を鉞《まさかり》で殺《そ》ぐたぐいのものであったため、天台本拠の延暦寺に刃向かう誹謗非難とうけとられ、建仁寺も道元を追い出しにかかった。鎌倉以前の仏教は今日と同様に、贅肉だらけだったのだ。

やむなく深草極楽寺の安養院に退いた道元は、「激揚の時をまつゆゑに、しばらく雲遊して先哲の風を聞く」という覚悟をするのだが、このとき三十歳をこえたばかりの道元はさすがに憤懣やるかたない。

そこで比叡山を無視して潔く説法を開始してみると、学衆が次々に集まってくる。天福元年（一二三三）、宇治に道場の興聖寺を作って正式に法話を語ることにした。それが『正法眼蔵』の最初の「現成公按《げんじょうこうあん》」と「摩訶般若波羅蜜《まかはんにゃはらみつ》」の二巻になった。以降、年を追って巻立てがふえていく。

すでに書いたように、この『正法眼蔵』にはいくつかの写本があるのでどれをもって定番とするかは決めがたいのであるが、ここでは七五巻本をテキストとして以下に列挙した。ところどころに勝手な解説をつけた。全部を埋めなかったのは、そういうやりかたが道元流であるからだ。

序　「辨道話」。これは『正法眼蔵』本文に序としてついているのではないが、長らく序文のように読まれてきた。「打坐して身心脱落することを得よ」とある。この言葉こそ、『正法眼蔵』全七五巻あるいは全九五巻の精髄である。

一　「現成公按」。有名な冒頭巻だが、「悟上に得悟する」か、「迷中になお迷う」かを迫られている気になってくる。道元は、仏祖が迷悟を透脱した境涯で自在に遊んだことをもって悟りとみなした。それが「仏道を習ふといふは自己を習ふなり、自己を習ふといふは自己を忘るるなり」の名文句に集約される。

二　「摩訶般若波羅蜜」。『正法眼蔵』は『般若心経』を意識している。しかし道元は「色即是空・空即是色」をあえて解体して、「色是色なり、空是空なり」とした。『正法眼蔵』はあらゆる重要仏典の再編集装置であるといってもいい。

三　「仏性《ぶっしょう》」。

四　「身心学道」。

五　「即心是仏」。

六　「行仏威儀」。

七　「一顆明珠《いっかみょうしゅ》」。三九歳のときの一巻。道元の好きな「尽十方世界是一顆明珠」にちなんでいる。よく知られる説教「親友に譲るものは最も大切な明珠であるべきだ」というくだりは、仏典の各所にも名高い。ぼくは親友（心友）に何を譲れるのだろうか。

八「心不可得《しんふかとく》」。

九「古仏心」。

一〇「大悟《だいご》」。いったい何が悟りかと、仏教に遠い者も近い者もそれをばかり訊《たず》ねたがる。しかし悟りは意味を問わない。道元は、「仏祖は大悟の辺際を跳出し、大悟は仏祖より向上に跳出する面目なり」と言ってのけた。これでわからなければ、二度と悟りなどという言葉を口にしないほうがいいという意味だ。

一一「坐禅儀」。

一二「坐禅箴《ざぜんしん》」。

一三「海印三昧」。

一四「空華《くうげ》」。ここは世阿弥の「離見《りけん》の見《けん》」を思い出させるところ。道元はそれを「離却」といった。

一五「光明」。ここにも「尽十方界無一人不是自己」のフレーズが出てくる。尽十方界に一人としてこれ自己ならざるなし、である。華厳の世界観は十方に理事の法界《ほっかい》を見たのだが、道元は十方に無数の自己の法界を見た。

一六「行持《ぎょうじ》」。「いま」こそを問題にする。「行持のいまは自己に去来出入するにあらず。いまといふ道は、行持よりさきにあるにはあらず。行持現成するをいまといふ」。さらに「ひとり明窓に坐する。たとひ一知半解なくとも、無為の絶学なり、これ行持なるべし」とも書いた。一方、「仏祖の大道、かならず無上の行持あり、道環して断絶せず」は、露伴の連環につながっているところ。

一七「恁麼《いんも》」。「いんも」と読む。「そのような、そのように、どのように」というようなまことに不埒《ふらち》で曖昧な言葉だ。これを道元はあえて乱発した。それが凄い。「恁麼なるに、無端に発心するものあり」というように。また「おどろくべからずといふ恁麼あるなり」というふうに。

一八「観音」。

一九「古鏡」。鏡が出てきたら禅では要注意だ。きっと「君の禅を求める以前の相貌はどこに行ったのか」と問われるに決まっているからだ。

二〇「有時《うじ》」。道元はつねに「無相の自己《フォームレス・セルフ》」を想定していた。その無相の自己が有るところが有時である。これを、時間はすなわち存在で、存在はすなわち時間であると読めば、ハイデガーやベルクソンそのものになる。

二一「授記」。

二二「全機」。

二三「都機《つき》」。ツキと読む。月である。『正法眼蔵』のなかでは最もルナティックな一巻だ。「諸月の円成《えんじよう》すること、前三々のみにあらず、後三々のみにあらず」。道元は法身は水中の月の如しと見た。

二四「画餅《がへい》」。ここは寺田透が感心した巻だ。「もし画は実にあらずといはば、万法みな実にあらず。万法みな実にあらずは仏法も実にあらず。仏法もし実になるには、画餅すなはち実なるべし」という、絶対的肯定観が披瀝される。

二五「渓声山色《けいせいさんしよく》」。前段に「香厳撃竹《きようげんきやくちく》」、後段に「霊雲桃花」を配した絶妙な章だ。百丈《ひやくじよう》の弟子の香厳は師が亡くなったので兄弟子の潙山《いざん》を訪ねるのだが、そこで、「お前が学んできたものはここではいらない。父母未生巳前に当たって何かを言ってみよ」と言われて、愕然とする。何も答えられないので、何かヒントがほしいと頼んだが、兄弟子は「教えることを惜しみはしないが、そうすればお前はいつか私や自分を恨むだろう」と突っぱねた。そのまま悄然《しようぜん》として庵《いおり》を結んで竹を植えて暮らしていたところ、ある日、掃除をしているうちに小石が竹に当たって激しい音をたてた。ハッとして香厳は水浴して禅院に向かって祈った。これが禅林に有名な香厳の撃竹である。「霊雲桃花」では、その竹が花になる。

二六「仏向上事」。

二七「夢中説夢」。

二八「礼拝得髄《らいはいとくずい》」。四一歳のころの執筆。きわめて独創的な女性論・悪人論・童子論になっている。ぼくも近ごろはやっとこういう気分になってきた。七歳の童子に向けても何かを伝えたいなら礼をもってするべきだというのだ。

二九「山水経」。ぼくの『山水思想』（五月書房→ちくま学芸文庫）はこの一巻に出所したといってよい。曰《いわ》く、「而今《にこん》の山水は古仏の道、現成なり」「朕兆未萌《ちんちょうみぼう》の自己なるがゆゑに、而今の活計なり」「空劫已前《くうごういぜん》の消息なるがゆゑに、現成の透脱なり」。これ以上の何を付け加えるべきか。

三〇「看経《かんきん》」。

三一「諸悪莫作《しょあくまくさ》」。ふつう仏教では「諸悪莫作」を「諸悪、作《な》す莫《なか》れ」と読む。道元はこれを「諸悪作ることなし」と読んだ。もともと道元は漢文を勝手に自分流に編集して読み下す名人なのだが、この解読はとりわけ画期的だった。諸悪など作れっこないと言ったのだ。

三二「伝衣《でんえ》」。

三三「道得《どうて》」。禅はしばしば「不立文字」「以心伝心」といわれるが、それにひっかかってはいけない。言葉にならずに何がわかるのかというのが道元なのだ。それを「道得」という。道とは「言う」という意味である。

三四「仏教」。「仏心といふは仏の眼睛なり、破木杓なり、諸法なり」と、三段に解く。道元得意の編集だ。そのうえで「仏教といふは万像森羅なり」とまとめた。ここでは十二因縁も説く。

三五「神通《じんづう》」。

三六「阿羅漢《あらかん》」。

三七「春秋」。しばしば引かれる説法だ。暑さや寒さから逃れるにはどうしたらいいかという愚問に、正面きって暑いときは暑さになり、寒いときは寒さになれと教えた。いわば絶対的相待性なのである。

三八「葛藤」。かつてここを読んで愕然とした。「葛藤をもて葛藤に嗣続することを知らんや」のところに刮目《かつもく》させられたのだ。煩悩《ぼんのう》をもって煩悩を切断し、葛藤をもって葛藤を截断《せつだん》するのが仏性というもので、だからこそ仏教とは、葛藤をもって葛藤を継ぐものだというのである！

三九「嗣書《ししょ》」。

四〇「栢樹子《はくじゅし》」。

四一「三界唯心」。

四二「説心説性《せつしんせっしょう》」。心性を説く。しかしそこは道元で、一本の棒を持たせて、その棒を持ったとき、縦にしたとき、横にしたとき、放したとき、それぞれを説心説性として自覚せよとした。デザイナーの鉛筆もそうあるべきだった。そこを「性は澄湛にして、相は遷移する」とも綴った。これはまさにアフォーダンス論である。

四三「諸法実相」。

四四「仏道」。

四五「密語」。密語とは何げない言葉のことをいう。その微妙に隠れるところの意味がわからずには、仏心などとうてい見えてはこないというのだ。たとえば、師が「紙を」と言う。弟子が「はい」と寄ってくる。師が「わかったか」。弟子は「何のことでしょうか」。師「もう、いい」と言う。これが曹洞禅というものである。

四六「無情説法」。

四七「仏経」。

四八「法性《ほっしょう》」。道元は三四歳で興聖寺をおこしたが、比叡山から睨《にら》まれていた。そこで熱心なサポーターの波多野《はたの》義重《よししげ》の助力によって越前に本拠を移す。そして四四歳のとき、この一巻を綴った。「人喫飯、飯喫人」。人が飯を食えば、飯は人を食うというのだ。飯を食わねば人ではいられぬが、人が人でいられるのは飯のせいではない。飯を食えば飯に食われるだけである。道元はこれを書いて越前に立脚した。

四九「陀羅尼《だらに》」。陀羅尼の意味を説明するのだが、それを道元は前巻につづけて、寺づくりは「あるがままの造作」でやるべきこと、それこそが陀羅尼だというメタファーを動かした。たいした事業家なのである。

五〇「洗面」。

五一「面授」。いったい何を教えとして受け取るか。結局はそれが問題なのである。いかに師が偉大であろうと、接した者が「親の心子知らず」になることのほうが多いのは当然なのだ。しかし面授は僅かな微妙によって成就もするし失敗もする。道元は問う、諸君は愛惜すべきものと護持すべきものを勘違いしているのではないか。

五二「仏祖」。

五三「梅花」。「老梅樹、はなはだ無端なり」。老いた老梅が一気に花を咲かせることがある。疲れた者が一挙に活性を取り戻すことがある。「雪裏の梅花只一枝なり」。道元は釈迦が入滅するときに雪中に梅花一枝が咲いた例をあげ、その一花が咲こうとすることが百花繚乱なのだということを言う。すでにここには唐木順三が驚いた道元による「冬の発見」もあった。

五四「洗浄」。

五五「十方」。

五六「見仏」。自身を透脱するから見仏がある。「法師に親近する」とはそのことだ。相手を好きになるときに自身を解き、相手に好かれるときに禅定に入る。が、それがなかなか難儀なのである。

五七「遍参《へんざん》」。仏教一般では「遍参」は遍歴修行のことをいう。しかし道元は自己遍参をこそ勧めた。そこに遍参から「同参」への跳躍がある。

五八「眼睛」。

五九「家常」。

六〇「三十七品菩《ぼ》提分法《だいぶんぽう》」。

六一「竜吟」。あるときに僧が問うた、「枯木は竜吟を奏でるでしょうか」。師が言った、「わが仏道では髑髏が大いなる法を説いておる」。それだけ。

六二「祖師《そし》西来意《さいらいい》」。禅で最も著名な公案のひとつ。

六三「発菩提心《ほつぼだいしん》」。越前に移った道元はいよいよ永平寺を構えるという継続事業に乗り出した。その心得をここに綴って、その事業の出発点を「障壁瓦礫、古仏の心」というふうに肝に銘じた。素材が古かろうとも、そこにあるものを寄せ集めた初心を忘れるなということだ。

六四「優曇華《うどんげ》」。

六五「如来全身」。

六六「三昧王三昧《さんまいおうざんまい》」。仏教が最も本来の三昧とする自受用《じじゅよう》三昧のことである。道元は三昧を一種としないで、つねに多種化した。

六七「転法輪《てんぼうりん》」。

六八「大修行」。

六九「自証三昧」。岩田慶治が好んだ「遍参自己」が出てくる。「遍参知識は遍参自己なり」と。先達や師匠のあいだをめぐって得られる知識は、自分をめぐりめぐって得た知識になっているはずなのである。

七〇「虚空」。

七一「鉢盂《ほう》」。鉄鉢は飯器のようなものだが、禅林ではこれを仏祖の目や知恵の象徴に見立てて、編集稽古する。このときたいてい「什麼《しも》」が問われる。「什麼」は「なにか」ということで、この「なにか」には何でもあてはまる。何にでもあてはまるから、何でもいいわけではなくなってくる。その急激な視野狭窄《きょうさく》に向かって、道元が「それ以前」を問うのである。

七二「安居《あんご》」。

七三「他心通《たじんつう》」。

七四「王索仙陀婆《おうさくせんだば》」。寛元四年（一二四六）、大仏寺は日本国越前永平寺となった。開寺にあたって道元は寺衆に言った、「紙衣ばかりでもその日の命を養へば、是の上に望むことなし」と。

七五「出家」。道元は五三歳の八月に入滅した。あれだけの大傑としてはあまりの早死にであろう。芭蕉や漱石の没年に近い。遺偈《ゆいげ》は「五十四年、第一天を照らし、趺《ふ》跳《ちょう》を打箇して大千を触破す。咦、渾身もとむる処なく、活きながら黄泉に陥つ」
というものだった。

第九八八夜　二〇〇四年六月九日

参照千夜

三九七夜：親鸞『歎異鈔』　一八七夜：夢窓疎石『夢中問答集』　九二七夜：一休『狂雲集』　九六八夜：澁澤龍彦『うつろ舟』　九一六夜：ハイデガー『存在と時間』　一二一二夜：ベルクソン『時間と自由』　一〇八六夜：西田幾多郎『西田幾多郎哲学論集』　七五七夜：岩田慶治『草木虫魚の人類学』　一〇五三夜：吉田一穂『吉田一穂大系』　九七五夜：井上ひさし『東京セブンローズ』　一一八夜：世阿弥『風姿花伝』　九八三夜：幸田露伴『連環記』　一〇〇〇夜：良寛『良寛全集』　八五夜：唐木順三『中世の文学』

「小さな敏感」と「大きな鈍感」を言葉をもって入れ替える

ブレーズ・パスカル

パンセ

津田穣訳　新潮文庫　全二巻　一九五二
Blaise Pascal: Penseés 1670

（一）読みちがえ

パスカルの円錐曲線論は美しい。そのなかにアポロニウスがいる。十六歳のときの習作だということを大目に見ないようにしても、美しい。プロバビリティ（確率）の数学について語るパスカルはフェルマーそのものだ。そこではパスカルはパスカルではなく、一連の数式列にさえなっている。

パスカルの原理や計算機製作は、そのままパスカルが科学に邁進していたらもっと複雑なものになっていただろうものの、パスカルはそこで「科学的中断」をした。宗教を考えたかったからだ。この中断を大半の数学史家や科学史家たちは、なぜパスカルほどの溢れた才能が解答も証明もない宗教談義のために「宗教的回心」をしたのか、まったくもって口惜しいという態度をとってきた。さもあろうが、その「中断」と「回心」こそがパスカルが数学史から見ても思想史から見ても、歴史上まったくもってどんな類型にもあてはまらないパスカル自身になりえた理由なのである。

その「中断」と「回心」がなければ、ヴォルテールが『哲学書簡』にまるまる一章ぶん「パスカル氏の『パンセ』について」を割くことにはならなかったろうし、キリスト教思想史がパスカルを大きく位置づけることもなかったし、ニーチェが一二一回もパスカルの名を持ち出しはしなかった。アポロニウスであってフェルマーであって「賭けの数学者」であったパスカルは、アウグスティヌスとモンテーニュとジャンセニウス（ヤンセン）の後継者になっていったのだ。

そういうパスカルを、まずシャトーブリアンが十九世紀ふうにまとめあげ、ついではニーチェ、ヴァレリー、ルフェーヴルが二十世紀ふうに蘇らせた。それだけではない。ちょっとしたところにも『パンセ』は顔を出す。たとえば野上彌生子の『迷路』では、クリスチャンの菅野と高校生の慎吾が熱く『パンセ』賛歌を語っていたし、ミシェル・セールはいつもまるで新パンセのようにパスカルもどきを散らし書きしてみせた。これは浪漫としてのパスカルだ。

だからアウグスティヌス、モンテーニュ、ニーチェ、ヴァレリー、ルフェーヴル、野上彌生子、セールを読まずには、パスカルは伝わらない。そう、ずうっと得心していたのだが、おやおや、どうもそうではなかったのだ。

（二）比べ読み

パスカルについて書こうとすることが、こんなにも気分を澄ませるとはおもわなかった。いや、まだ何も書いてないが、久々に読んでいるうちに、そうか、『パンセ』はこう読めばよかったかと感じられるようになり、そのように感じることで気分がやけに澄んできた。

たとえば『パンセ』〔三一七〕には「敬意とは面倒なことをしてみなさい、ということなのである」とある。また〔二七二〕には「知恵は、われわれを幼な心に向かわせる」とある。まさに、よくぞ「面倒なこと」や「幼な心」に精神の本来が宿っていると言ってくれたではないか。そうなのだ。たったこの二つの章句だけでも、『パンセ』を読む気分がぐんと澄んでくる。ひどいことに、かつてのぼくはそういうところに鳥が啄《ついば》むような嘴《くちばし》を当ててみなかった。

数日前のこと、いつもは何冊かを持って行くのに、前田陽一訳と津田穣訳の『パンセ』だけを鞄に入れて新幹線に乗った。その日の目的地ATR（国際電気通信基礎技術研究所）に行くには、京都で降りて近鉄京都線に乗り換え「高の原」で降りる。そのあいだずっと二つの『パンセ』を読み比べていた。

新幹線の小さな折り出しテーブルの上に前田訳（中公版）と津田訳（文庫版）を重ねるように置いて、じゃがりこを食べ十六茶を飲みながら次々に見開き単位で〝比べ読み〟をしていくのは、あまりにも腕さえ伸ばせぬ狭苦しい作業だったけれど、それがかえってよかったのか（じゃがりこがよかったのか）、隣のオネントームめいた紳士が静かに熟睡していたのがよかったのか、予想以上に濃密な時間となった。この、ちょっとした忘我の状態のせいで、京都に着くまでに七割がたの点検を了《お》えられた。文庫版には二十年ほど前の赤いボールペンのマーキングが、中公版「世界の名著」のほうには十年ほど前の青いマーキングと書き込みがあったから、いまさらながらの高速な集中になったのだろう。

なお、『パンセ』にはいくつもエディションがあって、それぞれ断章番号が異なっている。ここではブランシュヴィック版の断章番号にもとづいた。こうした『パンセ』のエディションを読み比べることも、パスカルの読み方なのである（書物の異本や増補エディションの加筆訂正に注目していると、思想の訓練にも文体練習の訓練にもなる）。

（三）時代読み

パスカルを読むには一つの条件を除けば、できるだけその日の心境で読むのがよいというふうに、いまのぼくにはおもえる。そのほうが身に染みる。そうしたほうがパスカルの聖編集過程とでもいうべきものが手にとるように見える。これが『パンセ』についての最新の判定だ。それについてはあとで書く。

一つの条件というのが何かというと、パスカルが送った時代の状況と周辺の事情をある程度は配慮しておくということだ。その話を先にしておこう。

たとえば、パリに出たパスカルに三十歳ほど年上のデカルトが会いたがっていた。デカルトは病弱だったパスカルの健康を心配していくつかのヒントを出していた。パスカルはデカルトのトリチェリの真空管実験に関する解釈の誤りを指摘した。またたとえば、パスカルが国王ルイ十三世に特許を求めた四則演算のための計算器は、当時の通貨の数えかたに寄与するための実用に富んだものだった。その後パスカルは妹のジャクリーヌに続いてポール・ロワイヤル修道院に出入りして、ジャンセニスム（ヤンセニスム）の立場からイエズス会への論争を引き受けた——。こういうことはパスカルの思想や精神に深々と関係している事情であるからだ。

当時の時代の符牒《ふちょう》のなかに、どのようにパスカルがいたかといえば、パスカルが一六二三年に生まれた翌年、リシュリューが宰相になっていて、十四歳のときにデカルトが『方法叙説』を書いていた。日本は寛永年間。島原の乱がおこっていた。

つまりパスカルは、フランスがイギリスに対抗してルイ王朝による「太陽の帝国」を築こうとしていた時期に、一方ではガリレオ、ケプラー、デカルトからトリチェリ、フェルマー、ヘルモントに科学思考が移っていく過渡期を体験し、他方では、メルセンヌが主宰した科学アカデミーからも一定の評価を得た科学者として信頼されつつも、エギョン夫人のサロンなどに出入りしてルイ王朝の宮廷とも縁をもちながら、結局はポール・ロワイヤルでの思索を深めて、信仰問題に関する発言に傾いていったということになる。

ようするにパスカルはかなり恵まれた環境にいて、一方では実証科学の台頭を前にその実証の方法に自分のほうが長《た》けていることを感じ、他方では精神や信仰を問題にするには別の実証の方法が必要だろうということを察知していたということだ。

ただし、青年パスカルは生まれついての病弱だった。眼性偏頭痛だったという診断もある。いったいそういうパトグラフィ（病跡学）によってどれほどの思想診断ができるのか、岩井寛さんや中井久夫さんの業績に惹かれてきたぼくとしてはやや判断に困るところだが、きっとパスカルは自身の頭痛の種を「隠者」への憧れで解消したかったのではないかと想う。そしてこの間に、有名な「回心」が二度おこったのである。

（四）回心回読

パスカルの最初の「回心」は父親の骨折事故につながっている。科学をもっぱら尊び、理性と信仰を分けるように子供を教育してきた父親が、あるとき水で滑って大腿骨を折った。

このとき兄弟の医師が三ヵ月にわたって邸内に宿泊して治療に当たったのであるが、その兄弟がポール・ロワイヤル修道院の運動をくむ熱心な信仰者だった。二三歳になっていたパスカルはこの兄弟医師の話にすこぶる関心をもち、妹のジャクリーヌを説得、パスカルとジャクリーヌがそろって父親に信仰のすばらしさを打ち明けた。子が親を変えたのだ。

ここにパスカル一家が熱心な聖家族になる契機が生まれたのだが、これが最初の「回心」だった。すでにこのとき、パスカルの「科学的中断」は決行されつつあった。

もうひとつの決定的な「回心」は一六五四年の十一月二三日におこる。パスカルの死後、その胴衣の縫い込みから一枚の紙切れが発見された。いまは『メモリアル』と称されているその紙切れは、パスカルがこの日にイエス・キリストに向かって信仰の決意をしたことが清楚に綴られていた。そこには「アブラハムの神、イサクの神、ヤコブの神。哲学者および識者の神ならず。確実、感情、歓喜、平穏。イエス・キリストの神。わが神、すなわち汝らの神。汝の神はわが神とならん……」その他の言葉が、最後のアーメンに至るまで、丹念な文字で書いてある。

まさにこの夜こそが、ヴァレリーの「精神の島」発見に匹敵する雷鳴の一夜であったろう。これ以降、青年パスカルはポール・ロワイヤルの立場において思索をし、言葉を紡ぐようになっていく。『パンセ』はここから先のパスカルの聖編集過程ばかりを伝える。ただし、ポール・ロワイヤルの立場がちょっと面倒くさい。

ポール・ロワイヤルというのは、もともとはパリ南郊のシュヴルーズにあった女子修道院が十七世紀初頭には周辺に男子の隠遁者集団を吸引して大きくなったところだ。とくにアントワーヌ・アルノーとフランソワ・ド・サールの改革で、一言でいえば「神の内面性」を全員が感得する集団になりつつあった。『聖書』のフランス語訳もここでおこなわれたので、フランス語の歴史にとっても欠かせない。

（五）読み信じる

ポール・ロワイヤルの立場とは、一言でいえばアウグスティヌスの恩寵《おんちょう》論に立つということである。設立当時はオランダのジャンセニウスの遺著『アウグスティヌス』を踏襲することを意図していた。これがいわゆるジャンセニスムにあたる。

そのころのポール・ロワイヤル修道院にはサン・シラン神父がいて、指導的立場にあった。シランはジャンセニウスの信仰上の朋友で、清貧・純潔・悔悟・厳粛を信条とする隠者のような日々を営んでいた。これは前教皇のイノケンティウス十世からは異端視されていたもので、宰相リシュリューからも睨《にら》まれていた。そこにカルヴァンの宗教改革に反対しつづけて、カトリック・ラディカルな運動を展開してきたイエズス会が恩寵よりも意志を重視して、ポール・ロワイヤルの立場に批判を加えた。さあ、意志か、恩寵か。イエズス会とジャンセニスムはしだいに対立を深める。

文筆力があって、かつ論証力にも富んでいたパスカルが応援を頼まれたのはこのころだ。パスカルはさっそく書簡形式に託して、ポール・ロワイヤルの立場に立って論陣を張った。これが有名な『プロヴァンシアル』書簡集になる。そしてこの立場にもとづき、三九歳で死ぬまでに綴られた冥想録が『パンセ』だった。

もっとも冥想録は冥想録という様式と思想が先に前提されたのではなく、パスカルが〝仮初めの隠者〟になっていく過程がそのまま投影されて生まれてきたものだった。その過程は肉体の修行によるものではなかった。そうではなくて、パスカルは言葉による修行を創ったのだ。

（六）　編集されつつ読む

ぼくが『パンセ』を読んで澄んだ気分になったというのは、キリスト者パスカルの精神そのものに対してというよりも、その精神によって「言葉のパフォーマンス」を鮮明に確立していったプロセスが読み取れるところにあった。パスカルはポール・ロワイヤルの立場に立ったから、そういう「言葉のパフォーマンス」ができた。

そうやって産み落とされた精神の言葉には、そのような立場を離れて自立する言葉そのものの方法的世界観が芽生えていた。次の一連の断章が、いい例だ。断章番号の順序と言葉づかいを変えておいたので、ぼくがこれから何を言いたくなっているか、わかりやすくなっているとおもう。

〔四九〕ある場面ではパリを「パリ」とよばなければならないし、ほかのある場面では「王国の首都」とよばなければならない。

〔二三〕言葉はいろいろに配列され、いろいろの意味をとる。また意味はいろいろに配列されて異なる効果を生む。

〔二二〕同じ思考でも配置を変えるなら別のメッセージになるはずなのである。同じ言葉でも、並べかたを変えるなら、別の思想を構成するはずなのだ。

〔一九〕著作を拵《こしら》えていて一番あとに気がつくことは、何を一番初めに置いたらよいかを知らなければならないということである。

これはまさしく編集工学だ。ないしは編集的精神幾何学ともいうべきものだ。それもまことに過不足のない言いかたになっている。

パスカルは、言葉の配列によって次々に意味の相貌が変わっていくことを注視して、そこにはきっと言葉にひそむ「ねじまわしの進む力」と「鉤《かぎ》の引く力」があるはずだというふうに捉えたのである〔五五〕。そして、それをつねに「見抜くこと」をマスターしないかぎりは、どんな言葉をたくさん読もうとも、いたずらに言葉を連ねようとも、何の力ももたないと考えた。

ついで〔四五〕では「言葉（国語）は、文字が文字に変わるのではなく、言葉が言葉に変わる符牒なのである」と喝破した。パスカルは「馬車が倒れた」と書くか、あるいは「馬車が覆された」と書くかでは、「水が流れる」と「水を注ぐ」とでは、何か根本的なことが変化すると見抜いた〔五三〕。自動詞を使うか他動詞を使うか、ではない。言葉の選択で意味の文化が動くと見た。精神の文化が変化すると見た。これは、やっぱり編集術なのだ。パスカルによって初めてあきらかにされた国語文化の問題でもあった。このことは、そこに神やポール・ロワイヤルの立場がなくたって十全に成立していた。

こうしてパスカルは精神を編集した。それには言葉の幾何学をどのように創るかということで接近できると考えた。ただし、ここでちょっと注意書きをする必要がある。それはパスカルにおける幾何学という言葉の取り扱いかただ。

ぼくは『パンセ』の全体を「幾何学精神」と言ってもよいとはおもっているが、これはパスカル自身がやんわりと拒否をしていた。『パンセ』の冒頭は実は「幾何学の精神」に対して「繊細の精神」があることを謳っていて、パスカルは幾何学だけではこれから綴る思索の論証には至れまいと踏んだのである。幾何学が役に立たないとは言ってはいない。そうではなくて、精神の論証には幾何学や科学ではなく、言葉による論証が必要だと考えた。その言葉は『聖書』を除けば、これからパスカル自身が創っていく言葉づかいによってのみ生じると考えた。

どんな言葉でもよいというわけではない。いったんは実証の予定をたてて、それだけでは見えてこないところから直観に入りなおし、そこで神と交わり、ついでは紡げる言葉に従いたい。これが「繊細の精神」だ。パスカルは、幾何学の方法によって使える言葉ではあらわせない何かを「繊細」という言葉であらわしたかったのだ。

かくしてパスカルは繊細な幾何学をもって神と信仰をめぐっていった。第二章「神なき人間の惨めさ」、第四章「信仰の手段について」、第八章「キリスト教の基礎」、第一一章「預言」は、そういう幾何学の様相になっている。気分が澄まないはずがなかった。

（七）弱く読む

これであらかたの案内をしたつもりだが、ぼくにとって『パンセ』が澄んでいるもっと深い理由が、もうひとつある。それはパスカルがつねに「弱さ」ということに、すなわちフラジリティに言及しつづけていることである。

有名な「人間は考える葦《あし》である」をめぐった箇所を見れば、パスカルの言いたかったラディカル・フラジリティの意味がよく見えてくる。原文は次のようになっている。改行は省略した。

〔三四七〕人間は、自然のうちで最も弱い一本の葦にすぎない。しかしそれは考える葦である。これを押し潰すのに宇宙全体が武装する必要はない。一つの蒸気、一つの水滴もこれを殺すのに十分である。しかし宇宙がこれを押し潰すとしても、そのとき人間は、人間を殺すこのものよりも、崇高であろう。なぜなら人間は、自分の死ぬことを、それから宇宙が自分よりずっと勝っていることを知っているからである。宇宙は何も知らない。

ここに決然と宣言されているのは、人間がもともと本来的にもっている「弱さ」であり、その「弱さ」のもつ小さな偉大さというものだ。

パスカルはとっくに「弱さ」や「小ささ」が大きな自然や巨大な宇宙に匹敵することを知っていた。それは人間の思考を媒介するかぎり、強弱と代償が逆転するものなのである。〔一九八〕にはこういうふうにある。「人間の小さなことがらに対する敏感さと、大きなことがらに対する無感覚とは、奇妙な入れ替わりを示している」。

何が「小」と「大」を入れ替えるのか。小さな敏感とは、シャープペンシルの芯やプチトマトや惚れた女の唇の端である。「大きなことがらに対する無感覚」とは、たとえば住んでいる町の全体、たとえばイラク戦争、たとえば仏教の全貌だ。たしかにこういうものにわれわれは鈍感だ。しかし、それがときどき入れ替わる。そこに注目したい。パスカルは、そう言ったのである。

こういうパスカルを、これまでほとんど大事にしてこなかった。これまでパスカルは「認識の残酷性」があるとさえ言われ、ときには「一貫した思考をしない思想者」というふうに、敬意はもたれていたものの、その本質が摑めないままに評価されてきた。けれども、もうそういう読みかたはやめたほうがいい。「入れ替わる」ということそのものがパスカルの思想の構造なのである。精神幾何学なのである。

最初にあげた『パンセ』〔三一七〕の、「敬意とは面倒なことをしてみなさい、ということだ」をふたたび思い出したい。「面倒なこと」は「窮屈な思い」という訳もある。ぼくはこの一行にパスカルのすべてが立っているとおもう。また〔二七一〕を思い出したい。「知恵は、われわれを幼な心に向かわせる」なのだ。「知恵はわれわれを幼児へおくる」「知恵はわれわれを幼年におくる」とも訳される。これは「マタイ伝」で「もし汝らひるがえりて幼な子のごとくならずば、天国に入るを得じ」とあるより、ずっとパスカル的である。

パスカルにはこういう心があった。敬意から面倒へ、その面倒の引き受けが、その瞬間に他者を敬意に巻きこんでいく。だから成熟した知恵をもちたい。そのときその心がふいに幼児の一点への集約をもたらした。その瞬間に何かが入れ替わっての、知恵の到来なのである。

なぜ、このようなパスカルをぼくは見ていなかったのだろう。なぜパスカルをこんなふうに読ませない哲学史があったのだろう。それはパスカルが書いていたことが「定めなき」ということであったことに気がつかなかったからだ。〔二〇三〕にこんなふうに、ある。すばらしい。「つまらぬものの魅力のために、一週間しか生命がないかのようにして、行動してみるべきなのである」。また〔二〇四〕に言う、「もし一週間の生涯なら、百年をも捧げるべきなのだ」。

第七六二夜　二〇〇三年四月二五日

参照千夜

二五一夜：ヴォルテール『歴史哲学』　一〇二三夜：ニーチェ『ツァラトストラはかく語りき』　七三三夜：アウグスティヌス『三位一体論』　八八六夜：モンテーニュ『エセー』　一二夜：ヴァレリー『テスト氏』　六五二夜：ルフェーヴル『革命的ロマン主義』　九三四夜：野上彌生子『秀吉と利休』　三七七夜：ケプラー『宇宙の神秘』

某女子に促されて馬琴の戯作を遊んでみた

滝沢馬琴

南総里見八犬伝

小池藤五郎校訂　岩波文庫　全一〇巻　一九九〇

…いまや玄月翁は男の身でありながらの産みの苦しみというものに、この世もかくやというほどの七転八倒、この産む身の母なるものの、もぞもぞとした感覚は何かと尋ねる暇もなく、ふらふらと書庫を彷徨《さまよ》ったかと思うまもなく、一冊二冊、五冊十冊と江戸戯作の書棚から妖《あや》しい一群を取り出して、ついには机上に曲亭馬琴《きょくていばきん》の壮観を並べ立てたのでありました…

（ぼ、馬琴ですか…バキン…？）そうです。馬琴です。曲亭滝沢馬琴です。いま、馬琴を読む人はいますか。ほとんどいないかもしれませんね。まあ雅文俗文を駆使した和漢混淆《こんこう》体の文章だけでも、後ずさりするかもしれないね。でも、とりあえずは現代文になったものを読めばいいんです。それでも『八犬伝』のおおまかな凄さはわかります。それから原文に入っていくといい。

（でも、今夜は、その、いよいよの…）なんといっても鷗外はね、「八犬伝は聖書のような本である」と言ったんです。こういうことは伊達《だて》では言えません。だってノヴァーリスだって「人は生涯に一度、聖書を書くために生まれてきた」って言うしかないわけですからね。『八犬伝』は聖書なんですよ。それにしても聖書をもちだされたとは、それも鷗外によってとは、馬琴もさぞかし冥利に尽きるでしょう。

（ええ、でもセンセ…）『八犬伝』は読本《よみほん》ですね。だから読本を楽しむという読みかたが必要です。稗史《はいし》ですね。馬琴は一〇〇巻をこえる夥《おびただ》しい数の黄表紙や合巻も書いていますが、やっぱり読本が濃い。

（はあ、こゆい…）それでもこれらは、いまでいうなら大衆文学で、いわば直木賞の範疇になる。けれどもいまどきの大衆文学作品で、これは聖書だなんて感じられるものはありますか。ちょっとないでしょう。どんなものがあるかと、いまふと思い浮かべてみましたが、まあ、たとえば大西巨人の『神聖喜劇』や車谷長吉《くるまたにちょうきつ》の『赤目四十八瀧心中未遂』、それからごく最近の阿部和重が山形の町を舞台にした『シンセミア』など、いい出来ではあるけれど、やはり聖書とはいいがたい。

ではなぜ、鷗外はそんな大衆文学のひとつの読本の『八犬伝』を聖書などと大仰に思ったのかということですね。そこを知りたいでしょう。（べ、べつに…）それはね、そこに「天」があるからですよ。

（えっ、天がある？　でもセンセ…）馬琴に「天」を感じたのは、鷗外だけじゃない。露伴もまた同じことを感じています。露伴は「馬琴は日本文学史上の最高の地位を占めている」と言いましてね、そのうえで、「杉や檜が天を向いているように垂直的である」と形容してみせた。杉や檜が天を向いているようになんて、露伴らしいですよ。これも伊達や酔狂じゃあ、言えません。何が垂直的かというと、同じ戯作《げさく》でも京伝《きょうでん》や三馬《さんば》や一九《いっく》は並列的でヨコなんですね。言葉や主題が社会とヨコにつながっていて泥《なず》んでいる。

それが馬琴はタテに切り込み、タテに引き上げる。天があって、空がある。虚空があって、星宿がある。物語がそこに向かって逆巻いて、こう、瀑布のごとくババッと落ちてくる。そういうところが垂直的なんだと露伴は見たんです。

これはね、『八犬伝』に天界にまつわる話がいろいろ出てくるというような意味ではありません。そりゃあたしかに『八犬伝』は冒頭からして『水滸伝』に借りて、竜虎山《りゅうこざん》の伏魔殿から洪《こう》大尉が一〇八の妖魔を走らせ、これを天まで水しぶきにしておいて、こう、ババッと舞い散らせたわけですから、天界は物語の半分を占めているようなものですよ。

それに冒頭で、例の里見《さとみ》義実《よしざね》が滔々と弁じたてているのは龍の分類学でしょう。最初から『八犬伝』は天から金襴緞子《きんらんどんす》でいてかつ暗黒な、不思議な異様な物語が、こう、バババッと散ってるでしょう。（ええ、でも、そのババッとだけでは…センセ、あと三冊で…）

それでは、いったいどうして馬琴は「天」を介在させたのか。これですね。それがわからないとね。それには、ちょっと時代を見なくちゃいけません。（いえ、そんなジカンは…）あのね、江戸の文化は十九世紀に入ると、文化・文政・天保という四十年間でぴったり幕を閉じて、そこから先は御存じ、黒船・安政の大獄・長州戦争ばっかりで、ことごとく幕末になるわけですね。この文化・文政・天保の四十年間が、ちょうど馬琴の四十代から没した八二歳までにあたっています。そこにまず注目しておくことです。

で、この四十年を思想や文芸や絵画で見ると、（そ、そこまで見なくても…あと三冊で「千夜千冊」が…）この時期ってのは、十返舎一九《じっぺんしゃいっく》の『東海道中膝栗毛』で明けて、式亭三馬《しきていさんば》の『浮世風呂』と『浮世床』、杉田玄白《げんぱく》の『蘭学事始』、それから一茶の『おらが春』というふうに続くんですね。みんな、床屋とか洋学とか、外に向いてますね。ところが、このあと、山片蟠桃《やまがたばんとう》が『夢の代《しろ》』を書き、平田篤胤《あったね》が宣長《のりなが》の国学を受け、佐藤信淵《のぶひろ》が『混同秘策』や『天柱記』なんかを書いて、日本の本質を天にまつわらせていくんです。この信淵はなかなか不思議ですね。山師なんです。

それで、前夜にお話しした会沢正志斎《あいざわせいしさい》の『新論』の登場です。水戸の奥から「国体」がババッと出てくる。そうすると、南北《なんぼく》は『東海道四谷怪談』を、頼山陽《らいさんよう》は『日本外史』を、それから北斎は《冨嶽三十六景》を、何かをいったん重ねて折り返しておいて、それから天に開くんですね。

（アイザワ正志斎と北斎が…）いや、ところが戯作のほうではね、これがあいかわらずの柳亭《りゅうてい》種彦《たねひこ》の『修紫田舎源氏《にせむらさきいなかげんじ》』だったり、為永春水《ためながしゅんすい》の『春色梅児誉美《うめごよみ》』だったりするんだね。そこで、大塩平八郎が大坂天満《てんま》で爆死して、馬琴が『南総里見八犬伝』を仕上げていった。それからもうひとつは、広重の《東海道五十三次》です。これは視点を上から横から斜めから……。天保文化はこれで終わりです。

（よ、よかった…）ただし『八犬伝』はね、初編は文化十四年からの書きおこしで、それをさらに三十年をかけているんです。しかも最後は眼疾失明のなか、幽暗さだかならぬ部屋のなか、ひたすら口述をしておみちに書かせ、やっと大団円の完結にまで漕《こ》ぎつけた。いちいちおみちに漢字を教えながらね。それまでの『八犬伝』は一一行の細字で書いていたんだけれど、それを六行とか五行にして大きい字にしてある。それでも書ききった。凄いことですよ。それが天保十二年です。だからこの四十年間は、まさに『八犬伝』の時代だったともいえる。

こういうぐあいに、この時代は「天」をどのように問題にするかは時代のテーマのひとつでもあったということです。それが戯作文化のなかでは、「天」を使っていたのは馬琴だけだった。おそらく鷗外も露伴もそういうところに感心したのでしょう。さすがだね。（どうぞ、センセ、先を…）

それから、鷗外や露伴が馬琴を評価した理由には、もうひとつ別の事情もあったでしょう。それは『小説神髄』の坪内逍遥《しょうよう》が、「小説の作法」のなかでクソミソに馬琴を貶《おとし》めたんですね。そのため馬琴は明治読書界からしばらく姿を消していた。逍遥は、八犬士のごときは仁義八行の化け物にて、とうてい人間とは言いがたい。作者が背後で妖しい絲を引いているのはまことに興ざめであると言った。でも、これはどうみても逍遥のほうが狭隘《きょうあい》すぎていて、これでは馬琴は浮かばれない。もっともクソミソに言われたのは馬琴だけでなく、三馬も一九も種彦も、江戸の戯作文学がまるごと粉砕されたのだけれど。

（フ、フンサイ?）まあ、逍遥のリアリズムの提唱はそれはそれでひとつの開示であったんですが、鷗外や露伴はそういう〝写実の流行〟などにはかまけなかった人ですからね。そこで戯作を救ったんです。けれどもそこがこの二人の卓見になるんだけれど、他の戯作には見向きもせずに、馬琴ばかりを評価しましたね。こういうところが偉かった。

これは最近のことになるけれど、いま、実は、江戸戯作というのが研究者のあいだではちょっとしたブームになっていましてね、戯作ならなんでも結構、江戸の戯作者はすごかった、あの技巧はいまの日本になくなっているという音頭になって、これはこれでミソもクソも一緒くたの手放し絶賛ばかりしてるんですね。そこには、馬琴をすぱっと引き抜く選択眼がなくなっている。だから今日の日本には、馬琴もいないが、鷗外・露伴もいないんですよ。寂しいね。

（さ、寂しがっておられては…）ま、こういうふうに、馬琴の熟成というものは文化文政天保にあるわけだけれど、じゃあ、その前がどういう文化だったかということです。（また、前に戻るぅッ…）

そこには応挙、写楽、京伝、歌麿、そして宣長の『古事記伝』の完結という成果がずらりと揃っていたんです。だから馬琴の青年期は、これらの前世代をどのように見るかというところから始まるわけですね。そこで青年馬琴が目をつけたのが山東《さんとう》京伝なんですよ。馬琴は寛政二年（一七九〇）に酒一樽をたずさえて、京伝の山東庵を訪れます。そして、京伝に習って戯作に入っていった。

あのね、ぼくは京伝をかなり高く買っているんです。この点については鷗外・露伴とはちょっとちがっていて、京伝の編集力こそはその後のすべての戯作文化のありようと、メディア・エディトリアリティの何たるかを開いたのだと思っています。いずれそういうことも書きたいのだけど、いまはとりあえずそのサワリを言うと……。（そんなヨユーはな

（いのでで…）あっ、そう？　じゃ話を戻しますが、その京伝を狙って馬琴が弟子入りしたというのは、だから馬琴も青年期にして、何か狙い澄ました目をもっていたということなんです。

（では、バキンを）ところが一年ほどたったところで、京伝の身に思いがけないことがおこるんです。（京伝の話ですか）『仕懸文庫』『娼妓絹籭』といった洒落本《しゃれ》が町奉行の吟味にひっかかって、五十日の手鎖《てぐさり》を受けたんです。

京伝を庇護していた版元で超有名プロデューサーの蔦屋重三郎《つたやじゅうざぶろう》も身上半減の闕所《けっしょ》ですね。作品は遊里の「うがち」を試みた作品で、特段にあやしげなところもないのだが、寛政というのはそういうケチなことをやる擬似官僚社会の芽生えだったんで、引っ掛かった。これで京伝もやむなく自粛せざるをえなくなり、馬琴を蔦屋の耕書堂に預けることにするんです。馬琴という人は根は生真面目で几帳面だけど、事務能力があるというタイプじゃないから、その能力は手代《てだい》になったからといって力が出てくるはずもないんだけれど、いまをときめく地本問屋の内幕を知っておくのもいいだろうってな調子で、住みこんだんです。蔦屋もそういう馬琴には一目おいていたようで、手代ではありながら好きに書かせた。

ここが蔦重《つたじゅう》一流のプロデューサー性が見えるところでね、いや、さすがだね。写楽も京伝もこうして売り出したんだものね。（ま、写楽のハナシまでは…）あっ、そう？　で、馬琴もその手に乗って、ついに戯作を書き始めた。これが曲亭馬琴一代の誕生なんだねえ。ああ、よかった。（いえ、そこで終えられましては…）とはいえ、当時の馬琴が書いているものは屈託のない黄表紙ですから、『御茶漬十二因縁』といったたぐいなんだよね。なんと、お茶漬けですよ、お茶漬け。その、因縁話がね、わっはっは。（お笑いになっているバヤイかよ…）えっ、何か言った？　でも、ここにすでに、何かを書くたびに調べまくる馬琴の特徴が始まっている。お茶漬けも調べまくっている。筆名の馬琴もこのときに決めてますね。『漢書』の「巴陵曲亭の湯に楽しむ」と、『十訓抄』にある小野篁《たかむら》の「才馬郷にあらずして、琴を弾くともあたはじ」です。

（で、八犬伝のほうは…）馬琴はよく該博な知の持ち主だといわれてきたでしょう。が、そうではない。知識はつねに作品のなかにババッと消えていく。つまりは本物の作家なんです。作家だけの男です。きっかり作家だけ。入れた知識を貯めこんだり、弄《もてあそ》んだりは絶対しなかったんだ。それをババッとひとつひとつの作品にほとんど全部使いきるわけだ。（またババッと、が…）

あらかじめ言っておいたほうがいいから言っておくけどね、馬琴の作品は文字と言葉だけで成立していると見てはいけないんです。この時代、黄表紙がその先端を走ったメディアだったのですが、これは挿絵と文章を半分半分で同時に〝読み見る〟ものなんですよ。イラストレイテッド・ノヴェルであって、ヴィジュアル・ストーリーなんだねえ。だから作家、すなわち戯作者は、自分で挿絵のラフスケッチをしなければならなかったんだ。そのラフスケッチを見て、絵師が仕上げていった。いまでは想像もつかないことでしょうが、筋も絵も、科白《せりふ》も背景も、みんな作家が自分で考えた。一人でね。ま、いまなら物語型のマンガ家や劇画作家を想定すればなんとか見当がつくかもしれません。ああいうふうだった。とくに京伝など、絵を発想させても描かせても、一級の腕をもっていた。

（ふーん、そうだったんだ）ということは、作家には最初から絵が見えていて、絵にならない文章など書くつもりもなかったんだねえ。しかし、ここからがもっと肝心なところになるんですが、江戸後期の戯作者は、それでいて文章だけでも読者を堪能させる技量をもっていた。そこがマンガ家とは一桁も二桁もちがっているところです。

いまのマンガ家には文章を書いておもしろい例はいくらかあるものの、たとえば、つげ義春や杉浦日向子ちゃんのように何人も例外はいるけれど、でも、マンガになるべきストーリーを、京伝や馬琴のように小説として書ける才能があるかといったら、あまりお目にかかったことがない。

そもそもね、近松門左衛門の浄瑠璃や歌舞伎の物語にして、そうだったんです。近松は台本に初めて作者名を書き入れたパイオニアではあったけれど、ふつうは浄瑠璃作家や歌舞伎作家は、役者にセリフを付ける役なのね。（なのね？）このこと、よくよく腑《ふ》に落としておいたほうがいいね。江戸の作家たちは、こうしてつねに場面や画面を視覚的に、また具体的に考えながら、物語を練り、科白《せりふ》を作り、同時に文章を仕上げていったのね。（たのね？）

これをマルチメディアライクだったと見てもいいけれど、それよりどうしても刮目《かつもく》してほしいのは、「近代よりも近世のほうが新しい！」ということなのよ。（セ、センセ…）わかるかしら、このこと。つまりは近代のほうが古代中世近世より、古臭いのね。（セ…）これがね、逍遥よりも露伴のほうが新しいという意味であり、近代絵画の先を浮世絵がどんどこ走っていたという意味であり、なぜ自由民権運動の闘士たちが争って『八犬伝』を読んでいたのかという理由なんだねえ。（ホッ…）ようするに江戸の作家たちのほうが、総合的なんですよ。

こうして馬琴は黄表紙を書きまくる。記録を見ると、毎年、八作から一三作を書いていますね。よほど書きまくりたかったのだろうね、色恋するヒマもない。蔦重がむりやり薦める下駄屋のお百を渋々ながら貰《もら》ってますよ。

お百は年上で、かわいそうに眇《すがめ》で、おまけに出戻りなんだ。でも、馬琴にとってはそんな器量や容貌よりも執筆態勢が安定することのほうがずっとずっと重大だったらしい。こうして伊勢屋の入り聟《むこ》となると、馬琴はありとあらゆる題材に挑んでいったわけだ。靴屋のアンデルセンと下駄屋の曲亭馬琴ですよ。おもしろいね。（また…）

ぼくは、寛政九年前後の版本をあらかた見たことがあるんです。それらはもはやムックともいうべきものですね。たとえば『四遍摺心学草紙』『楠木正成軍慮智輪《ぐんりよのちえのわ》』といった学習ものや戦記もの、『无筆節用似字尽《むひつせつようにたじづくし》』や『北国巡礼唄方便』のような、唄や文字の見立て案内のような学習遊戯性に富んだもの、そういうものばかりでしたねえ。

そもそも黄表紙はね、擬人・擬態・擬音のオンパレードなんです。つまりは見立ての技法をどこまで進められるかが、黄表紙が当たるかどうかのバロメータだった。だから、みんなそれを試みた。

それで馬琴も『備前擂盆一代記』では、備前焼の美貌の摺鉢《すりばち》が江戸に出て摺粉木《すりこぎ》を夫に迎えるという話にしてますよ。摺鉢と摺粉木の夫婦だよ、はっはっは。（ま、また…）おまけに主家が分散したため摺鉢は屑《くず》屋に売られ、夫婦別れ別れになりながらも、摺鉢は植木鉢となり、犬の飯茶碗となりながら、めでたく夫の摺粉木と再会するという話、こんなんだからねえ。

（そろそろ八犬伝を…）それが『足手書草紙画賦』では、人間の手と足が互いに勝手な行動をして歪《ゆが》みあいながら縺《もつ》れて困るという話なんですよ。わー、はっはは。それから『敵《かた》討《き》蚤取眼《うちのみとりまなこ》』ではね、蚤取眼五郎が蚤を相手に敵討ちをするという話などを連発して、（あのー…）もはやどんな見立ての題材にも困らないというところまで、ひたすら突進していったんですね。

しかし、これではどうも粋じゃない。洒落てもいない。けれども馬琴の性格からして、お百が女房であることからして、いまさら抜けたセンスをものにするのも無理がある。いささかマンネリになったかなというころ、師匠の京伝が読本に転じて『忠臣水滸伝』で大当たりをとったんです。

さてでは、ここからちょっとマジメな話になりますが（えっ、ではここまでは…）、四四七夜にも書いておいたことだけど、日本の文学史に変更をもたらしたのは水滸伝ブームなんですね。

最初は建部《たけべ》綾足《あやたり》が『本朝水滸伝』で先鞭をつけるんです。そうすると、天元《てんげん》の『日本水滸伝』、椿園《ちんえん》の『女水滸伝』、振鷺亭《しんろてい》の『いろは酔故伝』などが、次々、目白押しにあらわれた。これを中国ブームとかシノワズリーと勘違いしてもらっては困ります。そうではなくて、その逆の、日本ブームなんです。日本の史実をどのように描くかを水滸伝に借りたんですね。ここには元をただせば、仁斎《じんさい》と徂徠《そらい》が中国儒学を古文辞や古学に戻していった動向があるんです。それが蘇っているんです。（おっ、いよいよドクダンジョー…）とくに徂徠は、朱子学は現実社会も内面の心理も包括していないと見て、古代の聖人が陶冶《とうや》した精神への回帰を訴えたわけだが、これがまず、聖人の精神を徳川社会の義理人情におきかえるという方向をもたらしていくんです。わかりやすくいえば、不遇の自己の身をこらえにこらえて、真の聖人的格調に達していくという、そういう物語性に転化していった。

これは文学史的にいえば、いわば擬古主義を奨励したというかっこうになります。古代中世のヒーローとか伝説の傑物とか、そういうものをとりあげて、それを徂徠学ふうにまとめるんですね。そこで浄瑠璃や歌舞伎がこの考えかたをいちはやく移植した。そこへ、岡島冠山《かんざん》や岡白駒《はっく》による中国白話《はくわ》小説や中国伝奇小説の翻訳がどどっと流れこんできたんだね。このこと自体はたしかに中国ブームであるのだが、それだけじゃなかった。これで、新たに二つのことがおこったんですね。

ひとつは、中国の白話に刺激されて日本の物語にもふだんの会話が溢れてきたことです。これが結局は黄表紙に流れ、京伝の「うがち」にまで発展していった。これはわかりますね。（え、ええ…）もうひとつは、日本にひそむ伝奇伝承を求めて新たな文学世界を作りあげるということで、これが代表的には上田秋成の傑作『雨月物語』になっていく。

ここもわかるよね。四四七夜にも書いたことです。（ハイ、読みました。でも八犬伝は……）しかし、この動きはそこでとどまらなかったんです。ここに、さらに二つのエンジンが火を吹いた。それで最も劇的なことは、九九六夜に紹介したばかりですが、李《り》卓吾《たくご》の陽明学が入ってきて、『水滸伝』の読みかたががらっと変わったことなんですよ。（おおっ、またまた出ました李卓吾、陽明学、オーヨーメー…連日連夜のごかつやく…）

それまでの『水滸伝』は、幕府の執拗な統制のせいもあって、反権力的な読み方はつねに割愛されてきたか、もしくは抑制されていたわけですね。それががらりと逆になった。権力に逆らう者のほうにも「義」があって、また「仁」があるじゃないかということになってきた。しかも、その「義」や「仁」は中国から借りなくたって、日本人の歴史や伝説のなかにもある、いや、それこそ本物の儒なんじゃないかというふうになっていったんです。で、これを象徴させたのが綾足の『本朝水滸伝』であり、また、その後の京伝の『忠臣水滸伝』だった。

しかし、これだけではなかったんです。さらにそこへ加わってきたのが国学です。宣長は、源氏・古今・万葉の奥にあった出来事に光をあてただけでなく、神話的現象や神話的表現そのものに真実があることを知らしめたわけだよね。つまりは、まこと。この国学の成果が日本的陽明学の波及と並んで、戯作世界の最高段階にあたるといっていい読本に、どどっと流れこんできたわけなのである。（こんどはドドッと…）

勉強熱心で、どんな素材にも怖《お》じけづかない馬琴が、このような推移と動向を見逃すはずはない。馬琴もいよいよ読本にとりかかるわけです。

あらかじめ言っておきますが（アラカジメはもう二度目…）、いうまでもなく馬琴の読本の才能は『八犬伝』ばかりに発揮されたのではありません。『椿説弓張月』も『近世説美少年録』も抜群です。これらは……（いえセンセ、八犬伝にまっしぐらにお進みを…）あっ、そう？　ではそれらの作品にはいまはふれないけれど、ぼくが『八犬伝』を読んだまま十年くらいたって『椿説弓張月』と『近世説美少年録』をたてつづけに読んだときは、これは『八犬伝』にまして方法の意図がよく見えて、もしもぼくが物語を書くときでもあったのなら、こちらにこそ肖《あやか》って、アヤの一族の物語でも書いてみようかと思ったほどだったんですね。（ま、それはそれでゴジツということに…）

それでちょっと『八犬伝』から目がそれていたんだけれど（ずっとソレてます）、そのあと、高田衛《まもる》さんの『八犬伝の世界』を読んで、愕然としたんだね。目からウロコが落ちました。絶版らしいけれど、中公新書ですね。一九八〇年でした。それを読んで、それまでぼくが前田愛さんや松田修さんや「国文学解釈と鑑賞」てな参考書なんかで読んでいた読みかたなど、まだほんの序の口であることを思い知らされた。これはびっくりしましたね。

（センセーでも、そーゆーことが…）むろんありますよ。しょっちゅうです。だいたい読書なんて一回では何もわかりません。それも時間をおかなくちゃ、何も見えてはこない。読書ってアスリートとスポーツゲームの関係のようなもの、いつも一〇〇メートルで一〇秒を切れるわけではないし、いつもホームランを打てるわけじゃない。やっぱり何度も何度も同じ練習をし、何度も同じピッチャーや相手に時間を無視して挑むしかないんです。

（し、しまった…）

馬琴のばあいはとくに大河小説ですから、いわば『神曲』や『大菩薩峠』と同じで、いつも読んでいるわけにもいかない。それに長編映画の記憶がそうであるように、いったん入った部分的印象がなかなか離れないんだよね。そういうときは高田さんのような外からの切り口が、絶対に必要です。これは読書の秘訣のひとつです。

（ええ、だから…）それにしても、ねえ、見立ての技法をくまなく渉猟してきた馬琴が、いよいよどのように読本に転じていったかというプロセスには、なかなか用意周到で、けっして焦らぬ水準の向上というものがあるんです。これまた見逃せません。

（では、いよいよ仕上げのホーを）最初は、なおまだ黄表紙めいていましてね、狐が謝恩のために仇討《あだう》ちを援助するとか、霊蛇が黄金の太刀に変化《へんげ》して武士の所望を成就させるとか、鷹が婚姻の仲立ちをするというような、はっはっは、やはり得意の擬人法をとっていたんです。

それがついでは、三勝半七やお夏清十郎やお染久松のような浄瑠璃歌舞伎の素材を拵《こしら》えて、人情や義理の理想化をはかるようになると、その次の段階に入っていよいよ日本の史実に食い入って、義仲や俊寛を扱っていくんですね。（センセ、懲りてない…）ぼくは、きっとそこで何かの秘密を達観したのだろうとおもうんですが、ともかくここで一挙に『椿説弓張月』で鎮西八郎源為朝《ちんぜいはちろうみなもとのためとも》を物語の中心におくと、あとは一気呵成《かせい》の、いわば日本精神主義なんだねえ。その寄せっぷりは凄いねえ。もはやどんな脇目もしないし、寄り道もしない。それまでさんざん脇目をして情報をインアウトしてきたから、それで一心不乱もできたんでしょう。

麻生磯次さんの馬琴論では、そこには宣長と水戸学こそがかかわっていたと言いますね。（えっ、ついに水戸学が…）うん、そのへんはいっぱい話したいところなんだけれど、でもそろそろ時間がないね。じゃ、ここからは自分で書くよ。（ついにジタイを理解…センセ、がんばって…あたしがついている…）

それでは、お待ちかね、『南総里見八犬伝』である。この大河小説は、やはり恐ろしい。鷗外が聖書だと言っただけのものがある。時は嘉吉《かきつ》。あの、下克上激しい「嘉吉の変」の嘉吉だ。一四四〇年代にあたる。この設定がよかった。

関東公方《くぼう》足利持氏父子は将軍足利義教《よしのり》と執権上杉憲実《のりざね》に攻められ、報国寺で自殺した。持氏の遺児春王《はるおう》・安王《やすおう》を引き取った下総《しもうさ》の結城《ゆうき》氏朝《うじとも》は義兵をあげるが二年間の奮戦むなしく、嘉吉元年（一四四一）に落城する。いわゆる結城合戦である。

このとき結城の陣営に加わって討ち死にした里見季基《すえもと》の嫡子義実《よしざね》は、父の命により敵陣を斬り抜け、郎党二人とともに相模に逃れ、三浦から安房に渡る。このとき里見義実は白竜が天に昇り、南をめざして飛んでいくのを見た。この白竜の昇天がすでに読者の胸騒ぎをつかみ、さらに最後の最後の暗示になっていく。

安房では滝田城にかまえる領主の神余《じんよ》光弘《みつひろ》が権勢を誇っていたのだが、玉梓《たまずさ》の容色にすっかり溺れてしまっている。家臣の山下定包《さだかね》はその玉梓と密通して、光弘を討ってその所領を奪う。平館《ひらだて》領主の麻呂《まろ》信時《のぶとき》はこれを憎んで、館山《たてやま》の安西景連《かげつら》をたずねて定包を倒す計画を練る。そこへ義実が景連をたよってやってきた。

（センセ、ちょっと詳しすぎる…）義実を内心恐れていた景連は、安房にはいない鯉を三日以内にもってくるという難題をふっかける。鯉をさがしあぐねてさまよう義実は、白箸川のほとりで神余家の残党と会う。これが金碗《かなまり》八郎である。おそらくは金工《かなだくみ》系の伝承を引きずっている。八郎は義実を応援に頼み、ともに滝田城を襲い、定包を討つ。

義実は玉梓を赦そうとするのだが、金碗は妖婦玉梓を絶対に許さない。やむなく斬首すると、玉梓は「ええい、殺さば殺せ、そのかわり里見・金碗代々を畜生道に導き、煩悩の犬にしてくれん」、ああ、おうと言って息絶えた。（センセ、ちょっとセンセー、詳しすぎます…）

七月七日の七夕の夜、里見義実は新たなリーダーとなって、この合戦に功のあった者に褒賞を与えようとすると、金碗八郎は二君に仕えることを潔しとせず、切腹してしまう。いまわの際に愛児の大輔と出会い、何事かを託す。そのとき、義実は玉梓の幻がすうっと大輔によりそって飛ぶのを見た。一方、旧領主の麻呂家を滅ぼし滝田の城主となった義実は、万里谷《まりや》入道静蓮の娘の五十子《いさらご》を娶っている。やがて一女をもうけて、伏姫《ふせひめ》と名付けた。けれども伏姫は三歳になっても言葉が喋れない。アジスキタカヒコネなのである。

五十子は洲崎明神で役《えん》の行者《ぎょうじゃ》の岩屋に祈願した。ある日、行者の化身とおぼしい老翁があらわれ、「仁義礼智忠信孝悌」の八文字を彫った水晶の数珠を五十子に与えた。伏姫はその法力によって快癒する。数珠には八つの大珠と百の小珠が連なっている。よく見れば八つの大珠からは、うーん、ちかちか、言霊、霊音さえ聞こえてくるようである。

（センセ、センセ…）

そのころ富山近くの農家の子犬が、毎夜、村に降りてくる狸に育てられているという奇妙な噂を聞いた義実は、その犬を場内に召して、八房《やつふさ》と名付けてかわいがることにした。康正二年（一四五六）の秋、安西景連から伏姫を養女に迎えたいという申し入れがあった。義実がこれを断った翌年、里見領地はどどっと激しい凶作に見舞われて、塗炭の苦境に陥って……（センセ、このへんで…）

いやいや、あやうく梗概《こうがい》を語り始めそうになっていた。止めてくれてありがとう。これを始めたら、もうどうにも止まらない。終わらない。

それにしても『八犬伝』は筋書きそのものが絶妙におもしろいので、それを知るのが一番なのだが、それでは馬琴の本来の構想や狙いはわからない。そこで、ぼくとしてはこういうことをするのはめずらしいのだが、あえてレッテルやラベルを貼りまくっておくことにする。（ホッ…）『八犬伝』というのは、そういういくつものアピアランスをもっているまさしく化け物のような物語なのである。ラベルとはいえ、これはまあ、格別最上級の大吟醸酒『八犬伝』という瓶に貼られたラベルだとおもわれたい。

まずは『八犬伝』に貼られた第一ラベルは、世界に冠たる壮大きわまりない「動物文学」ということである。犬が八犬士になるだけではなく、犬の八房をはじめ、殺人の犬、白い竜、化身をもよおす猫、童子を乗せる牛、人を殺す牛、犬を育てた狸、巨大な鯉、いろいろ出てくる。これはイソップやオーウェルの比ではない。わずかに『ジャングル大帝』の手塚治虫が匹敵するともおもえるが、人に「分」があるなら動物に「分」があってもいいと考えていた馬琴の思想が、さて手塚にあったかどうかはわからない。手塚には儒学や国学は薄かったのではないか。

第二ラベルは、「聖女の神話」と書いてある。この聖女というのはむろん中心には伏姫がいる。さきほど梗概を書きそうになったが、あのあと、美しく成長した伏姫は意外な宿命を背負うことになる。義実には愛犬八房がいて、その八房に、あるとき義実が安西景連に包囲されて落城寸前の窮地に追いやられたとき、「もし景連の首を取って来たなら、伏姫をおまえにやるのだが」と呟いた。それを聞いていた八房がはたして敵将の首を咥《くわ》えて帰ってきた。このため、伏姫は八房に伴われて富山に上っていったのである。

この伏姫がどのような聖女の宿命を負っていたかは、その直後の物語の展開でわかる。伏姫は八房とともに山中洞窟で法華経を読むうちに、月経が止まってしまうのだ。これははたして八房と交わったかと予想させるのだが、その暗示をふくめて牛に乗った笛吹童子が謎かけをする。そこへ心配のあまり駆けつけた義実の前で、姫を追っていた金碗大輔が誤って、あらあら、ズズ、ズドーンと一発の鉄砲を姫に命中させる。(センセ、また…)

なお疑念が渦巻くなか、伏姫は身の潔白をあかすため、みずから守り刀で腹を引き裂くと、妖しいかな、腹中から白気が立ちのぼり、襟元にかけていた数珠の八字を包むかとみるまに、八個の親玉は光を発して八方に散り、そこで伏姫は「ああ、私が急ぐのは西方浄土です」と言ったまま、悶死《もんし》する。大輔はその場で出家して、丶大法師《ちゅだいほうし》と名を変えて行脚の旅に出る。「丶大《ちゅだい》」とは「犬」の字を分けたものだった——。

　この伏姫にまつわった「負」のすべてが、このあとの八犬士の離合集散の物語のすべてになっていく。まさに伏姫は聖女のスティグマをもった女神か、天地を昇降する太母(グレートマザー)か、もしくは巫女《みこ》なのである。

　それゆえ第三ラベルには、この物語が「異類神婚伝説の再生」であるというふうに、刻印される。それは人獣混交のアニミズムであって、その忌まわしさゆえの浄化と昇華を歌った物語なのである。そのルーツは槃瓠《はんこ》説話にさかのぼる。

　しかし一方、伏姫が八珠を孕《はら》んだということは、第四ラベルにおいては、『八犬伝』は「処女懐胎」をテーマにしていたとも言えるのかもしれない。実際にも、このテーマを強調したのが北村透谷《とうこく》だった。透谷は『處女の純潔を論ず』において、伏姫の割腹懐胎の場面をとりあげ、伏姫が処女の純潔を守ったことを絶賛した。キリスト者の透谷にとっては、明治の女たちが純潔にあまりに鈍感であることが気にくわなかったのだ。

　もしも馬琴が、この「処女懐胎」という絶対矛盾の自己同一めいた出来事を意図的に変形していたとすれば、これはただちに男の愛を拒否する女性の無答責性を底辺に響かせる、たとえば「かぐやひめ」や「うないをとめ」(菟原処女)や「ままのてこな」(真間の手児奈)にただちにつながって、そこにはいわば「とこをとめ」(常処女)という観念の樹立も想定されていたということになる。

しかしながらそう見てくると、ここにはトランスジェンダーの母型もがあらわれているともいえる。女として育てられた犬塚信乃《しの》や、女田楽の日開野《あさけの》という美少女が、実は十五歳の美少年犬坂毛野《けの》だったという話も出てくる。馬琴自身はごくごく禁欲的な人物であったけれど、物語にはこうしたトランスジェンダーや妖婦や毒婦やきわどい場面がふんだんに盛りこまれていた。（はいはい、ここは聞いときますね…）

さて、第五ラベルには、「反文明小説」と銘打ってある。それでいて第六ラベルには「稀代《きたい》のユートピア小説」と書いてある。むろんこれらは表裏一体で、現実社会の文明性を蹴散《けち》らそうとするからこそ、ユートピアも想定される。

この物語は、やはり南総王国物語であって、里見無可有郷伝説であるような、そういう仮想帝国の樹立に向かっている。多様なトピックを連ねて一連のユートピックに繋《つな》いでいこうとしている物語構造なのだ。そのトピックは中盤からは八人別々の物語となり、それらが途中から縒《よ》り合わさり、組み合い、重ね合って大団円に流れこむ。

それゆえ、ここには一個の独立した「島」あるいは「王島」が出現しているといってよい。房総半島は島ではないけれど、冒頭、義実らがそこへ海側から辿り着いたということが、そこを叙述上も「島」っぽく見せていた。ぼくには、ふとポオの『アーサー・

ゴードン・ピムの冒険』を思わせた。

しかし、この「王島」にいたる過程のすべては反文明的なのだ。それはガルシア・マルケスの『百年の孤独』に似て、滔々たる時の流れを吸い込む河口であって、どんな社会の現実からも、その現実の断片を引用はするけれども、それとは地続きにはならないような、そのような文明中心を拒否する「場所」でもあったのである。

一方、第七に、『八犬伝』はなんといっても「遊侠《ゆうきょう》の活劇」である。説明するまでもなく、ここには侠客が躍り、侠気が漲《みなぎ》っている。八犬士すべてが「侠」なのだ。「仁」が犬江親兵衛である。「義」が犬川荘助、「礼」が犬村大角、「智」が美少女然たる犬坂毛野で、「忠」が犬山道節、「信」が犬飼現八、「孝」が女装の美男子犬塚信乃であり、「悌」が犬田小文吾に配当されている。

話は犬塚信乃の出世譚から始まっていて、その信乃が結城城崩落のときに持ち出された宝刀村雨丸《むらさめまる》を守ろうとして動いているうちに、「義」の玉をもつ犬川荘助に出会うというスタートになっている。八犬士たちの暗合は、ひとつには水晶珠玉に浮かび上がる文字であるけれど、もうひとつは各自の体についた牡丹《ぼたん》の痣《あざ》である。これは八房の八ヵ所の斑の毛のかたちが牡丹に似ているところに出所した。

しかし、馬琴はなかなか八人を出会わせない。あいだに信乃と浜路の恋愛を挟み、その浜路に横恋慕する網干左母二郎《あぼしさもじろう》が村雨丸をすりかえるあたりから、俄然に物語をゆさぶって、意外にも浜路のほうが犬山道節の「忠」を発見するというように……。（センセ、だめです。八犬士の話は長すぎます。飛ばしましょう…）

ううっ、これは困ったことになったけれど、ともかく、この「俠」は、中国に範を求めた「俠」でもありながら、実はさきほど「馬琴の時代」と言ってみた文化・文政・天保についに登場してきた日本の俠客たちの面影をいかしたものなのである。

それだけではない。麻生磯次の説として紹介しておいたのだが、馬琴はやはり水戸学と宣長学に傾倒していて、その水戸イデオロギーの飛沫《ひまつ》を「俠」に交ぜていた。（はい、そこまで、タイムアップです…）

では、『八犬伝』らしく第八のラベルで打ち止めとすることにするけれど、この物語はその因果のすべての転出構造にわたって、「ウツとウツツの物語」だったのである。（えっ、そうだったんだ…）

そもそも南総里見の空間がウツだった。伏姫懐妊の洞窟もウツである。また、八犬士のなかでは親分的な役割をふりあてられている犬江親兵衛にして、生まれてから一度も開いたことがない左手の拳をひらくと、そこに「仁」が飛び出したのである。この左手もウツそのものである。

そのウツからありとあらゆる物語が派生するのだが、それぞれがいったんはウツホやウツロを体験させられて、窮地に陥り、そのうえで、まるでその「負号」が何かに写し取られ、映し解かれていくように、次々に転写する。馬琴はこのウツロヒを徹底して描く。たとえば犬塚信乃・犬飼現八・犬田小文吾が犬川荘助を庚申塚の刑場から救出する場面では、庚申塚をウツなる結界として見立てて、そこに歌舞伎得意の「だんまり」とでもいうべき暗転写しを見せて、いったん結集できるかとおもえる犬士たちをまた散らせたりしてみせる。

まるで、結んで開いて、また産霊《むすび》が解けて、なのである。また、その庚申塚のプロットの直後の、有名な荒芽山の場面では、戸田川の水底をウツにして、そこで死んだとおもわれていた靖平に二人の双生児をあてがってこれを写し取り、それをよくぞ戻ったと喜ぶ音音《おとね》の前で、これは幽魂にすぎないと明かして事態をうつろわせ、それでは話が幽艶哀切すぎるとおもわせたところへ、これまたウツの象徴のような〝包み〟の取り違えという事件を巧みにもちこんで、いっさいがっさいを、ふたたび彼方に迷わせてしまうのだ。

しかしなんといっても、伏姫の胎内から飛散した珠玉が、命と心と体を得た八犬士としてついに揃って、大立ち回り、万事を収めて施餓鬼《せがき》をしていると、そこに甕襲《みかそ》の玉がいよいよ凜《りん》と鳴るというのが、ウツがウツツとなって、またウツに帰趨《きすう》するという象徴的因果律なのである。これでなんとか八犬士も揃ったことになる。謎と残ったのは甕襲の玉のことばかり――。さあ、これで千夜はあと二夜を残すのみ――。

(えっ、それでオワリ?)そうです。これですべてが終わって、八犬士はやっと安心《あんじん》を取り戻す。よかった、ああよかっただよ。信乃は浜路と結ばれるし、大角は雛木姫と結ばれるしね。万事、めでたし。(エーッ、気になる…)

気になるったって、それが『八犬伝』だからね。詳しいことは読んでみて考えること。現代語訳なら二日か三日もぶっとおせば、読めるでしょう。ちょっとノートにメモなどとるといい。(エーッ、その、みかその玉が気になって…)そりゃ、そうだろう。これは『八犬伝』最後の謎だろうからね。でも、その話をしたら、あと倍ほどかかります。だって、もう時間切れなんでしょう。自分で考えなさい。たまには「千夜千冊」も謎をのこしたいもんね。「甕襲」を残すなんてのは、いいだろう?(み、みかそ…もっと聞きたい)

では、言い残したことで、もうひとつだけ。それはね、読本では挿絵がとても重要だということですよ。『八犬伝』では柳川重信《やながわしげのぶ》が挿絵を担当しているんだけれど、やっぱりうまい。やっぱりというのは、この人は葛飾北斎の弟子で、北斎の長女のお美弥の聟になっている。だから、うまい。北斎はすでに『椿説弓張月』の装幀挿絵を描いて、抜群の工夫の数々を披露したんです。口絵図版を見開きに拡張し、薄墨重ね摺りを発案してそこに艶墨を入れるとかね。

　でも、何が重要かといって、やはり絵柄です。とくに『八犬伝』ではすべてが絵解きになっていて、謎をヴィジュアルに暗示しています。さきほど紹介した高田衛さんの『八犬伝の世界』は、口絵の一枚の謎解きから始まっていて、実に示唆に富んでました。その絵をよくよく見てください。でも、寂しいのは、こういうイラストレーションを描く人がいないということと、それを作家と組んで組み立てるという文化がなくなってしまったことですね。

　それから言い忘れたけれど、『八犬伝』全巻のなかで一番大事な謎を握っているのは「丶大《ちゅだい》法師」なんですね。それがわからないと甕襲《みかそ》も千夜も千冊もわからない。ではまた、そのうちに。（えっ、ちゅ、ちゅだい…センセ、それじゃあんまり…み、みかそ……）

第九九八夜　二〇〇四年七月二日

参照千夜

七五八夜：森鷗外『阿部一族』　一三二夜：ノヴァーリス『青い花』　八四七夜：車谷長吉『鹽壺の匙』
九八三夜：幸田露伴『連環記』　三七〇夜：杉田玄白『蘭学事始』　七六七夜：小林一茶『一茶俳句集』
九四九夜：鶴屋南北『東海道四谷怪談』　三一九夜：頼山陽『日本外史』　九二一夜：つげ義春『ねじ式・

紅い花』　一一二一夜：杉浦日向子『百物語』　九七四夜：近松門左衛門『近松浄瑠璃集』　五八夜：アンデルセン『絵のない絵本』　四四七夜：上田秋成『雨月物語』　九九六夜：王陽明『伝習録』　一二八二夜：前田愛『近代読者の成立』　九七二夜：ポオ『ポオ全集』　七六五夜：ガルシア・マルケス『百年の孤独』　九七一夜：手塚治虫『火の鳥』

バルザックは「変」を使って何から何まで「番《つがい》」にしていった

オノレ・ド・バルザック

セラフィタ

沢崎弘平訳　国書刊行会　一九七六・一九九五
Honoré de Balzac: Séraphita 1835

【報告】

そのころの早稲田の何軒かの古本屋には、新刊が少し安めに並んでいることが少なくなかった。現代思潮社の本がたいてい目にとまった。トロ選、埴谷《はにや》、谷川雁《たにがわがん》。そういう一冊に寺田透の函《はこ》入りの『バルザック』(現代思想社 一九六七)があった。何度か立ち読みしたが放っておけず、万引きもできず、たまらず買った。「人間喜劇の平土間から」というサブタイトルが付いていた。

冒頭、「誰か日本で、フローベールに心酔するやうに、ドストエフスキーに憑かれるやうに、深くバルザックに親炙《しんしゃ》したものがあつたらうか。僕はここから自分の問ひをはじめる」とあった。ふうん、そうか、バルザックって日本では親炙しにくい相手だったのか。そうおもってからすでに半世紀がたっている。いまでは鹿島茂や山田登世子や大矢タカヤスによって、バルザックは日本の若い読者にもけっこう親炙するものになった。寺田透の努力がちょっとは稔《みの》ったのだ。

【風聞】

バルザックは変である。大変である。母親が育児に自信を失ったため里子に出されたからとか、ベルニー夫人をはじめ多くの人妻や未亡人とあやしく交わったとか、出版業や印刷業に手を出して失敗したとか、銀の採掘で一獲千金を思ってサルディニア島に渡ったりしたとか、そんなせいではない。

そういうところもまあまあ変だが、そもそも作家として変なのだ。まるで小説製造連射装置のようで、自身で「作家というアパラタス」に化したところがある。大いに変な作家だ。バルザックにあっては、あくまで小説内外の物語が人生だったのだ。だから実人生もそのぶん、なるほどけっこう変だったけれども、だからといってどんな時代にもゴマンといた破天荒な作家や身を持ち崩した作家だというのではない。バルザックは生ける自動文芸装置なのである。こういう作家はあまり例がない。

かくしてバルザックを読むとは、きっとその装置の構造から射出される迸《ほとばし》りや飛沫を浴びることなのである。バルザックの強靭な清掃車に乗ってパリの汚物を吸引することだ。寺田透ふうにいえば、その平土間に、バルザックの小説装置が起動しつづけたパリの平土間の欲望に、ひたすら浸ることなのだ。

【大蔵ざらえ】

君　松岡さん、もう大晦日ですよ。
僕　うん、知ってる。
君　今年最後の千夜千冊がバルザックですか。
僕　えっ、困る？
君　そんなことはないですけど、ワタシは『谷間の百合』を途中まで読んで放棄したままで、そのあとほったらかしなので。それに大晦日だし。
僕　そういう読者、多いんだよ。とくに日本人にはね。
君　いえ、ワタシの問題ですけどね。
僕　それにバルザックはね、なんだか大晦日っぽいんだよ。
君　どこがですか。
僕　何かさあ、大店《おおだな》が大蔵ざらえしているようなところがあるじゃない。歳末大売出しっぽいところ。

【江戸パリ】

バルザックは政治・経済・生活の中の欲望と消費を書いた。これはバルザックがそのような時代の開幕と爛熟の数十年間に鉢合わせしていたからだ。

この時代はパリという消費都市が発酵過熱して、それが十九世紀末から二十世紀初頭までつながって爛熟しつづけた最初の起爆時代だった。フランス革命とナポレオンとパリ・コミューンのパリだ。だからそういう過剰苛烈な同時代のパリにはバルザックだけでなく、ユゴーもスタンダールも、デュマもドラクロアも登場していた。のちにボードレールやベンヤミンも入れ込んでいく。

かれらはパリにいたということがすべてだったのである。リルケのように迷いたくってパリをうろついた詩人も少なくない。

一方、日本が臆面もなく消費社会や消費都市に溺れるようになったのは、やっとコンビニが町に出回ってからのことだろう。それからバブルが来て、失われた十年が来て、それより長いデフレが続いて、最近やっとまわりが見えてきた。見えてきたとおもったら、近隣諸国のほうが気になって、実はだれも東京の正体に没入していない。なにせぴらぴらの平べったい東京オリンピックしか考えていないんだから。

こういう日本にはバルザックの熱量を読む根性が揃っていない。西鶴や源内や、馬琴や山東京伝あたりの時代だったら、ぴったりだったのに。

【パリシィ族】

パリは驚愕と頽廃が、審美と乱脈が同時におこる都市である。いまもセーヌ川の両岸を歩くだけでありとあらゆる文学と芸術の交錯を感じるが、それが古代のセーヌ川の中洲のシテにパリシィ族（パリの語源もここからきている）の集落ルテティアがあったときからずっと続いているわけだ。

古代ローマ時代は円形劇場や公衆浴場などができて、ローマが衰退すると城塞都市になった。それからフランク王クローヴィスのパリ征服からカペー王朝へ、さらにヴァロア王朝、ブルボン王朝をへて、ルイ十三世の治世下でテュイルリー宮殿やリュクサンブール宮殿やパレロワイヤルができて、宮廷文化やソルボンヌが威容を整えた。太陽王ルイ十四世はヴェルサイユを築いて絶頂期を演じたけれど、それがフランス革命で全部外側に吐き出された。料理人もクリーニング屋も代書屋もみんな街に放り出され、そこから過熱な自営合戦が始まった。バルザックが生まれ落ちたのはそんなパリなのだ。

爆竹は止まらない。少年が目を剝《む》いている暇もなく、ロベスピエールの恐怖政治が、ナポレオンの君臨が、さらにはすぐさま皇帝の失脚が、次から次へとめまぐるしく連打されていった。そこへ欲望と消費が渦巻いた。

【手紙】

君　バルザックってそんなに獰猛な男なんですか。『谷間の百合』はけっこう静かだし、退屈だったですよ。

僕　あれはちょっとまじめに書きすぎたんだね。書簡体小説だけれど、語り手のフェリックスがモルソフ夫人に憧れてラブレターをいろいろ書くのに、夫人の本当の内面が半ばすぎまで扱われていないよね。読者の多くはその手前で力尽きて退屈しちゃうのかもしれない。

君　手紙とかノートで小説をつくるって、ずるいですよね。

僕　そう？　書簡体小説はヨーロッパではアベラールとエロイーズの恋愛書簡以来の伝統でねえ、なにかにつけて作家が採用する様式ですよ。たいていの日本作家も一度は試みている。ずるい手法といえばずるいのだけれど、二人以上の登場人物の相互の真意を手紙上では出したり隠したりできるから、うまくやれば効果はあるんだね。

君　そうですか。

僕　ただね、『谷間の百合』は半分ほど失敗している。地味に読めば味はあるんだが、少女マンガやラノベが好きなイマドキ読者は、それまでとうていもたないね。でも、とても良質な作品だよ。もうひとつ、バルザックが自分をずっと庇護してくれたベルニー夫人に遠慮したということもあった。

君　ベルニー夫人？

【他人の夫人】

初期のバルザックといえば何といってもベルニー夫人だ。二二歳ほど年上で、バルザックがまだ悶々としていた二三歳のときに、隣人として出会ってカンケーをもってこのかた、ずっとバルザックを扶《たす》けた。三十歳ころの肖像があるけれど、知的でどこか上品な顔付きである。

バルザックが出版業や印刷業を始めたのもベルニー夫人の資金によっていた。夫の財産だったろうが、潤沢な資金をもっていたようだ。その夫人が病いに臥《ふ》せる前にバルザックは『谷間の百合』の連載を始めたのだが、夫人が途中で亡くなってしまった。見舞いにも行けなかった。そのせいか、どんな書きっぷりも平気なはずの、さすがのバルザックの筆が純情になりすぎて、ごにょごにょしてしまったのである。もっとも、このトラウマがバルザックをして、次々に別の夫人に向かわせた。何が作家をして発奮に向かわせるのか、われわれシロートにはわからない。

【鹿島茂説】

君　バルザックは純情じゃないんですね。

僕　野望にも虚栄にも熱心な男だね。「三み」って知ってる？

君　知りません。ワタシの趣味に合わなそう。

僕　「ねたみ」「そねみ」「ひがみ」のこと。これは鹿島茂の巧みな命名なんだけれど、なかなか言い当てている。バルザックが描いた小説はほとんどこの「三み」です。

君　どうして「三み」で小説になるんですか。

僕　バルザックだからだよ（笑）。そういう時代だったんだ。

【超絶劇的政治】

バルザックは一七九九年（寛政十一）にトゥールに生まれている。これはバスチーユ攻撃のかっきり十年後のことで、バルザックが生まれたときは、将軍ボナパルトがブリューメルのクーデタで次の大きな第一歩を示そうとしていた。

バスチーユ攻撃で狼煙《のろし》をあげ、ルイ十六世の処刑という前代未聞の結末に至ったフランス革命は、そのあとのジャコバン派の恐怖政治、テルミドール九日のクーデタ、第一共和政、ナポレオンのイタリア遠征、ブリュメール十八日のクーデタというふうに、慌《あわただ》しい展開と転換を見せる。

そのあとも、ヨーロッパ中が対仏大同盟を組むなかでナポレオン帝政が大進撃するかとおもえば、そのあいだに神聖ローマ帝国の崩壊やスペイン反乱などを挟んで、皇帝の失脚、ウィーン会議、王政復古、七月革命、二月革命、第二共和政というふうに、さらに超絶劇的な政治形態の変動が起き続ける。

バルザックの生涯はこの未曾有《みぞう》のフランス＝ヨーロッパの激動期とぴったり重なっている。主な舞台は当然パリだ。バルザックが「ナポレオンが剣をもってなしとげられなかったことを、私はペンでやりとげる」と息巻いたのも無理からぬことだった。もっともバルザックの政治的な立場は後半は王党派に転じたけれど。

【統計と消費】

君　政治信条はゆらいでいたんですか。

僕　あのころは、一貫した政治信条をもった者なんていなかったんだよ。バルザックもユゴーも。そこが真骨頂だ。

君　それがフランス革命、ロベスピエール、ナポレオン、ウィーン体制の時代というものですか。

僕　うん。

君　それがそのまま消費の時代になっているというところが、ワタシにはちょっとわからない。

僕　『情報の歴史』を読みなさい。政治学的にいえばネーション・ステート（国民国家）の時代になったし、社会学的にいえば統計社会になったわけだけれど、欲望の露出からすれば消費万能時代の紛々たる幕開けだったんだ。まさにバルザックとともにね。

【父と母】

バルザックが生まれたとき、第二二師団の糧秣《りょうまつ》部長だった父親は五二歳になっていた。農民出身で社会の底辺から自力で人並みな地位に這い上がったのである。

母親は三十以上年下で、サン・マルタンやスウェーデンボルグが好きだったというから、どこか理想を求める気質だったのだろうが、そのぶん一ヵ月あまりで最初の子を失ったことにすっかり自信をなくし、次の赤児のバルザックを、生まれるとすぐ里子に出してしまうような、そわそわしたところがあった。かなりオカルティックで神経質だったかもしれない。

江藤淳の「母の喪失」ではないけれど、バルザックは母を喪失していたのだ。概念として喪失していた。そんなこともあって、八歳でオラトリオ教団が経営するヴァンドームの寄宿学校に入れられた。『ルイ・ランベール』にそのころのバルザックのアンビバレンツな気分が描かれている。

【ルピートルの塾長】

少年バルザックについてはアンリ・トロワイヤの『バルザック伝』（白水社）をはじめ、すでにいろいろのことが研究されているが、異常なほどの読書熱に冒されていたことが特筆できる。いや、異様だったかどうかはわからないけれど、あまりの過度な読書のせいでときどき昏睡状態になるほどだったらしい。

寄宿舎に入っていたのだが、そんなことから一年くらいを学校に行かず、家で過ごしたこともあったようだ。やはり異様だ。

パリのルピートル塾に通うようになったとき、あの天下を睥睨《へいげい》していたナポレオンが一八一四年（文化十一）の五月、エルバ島に流された。皇帝はすぐに脱出に成功してパリに戻った。これを知ると、ルピートル塾の生徒たちは他のパリ中の学生や生徒と同様、興奮の坩堝に巻きこまれていった。これにはバルザックも熱狂した。日本でいうなら後鳥羽院や後醍醐が逆襲してふたたび天下を牛耳るようなものだから、少年が興奮するのは当然だ。

ルピートルの塾長は太っていて足が悪かったけど、やる気まんまんで、王妃マリー・アントワネットをタンプルの牢獄から救出する陰謀に加わったような男だった。少年バルザックが沸き立つのも当然のこと、毎日が鉄仮面や三銃士の乱入のようなものだったのである。

【昏睡読書】

君　まさに『ベルサイユのばら』ですね。

僕　『谷間の百合』にもルピートルの塾長に当たる男が出てくる。でもまだ十五歳かそこらのバルザックはむしろナポレオンの百日天下を目の当たりにして、歴史の起承転結って、こんなに激しく短期間に動くもんだと実感しただろうね。

君　読書しすぎて昏睡状態になるなんて、羨《うらや》ましい。

僕　あっ、そっち？　そうだねえ、読書で昏睡だなんてどんな症状なんだろうね、いまどき聞かないね。

君　だって尾崎翠《おざきみどり》も戸川純もいないもん。

僕　惑溺《わくでき》したということだろうけれど、耽読《たんどく》というより染読とか憤読だったかもしれないな。

君　バルザックは高等教育は受けなかったんですか。

僕　ちゃんとパリ大学に行っている。高校のあと、代訴人や公証人の事務所で見習いをして働きながら、法律学科の講義を受ける。でも大学でのアカデミックな勉強にはまったく関心がなかったんだろうとおもう。両親もそのへんを見抜いていたんだろうね、お前は公証人になりなさいと勧めた。もちろんバルザックにはそんなつもりはない。それで一世一代の宣言をする。

君　へえ、何か宣言した？

僕　両親に「ボク、作家になる」と宣言したらしい。それが一八一九年（文政二）の、ちょうど二十歳の時だね。きっとナポレオンの有為転変を見たことと、法律事務所で金と欲望が渦巻く人間像を実感したことが、大きかったんだろう。

【読書作家】

君　作家になるなんて適当に書き始めてもよさそうなのに、わざわざ両親に宣言するんですか。おぼっちゃまくんね。

僕　そこがバルザックだよ（笑）。で、その宣言通りのことをした。実際、二年ほどレスディギエール街の屋根裏部屋にうんうんこもって習作に没頭したんだね。それでついに作家デビューした。

君　で、どうだったんですか。

僕　ことごとく駄作だった（笑）。『クロムウェル』という韻文悲劇があるんだけれど、それを読んだコレージュ・ド・フランスの教授から「君はなんでもいいから文学以外のことをやりなさい」と言われている。だからその時期のことを「ウーブル・ド・ジュネス」という。ようするに「つまらない作家」だったわけだ。それで戯曲から小説に転向するんだけれど、まだつまらない。

君　それでもあきらめなかった？

僕　そこは獰猛でね、あきらめない。偽名のまま六年ほど書き続ける。ところが、そのあいだにベルニー夫人に出会い、「無我夢中の接吻」をして何かが変わるんです。一八三〇年（文政十三）には二人は「石榴屋敷《ざくろ》」で過ごしていたようだ。このいきさつについては、深田晃司の脚本演出で《ざくろ屋敷》という映画になってるよ。

君　日本に置き換えたんですか。

僕　七〇枚くらいのテンペラ画だけで構成した。セリフは日本語でね。

【活字・印刷・出版】

ベルニー夫人は父がドイツ系のハープ奏者、母がマリー・アントワネットの小間使いで、ヴェルサイユに育った。父親が早くに死んだので、母は騎士のジャルジャイと再婚した。この騎士はルピートル塾長とマリー・アントワネットの救出に加わった人物で、失敗して犠牲者となった。

それで夫人はベルニー伯爵に嫁いだのだが、心が満たされない日々だったようで、一時はコルシカの男に走り、見捨てられ、パリ近郊に失意のまま暮らしていたところへ、バルザック一家がその近くに越してきた。バルザックはたちまち夫人に激しい情熱で接したらしく、夫人もまたこれに十全に応《こた》えた。これが「無我夢中の接吻」だ。年長夫人と燃焼青年はそんな熱すぎる仲になる。

ここでバルザックは夫人の資金を元手に出版業に乗り出した。自分の作家の資質はさておき、「文学が社会にはたす役割」を自分の手で確立したいという強い思いがあったからだろうと言われている。モリエールやラ・フォンテーヌの小型箱入全集などを刊行した。ぼくはこういうバルザックの肩をもつ。

けれどもうまくいかない。出版のためには印刷業が下支えになっていないからだと判断したバルザックは、それならというので続いて印刷屋をおこし、それもまた容易でないとわかると今度はすぐに活字鋳造業にも手をのばした。「文学は活字鋳造から始まる」というこの商業文化的で業界っぽくって、かつ書物の歴史や文学的伝統からすればたいそう本質的な判断は、いかにもバルザック独特のものだ。のちにピエール・ブルデューが、資本主義が出版と印刷を忘れたとき、社会は文化を失うと言っている。バルザックはグローバル資本主義の現在にこそ必要なのである。
けれどもすべて失敗した。六万フランの負債を抱えて事業をあきらめ、小説とその小説のための交際にあけくれた。

【結婚の生理学】

夫人交際術にどのくらい長けていたのかどうかは、知らない。そこそこ真剣だったのだろう。ともかくもこのあたりがバルザックのバルザックらしいところで、ベルニー夫人以外のダブランテス公爵夫人、妹の友人のカロー夫人というふうに、夫人たちと昵懇《じっこん》になりながら執筆を続け、三十歳で書いた『結婚の生理学』という小説でついに評判をとった。

何であれ情熱が落ちない男なのである。つねに滾《たぎ》るのだ。ここから自分の名前にオノレ・ド・バルザックというふうに「ド」を付けて、貴族っぽくもした。これで万端整ったと見たバルザックはヴィクトル・ユゴーの読書会とかシャルル・ノディエのサロンとか、パリの社交界や文芸界に意気揚々と出入りするようになった。『あら皮』『哲学的短篇集』など、書いたものは奇跡のように次々に当たった。

【人物再登場法】

君　つまりは誰彼かまわず夫人と寝るんでしょ。結局この人、甘えん坊かマッチョじゃないんですか。

僕　どうかな。女性に対する好みはあったろうけどね。

君　そりゃそうでしょうとも。でも、女たちはバルザックのどこに惹かれたのかしら。

僕　そのへんはよくわからないけれど、寺田透は「バルザックはフェミニストだった」と書いている。ともかく何かが超モーレツだったんだろう。このあともカストリー公爵夫人、ウクライナのハンスカ夫人、マリア・デュ・フレネーという人妻などと交わっている。そのつどけっこうな書簡をそれぞれに書いているね。

君　そういう手紙主義がのちのちの『谷間の百合』にもなるわけですか。

僕　そうね。

君　まあ、なんとなく見えてきました。ともかくもこれでバルザックの成功がめでたく始まったわけですね。でも、いまの話を聞く程度だと、とくに文豪バルザックという感じはしません。

僕　文芸出版に異常な情熱を投じたのだって、そんな人物は洋の東西どこにもいるからね。

君　じゃあ、どこがバルザックは凄いんですか。

僕　人物再登場法という手法を導入して、「人間喜劇」というとんでもない構想の実現に向かったからだね。

【ペール・ゴリオ】

バルザックは『結婚の生理学』で変わった。そういうことは、ヘボ作家であろうと質実な作家であろうと、必ずおこることだ。実際にもこれ以降、作品はどんどん痛快・充実・快作になっていった。

しかし男バルザックが作家バルザックになりえたのは、『ゴリオ爺さん』を書いているころに、大変なことを思いついたからだ。『ゴリオ爺さん』は原名を『ペール・ゴリオ』と言うのでそちらを使うが、この小説で以前の作品の登場人物を主人公に仕立ててみたのである。旧作に出ていた人物を新作に再入させたのだ。

『ペール・ゴリオ』はパリのパンテオンの裏手の下宿屋に七人の下宿人のほかに、外から夕食だけを食べにくるゴリオという爺さんがいたという、なんでもない話から始まる。爺さんはかつて製麺製造をしていたときは羽振りがよかったらしいのだが、いまはなにもかもが不如意になっている。その隣りに、南仏の片田舎で育った法学生のラスティニャックという青年がいた。これが『ペール・ゴリオ』の主人公である。

だから物語はこの青年によって進むのだが、このラスティニャックは、実は以前の小説『あら皮』にちょっと出ていた端役の青年だった。バルザックは新作にその端役を再登場させたのだ。でも、この青年をメインにして書き進めてみると、思いのほかおもしろい。そこにゴリオ爺さんがぶらさがっているのが、もっとおもしろい。


【人間喜劇】


『ペール・ゴリオ』を書いているうちに、バルザックは、ふんふん、これはいいかもしれないぞ、前の作品で少しスケッチ程度はしておいた登場人物が、その人生の脈絡の一端を引きずったまま、次々に別の作品に出てきたっていいじゃないかと惟《おも》う。

これが有名な「人物再登場法」というもので、それまで誰一人として試みなかった方法だった。一回出てきた同一人物が、その後も別の作品に何度も出てくるようにした。バルザックはこの手法をその後の半分以上の作品に貫いた。

そのうち、このように連鎖する作品群の総体まるごとの全容を、なんとも大がかりに「人間喜劇」(La Comédie Humaine)と名付けることにした。この命名は、あきらかにダンテ・アリギエリの『神曲』(La Divina Commedia)に準《なぞら》えたもので、たいそう大胆で野心的なネーミングだ。いわばダンテの〈神曲〉に対するにバルザックの〈人曲〉なのである。やりすぎくらいのやりすぎだ。

けれども、こうしてざっと一〇〇冊近い本が「人間喜劇」として複合的につながっていったのである。驚くべき構想と蕩尽《とうじん》を怖れぬ野心だった。

【なかなか】

君　半分以上の作品に人物再登場がおこっていくんですか。うーん、それはなかなかのことですね。

僕　なかなかだねえ。のちにエミール・ゾラが遺伝学にもとづいて「ルーゴン・マッカール叢書《そうしょ》」を構想実施したけれど、文芸史上バルザックの「人間喜劇」に匹敵するのはそれくらいだろうね。なにせ一人紅白歌合戦だもんね。

君　はい、これはたしかになかなかです。

僕　だから、作品はそれぞれ一作ずつ単独で切れているのだが、それらをまたいでさまざまな男や女を追いかけて読める。それが「人間喜劇」という構想なんだよね。よくぞそんなことを考えたもんだ。

君　そういうことを思いついたのが『ゴリオ爺さん』を書いているときだったんですか。

僕　通説ではね。そうだとするときっと三五歳になっていたころなんだけれど、つまり一八三四年（天保五）のころなんだけれど、妹のロールの話では、それより少し前の『田舎医者』や『十九世紀風俗研究』を書いているうちにアイディアが閃《ひらめ》いて、それを『ペール・ゴリオ』で試したらしい。

【勝負は三十代半ば】

君　『ゴリオ爺さん』ってそんなに大事な作品だったんですか。じじむさいタイトルになじめなくて、手に取る気になれなかった。

僕　「爺さん」だなんてピンとこないのか（笑）。でも、あらためて読んでもなかなかおもしろいよ。

君　そのうち、読みます。

僕　それだけでなく、バルザックがこれを書き始めた三四歳からの数年が圧倒的なんだね。バルザックの小説母型というか、人間喜劇的多型性というか、そういうものがこの時期にほぼ噴出している。覚醒した狂気のようなもんだよ。『谷間の百合』の連載が始まったのも三五歳だし、『絶対の探求』『海辺の悲劇』『セラフィタ』『呪われた子』など、みんなこの時期だった。有名な『風俗研究』の配本も三四歳から始めて三八歳で了えている。

君　あっ、それは読みました。

【モームの絶賛】

「人間喜劇」を始める初動装置になった『ペール・ゴリオ』は、その後のバルザックの代表作として読まれてきた。サマセット・モームがのちのち「世界の十大小説」に入れたほとだ。主人公のラスティニャックという名前は、その後のフランス社会では「出世のためにどんな手でも使う野心家」のアレゴリーにもなった。

その一方、『ペール・ゴリオ』が人物再登場法の派手なスタートであり、「人間喜劇」発祥の作品だったということは、ここからはいろいろなヴァリアントが次から次へと創造できたということである。

たとえば『ゴリオ』にはヴォートランという謎めいた中年男が登場していた。ラスティニャックに「もっと悪に染まりなさい」と唆《そその》かしたまま、謎めいた気配をのこして小説から消えている。そのヴォートランは『幻滅』という小説で再登場し、悪のかぎりの物語を演出する（『幻滅』にはラスティニャックも顔を出す）。

こういうことが次々に組み合わさっていったのだ。ちなみに『幻滅』の主人公は、顔がイケメンだがあとは何もできない青年リュシアンというのだが、この美青年は可哀想なくらいに業界にふりまわされるばかりの男として描かれる。この「業界にふりまわされる」というプロットも、バルザックが念入りに描きたかったことで、ご婦人がたには胸キュンだったはずである。『幻滅』での業界とは当時のパリを席巻し、バルザック自身も手を出して大失敗したジャーナリズムという業界のことだった。『幻滅』はこの新聞界を含むジャーナリズム業界の悪徳と腐敗を徹底して暴露した。

【方法の勝利】

君　どうしてバルザックはこの時期にすごい構想を実現する気になったんですか。

僕　方法を獲得したからだよ。

君　方法ですか。それが見えると何でもできるんですか。

僕　何でもできるわけではなくて、何でも入れられる装置をつくれるんだよね。情報メディアとしての装置。アルス・コンビナトリア。

君　そんなことって、あるんですか。

僕　ある種の連中にはそういう時期があるんだよ。たとえば世阿弥やゲーテや近松や、あるいはエジソンやベンヤミンやディズニーといった連中にはね。或る方法がいろいろなものに一挙にあてはめられることが見えてくる。

君　そういうことって、あるんだ。

僕　世界というものをどう編集するかが見えるからだね。バルザックは世界編集術を摑んだわけだ。

君　だって世界なんて多様きわまりないじゃないですか。

僕　だけど、世界はごくごくシンプルでディープなエンジンでできているとも言える。欲望とか暴力とか、愛とか犠牲とかね。

【ヴァニティ・エンジン】

十九世紀の世界を看過してはいけない。まさにアメリカの独立とフランス革命と産業革命で再起動したネーション・ステートの社会は、今日の高度情報資本主義に至るまで、そのエンジンを剝き出しにしていったのである。

ドゥルーズやガタリはそれを心身資本主義を纏《まと》った機械装置としての「アンチ・オイディプス」とみなしたわけだけれど、バルザックはそれらを「ヴァニティ」とみなし、そこに方法の開花を投入した。ぼくはバルザックその人が文芸システムそのもので、バルザックはその執筆編集装置と化したアパラタスそのものをめざしたと思っているのだが、そのシステムあるいはアパラタスのエンジンは「ヴァニティ」というガソリンで起動していたのである。

【虚栄文芸装置】

君　ヴァニティ。虚栄ですか。

僕　バルザックには、あの時代のパリに虚栄のすべてが露出していたということが見えたんだね。

君　それを一人の作家が文芸装置と化して射出していったんですか。そんなことできるのかなあ。

僕　疑い深いね。できるでしょう。日本でいえば改造社の山本実彦や平凡社の下中彌三郎や、あるいは松本清張みたいにね。もともと時代とともに出版するとか小説を書くというのは、そういうことだよ。しかもバルザックは作家と印刷と出版と交渉と取材と恋愛を一緒くたにできた。

君　困った人です。

【欲望＝貨幣＝性＝芸術】

人間は虚栄や見栄で生きている。社会はそのヴァニティを巧みに組み立てて出来上がっていく。バルザックはそれが「世界観というもの」だと見た。そのヴァニティをめぐる物語をとことん突き詰めれば、歴史も都市も芸術も、驚くべきことも、美しいことも、恐ろしいこともみんな見えてくると踏んだ。

欲望と貨幣は結局のところ同じものなのだ。性と管理は裏返しなのである。政治と娼婦は同義語なのだ。財産争いと手紙を書くことと公証人の生き方はつながっていて、新聞と陰謀と名声と落胆は一緒におこっているのである。バルザックにとって幸運だったのは、当時の時代社会のすべて、つまり世界のヴァニティのすべてが、あの時代のパリにすべて揃っていたということだ。

もっともこの時期、パリやフランスの苛烈な日々を舞台に小説を書いたのはむろんバルザックだけではない。たくさん、いた。スタンダールは『赤と黒』（一八三〇）を、ユゴーは『ノートルダム・ド・パリ』（一八三一）を、アレクサンドル・デュマは『三銃士』（一八四四）を書いた。ライバルもずらっと揃っていた。

【生涯一度】

君　たしかに平成日本にはない興奮ですね。

僕　まあ、元禄や宝天や化政かな。それか、大正初期か世紀末ウィーンだろうね。

君　ところで、今夜の千夜千冊は『セラフィタ』なんですね。ワタシはもちろん読んでいないんですが、ずいぶん前のことだけれど、杉浦康平さんが装幀《そうてい》をされた国書刊行会の「世界幻想文学大系」に『セラフィタ』のタイトルを見たときは、ちょっと惹かれました。

僕　今夜の単行本はあの全集からのカットアップです。

君　数あるバルザックの中から、今夜はどうして『セラフィタ』にしたんですか。

僕　しかも大晦日に。

君　大晦日だからだよ。

僕　またまた。

僕　実はずっと前から千夜千冊にスウェーデンボルグ（スウェーデンボリ）をいつか採り上げたいと思っていたんだけれど、もたもたしているうちにバルザックを先に案内することになったのでね。

君　どういうことですか。

僕　『セラフィタ』はスウェーデンボルグの天界思想や神秘思想を下敷きにしているんでね。

君　ああ、そうなんですか。だったらファンタジーですよね。バルザックもファンタジーを書いてるんですか。

僕　うーん、ファンタジーとも言えないかな。ダンテの〈神曲〉に準じた〈人曲〉としての「人間喜劇」の大構成からいうとね、『ペール・ゴリオ』や『ウジェニー・グランデ』や『幻滅』といったさまざまな風俗研究ものが地獄篇だとすると、『絶対の探求』『ルイ・ランベール』『谷間の百合』あたりが煉獄《れんごく》篇で、『セラフィタ』は天国篇だろうね。天国篇だからファンタジーでないわけではないけれど、それだけにとどまらない。

君　バルザックにそういう位置付けがあったんですか。

僕　ハンスカ夫人にはこう、手紙を書いている。「『ペール・ゴリオ』は毎日でも作れます。『セラフィタ』は生涯に一度しか作れません」。

【両性具有】

不可思議を追った『セラフィタ』の舞台はノルウェイである。主人公は両性具有者である。両性具有のことはアンドロギュヌスともエルマフロジットとも言うが、バルザックはセラピム伝説を下敷きに、そこに北欧世界から生まれたセラフィタ（セラフィータ）という世にも妙《たえ》なる偶像をつくりだした。

ヨーロッパの両性具有の伝承や神話は、プラトンにもグノーシス派にも芽生えているし、その後はヤコブ・ベーメからドイツ・ロマン派に入ってリッターやシュレーゲル兄弟やバーデルのイメージに瞬いた。だからバルザックはこれらの伝統を引き継ぎ、そこにスウェーデンボルグの思想を重ねていったわけだろう。

ちなみに『セラフィタ』については、バシュラールの『空と夢』、エリアーデの『悪魔と両性具有』、寺田透の『思想と造型』に言及がある。

【セラフィトウス】

君　両性具有者が主人公なんですか。それで舞台はノルウェイ。ノルウェイの森。ふーん、かっこいい。

僕　かっこいいというより、かなり神秘的で理念的だね。

君　どんな話なんですか。

僕　ノルウェイのフィヨルドのストルムフィヨル沿いの谷、ヤルヴィスというところが舞台です。ここは一年中雪と氷で覆われていて、ファルベルク山が聳《そび》え、セイ川が滔々と流れている。時は一七九九年から一八〇〇年にかけてのことで、記録にのこる寒さの厳しい冬だった。ある朝、フィヨルドの岸から岸へと、ファルベルク山の麓《ふもと》を飛ぶように行く二人の人物の姿が見えた……。

君　へえ、それで？

僕　この二人はセラフィトウスと村の牧師の娘のミンナなんだけれど、ミンナはセラフィトウスといるとふだんの恐怖や羞恥が感じられなくなることを不思議に思っているんだね。

君　セラフィトウスって？

僕　正体は謎。ただミンナはきっとこの人は地上の卑しさを脱ぎ捨てているので、こんなにも神々しいのだろうとおもう。

君　セラフィトゥスが両性具有なんですね。

僕　それだけじゃないんだ。ちょっとややこしい。

【極端に曖昧】

セラフィトゥスは見るからに華奢《きゃしゃ》な体つきなのだが、みかけを裏切って漲《みなぎ》るような力を内に秘めているようだった。それゆえ男性からは天使のように美しく、女性からは凛々《りり》しい男性に見えた。

ただ、セラフィトゥスはミンナに、地上の愛ははかないもので、しかも自分は幻視の力を与えられている者なので、ミンナを愛せないのですと諭し、地上の愛の相手ならウィルフリッドがふさわしいと説く。そんな暗示的な会話を交わしながら二人はファルベルク山を滑走し、地上に降り立つとミンナの家を訪れた。ミンナの父ベッケルは牧師だった。地上になるとセラフィトゥスは妙に女性的な特徴を帯びてきた。ベッケルはセラフィトゥスに呼びかけた、「マドモワゼル」。

セラフィトゥスは親子を翌々日のお茶に招待することを約束して館に戻り、老僕のダヴィッドに疲れたからと言ってマントに身をくるんで寝てしまった。何かが極端に曖昧で、フラジャイルだった。

【をとこ女】

翌日の夜、一人の青年がセラフィトウスの館を訪れた。ウィルフリッドだ。ウィルフリッドはセラフィトウスを「セラフィタ」と呼んだ。セラフィトウスはミンナの前では男性であり、そうでないときはセラフィタなのである。ウィルフリッドは女性としてセラフィタを愛していたようだ。

セラフィタは説明した。自分は女性であるどころか、地上の者でもない。年齢もゆうに百歳をこえている。ただそのせいで、自分はウィルフリッドもミンナも愛せるので、二人は結婚すべき運命にあるのだと言う。

この説得に茫然とするウィルフリッドは、それでもたしかにセラフィタが「創造」そのものの存在力を発揮していることを実感しながら、牧師親子の家へ向かった。少しは我に帰ったウィルフリッドは、セラフィタについて聞いた。ミンナがその人物とファルベルク山に登ったことを話すと、父親の老牧師は少し訝《いぶか》りながら、スウェーデンボルグについて長い話をしはじめた。一六八八年（元禄一）、ウプサラ生まれのスウェーデン人、エマヌエル・スウェーデンボルグ（Emanuel Swedenborg）の話だ。

【スウェーデンボルグ】

君　ここでスウェーデンボルグが出てくるんですね。松岡さんが『遊学』（上下・中公文庫）のなかで鉱物愛にひっかけてとりあげていましたね。

僕　うん、スウェーデンボリと表記されることも多いね。ウプサラの国会議員にまでなっている。そうとうな博識で、科学と神学の全般に通暁していた。もともとは鉱物技師で、一七二〇年（享保五）くらいから当時の科学全般に異常なほどに関心をもってとりくんで、動物磁気などの見えない力によって自然界と人間界がつながっているんではないかと確信しはじめる。

君　ワタシ、好きになれるかもしれない。たしか霊界通信のようなものを書いたんですよね。

僕　霊感を受信したんだね。

君　そのスウェーデンボルグとセラフィタの物語がどこで関連しているんですか。

僕　バルザックはスウェーデンボルグがとりわけ愛した人物にセラフィッツという男爵がいたことを知って、この話を思いついたようだね。セラフィッツはスウェーデンボルグの霊的な助力によってある女性のなかに天使霊が育まれていることを見いだしたらしい。一七八三年（天明三）、その婦人は二六歳で身ごった。それがセラフィタの出生になった。そのときスウェーデンボルグがこの子を光で満たしたというふうに話を組み立てた。

【天使と悪魔】

牧師の長い話がおわると、ミンナとウィルフリッドはスウェーデンボルグの不思議な出来事について感想を述べあった。

夜中の十二時ころ、戸を激しく叩く音がする。驚いてその音を招き入れると、セラフィタの老僕ダヴィッドが息せききっている。セラフィタが悪魔の誘惑にさらされているというのだ。二人は急いで館に向かうのだが、牧師の父はセラフィタの存在について少し疑いのようなものをもっていた。

ウィルフリッドはダヴィッドから詳しいことを聞き出した。老僕は昨夜見た天使と悪魔の葛藤、善と悪の対峙について語った。翌日、牧師の家に戻ったウィルフリッドはセラフィタにひそむ能力の大きさについて憑かれたように話し、ミンナもそれに応じた。牧師の父はウィルフリッドがセラフィタを「彼女」と呼び、ミンナがセラフィトウスを「彼」と呼んでいることに疑問をもち、二人は気が触れていると言った。

【霊人】

翌日、三人はそれぞれ異なった思いをもちながらセラフィタの館を訪れた。セラフィタはこの三人が自分についてどんなイメージをもっているか見抜いていたが、唯物論と唯心論は両方とも不完全なもので、霊と物質はもっと共存しているべきだと言い、目に見える物理的宇宙と目に見えない精神的宇宙を切り離してはいけないと語った。

三人は固唾《かたず》をのんでこの話を聞いている。するとセラフィタは自分がまもなく死ぬであろうと予告し、いったい神と物質はどちらが先にこの世にあらわれたのか、それとも神と物質は同時に存在しているものなのかという話をしたとたん、それまで男の声だったセラフィタが女の声に変じていったのである。

【人間機械】

君　へえ、声のアンドロギュヌスなんですね。おもしろい話ですね。バルザックはこういう作品も書いていたのね。

僕　バルザックはかなり以前からそうとうスウェーデンボルグには興味をもっていたようだね。ひょっとしたら母親からこの手の神秘主義的な話を聞いていたかもしれないし、十八歳のころからカバラやグノーシスやラ・メトリの人間機械論などを夢中で読んでいた。

君　人間機械……。

僕　そうでなくとも、バルザックは異常な読書力の持ち主だったから、スウェーデンボルグの成り立ちをたちまち察知したのかもしれない。

君　セラフィタが男であって女であったというのは、セラフィタが天使霊だったたからなんですか。

僕　そこはうまく書いている。

【地上の愛】

女の声になったセラフィタは、神の話をしはじめて、神が単一の原理によって万物を創成したこと、そこから知識や考察や学問が雲のように構成されていったこと、その雲の上には光がほとばしる聖なる場所があるのですと言う。セラフィタは意外なことも語った。自分はすでに婚約しているので、ウィルフリッドとミンナをその婚礼に招待するつもりだというのである。

翌日、牧師はウィルフリッドにヤン・ヴィールの『魔術論』を示して、セラフィタの正体に対する疑念を説明しようとした。ウィルフリッドにとっても、たしかに男であって女であるという実相がどういうものか、いまひとつわからない。ミンナはその疑念にうまく入れない。

そこへふたたびセラフィタがやってきた。二人は促されるままにセイ川の滝へ赴き、セラフィタが自然に満ちる官能と賛歌をもたらすのを浴びていた。セラフィタはやがて、自分が男と女の両性具有性を帯びていることは、あなたがたの愛も実現できないものになるのだし、自分も地上では何も愛せないと言うと、地上への別れを口にしてぐったりとなった。

【埋葬】

セラフィタの体はヴェールのように浄《きよ》められ、そこから魂が輝きはじめた。セラフィタは二人を近くに呼びよせると、人間は本能圏をのぼり、そこを脱して抽象圏に向かえるはずだということ、そこで新たな試練を受けていれば初めて霊のあらわれを感じられるだろうこと、そこからはやがて魂が明るく輝くだろうことを、歌のように語った。そのとき何かが地上から別れていった。

ウィルフリッドとミンナはセラフィタの魂が肉体から離れていくことを実感できた。そこに御使いがあらわれ、棕櫚《しゅろ》の枝で霊に触れているのが見えた。霊は変容して白い翼をもつセラピムに変じた。天使は聖所に跪《ひざまず》き、主の言葉を伝えようとしているようだった。

二人はここにおいてついに、一方がセラフィトゥスで、他方がセラフィタであるのは同一の光り方であることを悟り、一方が片方の愛であり、片方が他方のかけがえのない存在であることを感じた。その法悦に見舞われた直後、ウィルフリッドとミンナは自分たちが一体の遺骸《いがい》の前にいることに気がついた。ダヴィッドがその遺骸を埋葬しようとしていた。

牧師の父がそこに佇《たたず》んでいて、「おまえたちはどこに行くんだ」と尋ねた。二人は、こう言った、「神の御許へ。お父さんも、一緒にいらっしゃいませんか」。

【ハンスカ夫人】

君　ふーっ。不思議な物語ですね。

僕　そうだねえ。

君　こういう話をあっというまに書けるんですかねえ。

僕　バルザックが『セラフィタ』の着想をえた時期と場所はわかっているようだね。一八三三年（天保四）十一月二十日の水曜日、ハンスカ夫人に手紙を書いていて、そこに彫刻家のテオフィル・ブラのところで世にも美しい傑作を見たらしい。それはマリアに抱かれたキリストに二人の天使が見とれているという彫刻で、そのイメージから物語を思いついたというんだね。その後のバルザック研究で、この彫刻家がスウェーデンボルジアンだということがわかった。

君　……一体の彫刻。

僕　バルザックはハンスカ夫人のそばでこの物語を綴りたいと言っていたらしい。本気でそうするつもりだったようで、途中までは書いたみたい。

君　ハンスカ夫人も一途《いちず》なのね。どういう女性なんですか。

僕　ウクライナの大貴族の夫人。最初はバルザックに匿名の手紙を書いた読者の一人だったようだ。弟のロール・シュルヴィルが書いた『わが兄バルザック』(鳥影社)によると、知的でけっこう官能的だったようだね。ま、そうだろうよ。で、第二信で夫人が手紙の落手を新聞広告で知らせるように求めたので、バルザックもこれに応じて二人の密な文通が始まっている。

君　いつごろのこと?

僕　バルザックが三三歳のときだから、『あら皮』を発表して少し乗ってきたころだね。それから二年ほどしてスイスのホテルで初めて会った。夫人は夫と旅行中だったのだけれど、密会した。それで三五歳のときにジュネーヴのお忍び旅行で念願叶《かな》って「忘れ得ぬ日」をおくったんだって。一八三五年(天保六)に描かれたハンスカ夫人の肖像画を見ると、けっこう強い感じがする。でもジャン・ジグーが描いた《バルザック夫人》は美しいよ。

君　それでもバルザックは他の女の人とも交渉をもつんでしょ。

僕　君もしつこいね。それはあいかわらずなんだけど、ハンスカ夫人にはどうも格別にぞっこんで、何度も何度も密会したり旅行したりして、ついにバルザックが死ぬ五一歳のときに二人は結婚するんだね。

君　ああ、結婚したんだ。

僕　安心した？　前年は一年間ほど、ウクライナにずっと暮らしたりしている。そういう夫人に、さっきも紹介したけれど、バルザックは「『ペール・ゴリオ』は毎日でも作れますが、『セラフィタ』は生涯に一度しか作れません」と言っていたんだね。

【ルイ・ランベール】

バルザックは『セラフィタ』以外にもスウェーデンボルグを扱った作品を書いていた。それが名作『ルイ・ランベール』（一八三二）だ。この話は少し自伝的な色彩をもつが、バルザックは主人公ルイ・ランベールを発狂させて二八歳で死なせている。

ランベールは皮なめし職人の子で、読書が好きな「言葉の神秘」に対して早熟な才能をもっていた。十二歳のときに透視力を発揮して、聖テレサやギュイヨン夫人の神秘主義的な書物を読み耽《ふけ》った。その才能を惜しんだスタール夫人はランベールをコレージュに入れるように口ききをした。

このランベールがスウェーデンボルグを熱読していたのである。スタール夫人はこのことで少年の後見人になることを決めた。こうした話を「私」が観察しながら二人の交流を描いていくというふうに作品は構成されている。二人の仲はランベールが「詩人」、私が「ピタゴラス」と渾名され、私がしだいにスウェーデンボルグ神秘思想を教わっていくというふうになっている。

【天使は白い】

君　『ルイ・ランベール』にも両性具有者が出てくるんですか。

僕　そこまではいってないね。ただランベールが伯父さんの紹介で綺麗な若い娘と出会ったとき、彼女は莫大な財産の相続人であるにもかかわらず、その存在の中に天使がひそんでいることに気がつくというようなところは、出てくる。

君　その娘さんとランベールはどうなるんですか。

僕　それが結婚寸前のところまですすんで、その直前にランベールは発狂してしまう。それからまもなく死ぬんだけれど、ランベールは最後に一言、「天使は白い」と言うんだな。

君　おや、しゃくにさわること。

僕　君のほうがしゃくにさわるけどね。

【遺作へ】

オノレ・ド・バルザックは一八五〇年（嘉永三）の夏に五一歳で死んだ。かなり早すぎる。まだ壮年まっさかりだ。「そうだ、ビアンションを呼ばなくては」と言って死んだ。ビアンションは「人間喜劇」のいたるところに出てくる医者で、パリ大学医学部の名医だ。
この臨終《いまわ》のエピソードは実にバルザックらしい。バルザックにおいては、たとえ死の床においても、実在の人物と架空の人物との差なんてなかったのである。『あら皮』の最初から、誰もがみんなヴァーチャル・リアル（VR）であって、オーグメント・リアル（AR）だったのである。

【従妹と従兄の物語】

バルザックの最後の作品は『従妹ベット』と『従兄ポンス』だった。二作は「人間喜劇」としては「貧しき縁者」に組み込まれている。あいかわらず欲望装置の深部・中層・表層を描ききっていて、その筆力には驚かされるばかりだ。

大晦日に免じてちょっとだけ筋書きを紹介するが、『従妹ベット』は名誉にも富にも恵まれたユロ男爵という政府高官が主人公Aである。夫人のアドリーヌも美人で貞淑なのだが、六十歳を過ぎて毒婦マルネフに弄ばれた。これでは破滅するに決まっている。この男爵の従妹が主人公Bのベットである。こちらは容貌も冴《さ》えず、男爵夫人に強い嫉《しっ》妬《と》を抱いている。ここに当てのない打算と曖昧な信念とが入り交じる登場人物が組み合わさってくると、筋書きは容易に説明できないものになるのだが、実は男爵をマルネフの手に落ちるように仕組んだのはベットなのであるというふうに、物語はミステリアスにすすんでいく。ま、結末は伏せておく。

一方の遺作となった『従兄ポンス』には、二人の老音楽家が登場する。主人公Cのポンスはかつては有能な作曲家だったのに、いまは世間に忘れ去られて美術品の収集ばかりを生き甲斐《がい》にしている。主人公Dがポンスと一緒に暮らすシュムケで、この老人もかつては鳴らしたドイツ人ピアニストだった。

さて、この二人の運命やいかにと思うまもなく、ここに主人公Eのシボ夫人が登場して、なんだかんだのこみいったやりとりのうえ、ポンスのコレクションに値打ちがあることがわかってくると、これらが巻き上げられてしまうのだ。

まことに悲惨な番《つがい》の物語を、バルザックは最後に世に送り出したものである。しかしぼくは、バルザックの生涯とその多作の一部を知るにつれ、バルザックという大変な作家の大変さがこの二作品に紛れもなく露出していることを感じて、なんだか妙に感動してしまったのだ。つまりはやっと寺田透の言う「バルザックの平土間」に立っていたのである。

【アメリカ断ち】

君　ずいぶん殊勝なんですね。

僕　うーん、殊勝ねえ。そうかもしれないな。

君　松岡さんらしくないかも。

僕　そうかねえ。バルザックを四十年ほどぽつりぽつりと読んでいるとね、この作家装置が組み立てた柱や塗り立てた壁や、恐ろしくよくできた三和土《たたき》にかこまれて、自分が「人間喜劇」を見ていたんだということが、やっぱり実感できるんだよね。

君　それって、男が男の仕事を褒めあってるみたい。大工が左官を褒めて、建築家が写真家に参っているみたい。

僕　ああ、文芸作品の連鎖には、ときにそういう呼応や応酬を再生させる装置力があるんだよ。

君　えっ、反論しないんですか。

僕　大晦日だからね。ま、君もいつか山田登世子に倣ってバルザックを読んでみるといいよ。それにはひとまずアメリカを断つことです。

第一五六八夜　二〇一四年十二月三一日

参照千夜

九三二夜：埴谷雄高『不合理ゆえに吾信ず』　二八七夜：フローベール『ボヴァリー夫人』　九五〇夜：

ドストエフスキー『カラマーゾフの兄弟』　一二一三夜：鹿島茂『ドーダの近代史』　九六二夜：ユゴー『レ・ミゼラブル』　三三七夜：スタンダール『赤と黒』　一二二〇夜：デュマ『モンテ・クリスト伯』　七七三夜：ボードレール『悪の華』　九〇八夜：ベンヤミン『パサージュ論』　四六夜：リルケ『マルテの手記』　六一八夜：西鶴『好色一代男』　九九八夜：馬琴『南総里見八犬伝』　二一四夜：江藤淳『犬と私』　四二四夜：尾崎翠『尾崎翠全集』　一一一五夜：ブルデュー『資本主義のハビトゥス』　九一三夜：ダンテ『神曲』　七〇七夜：ゾラ『居酒屋』　三三二夜：モーム『月と六ペンス』　一一八夜：世阿弥『風姿花伝』　九七〇夜：ゲーテ『ヴィルヘルム・マイスター』　九七四夜：近松『近松浄瑠璃集』　一〇八二夜：ドゥルーズ／ガタリ『アンチ・オイディプス』　二八九夜：松本清張『砂の器』　九八一夜：杉浦康平『かたち誕生』　七九九夜：プラトン『国家』　一〇〇二夜：エリアーデ『聖なる空間と時間』

ポオを十二人くらいに
分身させて読む

エドガア・アラン・ポオ

ポオ全集

谷崎精二訳　春秋社　全六巻　一九六九〜一九七〇
Edgar Allan Poe: Series of Edgar Allan Poe

七人か十一人くらいいたポオのうちの一人は、"vocation"の詩人ポオである。この天《てん》稟《びん》のポオAは、ボードレールに始まってヴァレリーの絶顛《ぜってん》に向かった象徴詩人の父となり、イエーツ、リルケ、エリオットを孫にもった。

昭和十年に百田宗治《ももたそうじ》が主宰する「椎の木社」からポオの詩集が何冊か出て、その一冊をぼくはいっとき持っていたのに散逸した。阿部保や日夏耿之介《ひなつこうのすけ》の訳だった。その後、谷崎精二の春秋社版『ポオ全集』がながらく愛読書になったのち（最初は小説集三巻のみだった）、福永武彦と入沢康夫が困難な訳詩をはたしてからは、これも併せて啄《ついば》んだ。ポオAが詩人になっていたのは文政九年（一八二六）の十七歳のときだった。

今夜は谷崎訳のポオを下敷きに、翻訳としては多くの訳業の選りすぐりを集めたために谷崎のものより出来のいい東京創元社版『ポオ小説全集』および『ポオ詩と詩論』を随時、参照する。ここには七人か十一人ほどのポオが登場する。驚かないでほしい。

ポオBは"Folio Club"のポオである。天保四年（一八三三）、二四歳のポオはフォリオ・クラブを結成して、十一人の会員による短い物語をつくりあう構想をたてたのだが、これに失敗して、みずから「フォリオ・クラブ物語」をボルチモア土曜通信に寄稿した。五篇あった。ここに『壜のなかの手記』が入っていた。こうしてフォリオ・クラブ作家としてのポオの才能が開花するのだが、その端緒が複数の語り手を内包していたことに注目する必要がある。そこから、のちのボードレールを震撼させる『グロテスクでアラベスクな物語』が育つからだ。

このポオBはあきらかに、スティーヴンソンとブラックウッドとドイルの父であり、リラダンと岩野泡鳴《ほうめい》と芥川龍之介と夢野久作《ゆめのきゅうさく》の伯父である。また江戸川乱歩とマンディアルグとフェリーニの祖父であって、ブラッドベリとカルヴィーノと萩尾望都の曾祖父なのである。

ポオの秘密の大半は天保年間にある。ここには三、四人のポオがいた。一人は天保六年の『ベレニス』と『モレラ』に蹲踞《そんきょ》して、その後のポオCになった。

ポオCが書いた『ベレニス』は、幼児の記憶が居館の図書室にしかない男が主人公である。男は美貌のベレニスに結婚を申し入れたその夜陰、図書室でクリオの『神の国の大いなる喜び』とアウグスティヌスの『神の国』とタタリアンの『キリストの肉について』を積んで読んでいるのだが、そのときベレニスの幻影を見る。幻影は近づいてくるかのようにして、そして去る。異様なことにその去った幻影には歯だけが光っていた。ふと気がつくと傍らの卓上に小箱があって、不気味な冷気を発している。そこへ召し使いが「ただいまベレニス様が亡くなりました」と言ってきた。おそるおそる小箱を開くと、そこから三二本の象牙色の歯がバラバラと零れ落ちた。そういう話だ。

もうひとつの『モレラ』は、類い稀な神秘的な知性と冷徹な心の持ち主である妻のモレラが、病気で臥せったまま「私」にこう言ったのである。「これから私は死にますが、あなたは私に一度も愛を注ぎませんでした。私は死ぬ直前に二人のあいだの子を産みますが、あなたはもはや悲しみをしか享受できないでしょう」。妻は死に、モレラとそっくりの娘が育ち、私はどんどん不幸になっていった。娘は早死にしたが、だからといって、「私」はすこしでもホッとしたとは言いたくない。娘の死骸を納骨堂に運んでいったとき、第一のモレラの遺骸がなくなっていて、その瞬間に「私」はすべてを凍りつくように悟らされることになったのだから——。

ポオCは多作である。『リジーア』『エレオノラ』などに幾度も跳梁して、おまけに愛人の死を主題にネクロフォビアとネクロフィリアの両方をおぼえるとともに、さらに不条理と邪悪と夢魔をたっぷり愉《たの》しみ、忌まわしい記憶を時空から呼び戻し、余計な人格を本体と入れ替えて、その精神がしとど錯乱するのを恐れなかった。この錯乱の徹底提示は、その後の文学史を書き換えた。『ウィリアム・ウィルソン』は本能的ウィルソンと反省的ウィリアムを同時二重性として扱い、他方が自方に入りこんでこれを自方が他方を殺害すると自方が解体するという究極の心理モデルを描くことにより、のちの『ジーキル博士とハイド氏』その他の先駆となった。

そんなことはだれもが先刻承知のことだろうけれど、ぼくはこの錯乱の提示が『ター ル博士とフェザー教授の療法』のような精神治療パロディにもなっていて、そしてここに、わが夢野久作の『ドグラ・マグラ』から埴谷《はにや》雄高《ゆたか》の『死霊』に及んだあの暗闇の構想に、きっとポオCが一服盛っていただろうということを指摘しておきたい。

翌々天保八年の二九歳のとき、ポオDが『アーサー・ゴードン・ピムの物語』を書き、もうひとつの表現人格が動き出した。

この物語はほとんど知られていないけれども、ぼくが青年時代からひそかに偏愛している物語で、船長ピムが見知らぬ島に漂着して、そこでさまざまな奇異な現象を目撃するというふうになっている。とりわけ水にナイフを刺すとそこがすうっと切れて、そのままたすうっと元の水に戻るという川の描写など、抜群のものがある。いまならCGを駆使したすばらしいSF映画になるだろう。

ポオDはピムの物語についでは、淡々たる『ジュリアス・ロドマンの日記』を書き、ここに、のちに『アルンハイムの地所』や『鋸山奇談』や『妖精の島』や『ランダアの家』で見せつけるような、すぐれてトポグラフィックできわどくシーノグラフィックなポオを出現させた。ぼくは「遊」創刊前後にこのポオにそうとう惚れこんでいて、一人でこれらの〝視線図面〟とでもいうものをコツコツ作成していた。ぼくはポオを読むというより、作図したかったのだ。

ついでながら、このころ工作舎にもちこまれた猫は、あの悍《おそ》ましい黒猫ではなく白い斑《ぶち》の奇妙な仔猫《こねこ》であったので、ただちにアーサー・ゴードン・ピムと名付けた。スタッフはそれは長すぎると言って、ピム、ピムと可愛がった。

天保十一年（一八四〇）、フィラデルフィアで極貧に喘《あえ》いでいたポオは『貝類学入門』という教科書の執筆に熱中している。これはポオEのことで、最終的には宇宙論『ユリイカ』を綴って、その天体的普遍偏執性と天体的事物嗜好《しこう》症をあらわしているポオである。のちに稲垣足穂《いながきたるほ》がここに出所した。

ポオEが科学のフロンティアに異常な関心を寄せていたのは、天体の回転音楽とエンデュミオンの存在に異常な憧憬《どうけい》をもっていたからだろうと、ぼくは勘ぐっている。すでにポオAとして、チコ・ブラーエ発見の星に捧げた傑作長編詩『アル・アーラーフ』（これは一度は読むべきだ）、冒頭の「心の糸は琵琶をなす」で有名な『イズラフェル』、「嘆きの国」に一人棲《す》む孤絶の男を歌ってきっとジュール・ラフォルグにこそ啓示を与えたであろう『ユーラリイ』などの詩で、ぞんぶんに天上美学に酔いしれていたポオEは、それでもこれらに飽き足らず、自身を月女神ディアーナ（ダイアナ）に幽閉される月男エンデュミオンに見立てて、そのエンデュミオンの目でこそ宇宙の神秘を司る原理を語りたいという欲望を放出していったのである。

　これが最後の最後になって『ユリイカ』として発露した（「精神的ならびに物質的な宇宙論」という副題がある）。そこにはアレクサンダー・フォン・フンボルトからの大半の仮説借用があったとはいえ、驚くべき天体回転憧憬癖が語り尽くされていた。こうしてポオEはこれらの科学趣向のもと、かのノルウェー沖にいまも魔海の伝説をもつという『メエルストルムの渦』を書き、その対極に『ハンス・プファアルの無比の冒険』や『軽気球虚報』を書いて、天界にも地界にもそのペンを及ぼせたのである。こういうポオEを一言で称賛するのは、わけがない。そうなのだ、これは「天涯地涯科学文学者エドガア・アラン・ポオ」なのだ。

　もう一人、天保年間のボストンやフィラデルフィアにポオらしき者が徘徊しはじめていた。これは暗号を研究していたポオFのことで、のちに探偵デュパンを創り出すポオGを養子にとった。

ポオFの暗号熱は本物である。『暗号術』では古今の暗号をウンベルト・エーコよろしく紹介してみせたのち、いまだ解けないとされる問題を提示してその解読をやってみせている。大正十一年八月の「新青年」は小酒井不木《こざかいふぼく》がこれを『暗号論』として翻訳を載せ、その解説にとりくんでいた。これに刺激をうけたのが〝えどが・わらん・ぽ〟こと江戸川乱歩という怪奇好きの青年だ。

ポオFの暗号熱はさまざまに飛び火する。最も劇的に結実したのが御存知『黄金虫』である。物語は南カロライナ州のサリヴァン要塞島を舞台にしている。これはポオBが文政十年(一八二七)にアメリカ合衆国陸軍に入隊したときにボストン港内のインディペンデンス要塞に配属されたこと、および翌年にはヴァージニア州のモンロー要塞に駐留したときの体験をだぶらせたもので、そこに、若き隠遁者ともいうべきウィリアム・ルグランというスワンメルダムはだしの昆虫研究者とその召し使いの黒人ジュピターを配して、まことに巧妙に「宝さがし」モデルによる原型小説を創出してみせた。

ぼくが子供のころに偕成社の児童文学全集の一冊で『黄金虫』を読んだときは、いま思い出してもどうしてそんなになったかとおもうほどに、この謎解きにドキドキしたものだった。さっき読みなおしてみてわかったのは、これはミステリーのドキドキのおもしろさなどではなくて、やはりのことエーコ好みの暗号解読のサスペンスにポオFが徹していることのおもしろさであった。

そのポオFの養子ポオGが『モルグ街の殺人』でオーギュスト・デュパンなる探偵を発明したことについては、あまりに知られていることだから、省きたい。ここからシャーロック・ホームズが弾丸のごとく飛び出してきたわけだ。

それよりもここでは、ポオFが『メエルゼル（メルツェル）の将棋さし』などを書いて、機械と永遠と驚愕に介入してその謎をあばくという性癖を示していたこと、それこそが稲垣足穂が『機械学者としてのポオ及び現世紀に於ける文学の可能性に就いて』で言及したポオのキタ・マキナリス性であったことに注意を促しておきたいのと、加えて、意外な人物がそのポオFに肖《あやか》ろうとしていたことを、ちょっとのべておきたい。

日本で『メエルゼルの将棋さし』が訳されたのは、例によって「新青年」が最初だった。昭和五年二月号である。調べてみるとたしかに載っているのだが、おかしなことに訳者名が書いてない。それにおそろしく短くなっていて、おまけに冒頭には原作にない一文が入っている。

その一文というのは、こういうものだ。「天才は機械の発明によって、しばしば不可思議な創造をするものである。だが、一見、如何に不可思議らしく見えるにしても、それが純然たる機械であればある程、その内部に伏在しているはずの、たった一つの原理を発見しさえすれば、それによって容易に不可思議を解決し得るのである」。

のちに大岡昇平がバラしたのだが、この抄訳者は小林秀雄だった。おそらく翻訳料を稼ぐためにしたのだろうが、小林はこれをボードレールの仏訳から重訳し、のみならずかなり縮めて、何を血迷ったのか、勝手な一文をつけていた。

今夜は小林についてのべるところではないから、一言だけ感想を言うにとどめるが、このやりくちはいかにもその後の小林の批評性を象徴しているのではないかとおもわれる。そして、それ以上にハッとさせられたのは、小林の文芸精神の方法基礎がポオから盗んだものだとするのなら、これは小林のその後の成功が圧倒的だったのも当然で、しかしながらそのことをついに小林は白状しなかったということだ。ダマテンを決めこんでいたということだ。これはポオその人の性格にも酷似する。

ポオはあまりにも想像力があふれているがゆえに探求心と猜疑心が強く、他人にかまえば必ず相手を凌駕するのでいつも酒に溺れざるをえず、そのため醒《さ》めるたびごとに自身の想像力の対象を切り替えつづけたポオA、ポオC、ポオF、ポオJだった。

さて、ボストンに生まれたポオには、文化十二年（一八一五）の六歳のときにイギリスに渡って十一歳までを暗いロンドン近郊の私立学校にいたという体験がある。

イギリスでの少年ポオは自分でもその暗さに辟易としていて、このこと自体はわが漱石の暗い倫敦《ロンドン》体験を感じさせて興味深いのであるが、それがポオのばあいはアメリカに戻ってからは異国の魅力をもつ婦人に心を奪われるという病気に発展したようで、そこが見逃せない。これがポオHにあたる。

十四歳で年下の友人の母親ジェーンに惑い、十六歳で近くの少女セアラに激しい恋情を抱き、二十歳でマリア・クレム夫人に魂を奪われるのは、みんなポオHのなせることだ。とくにジェーンの死にはかなりの衝撃を受けている。しかし、こういうことは事の大小はともかくも、多感な男児のだれしもを襲うことであるのだから（このことこそポオAの詩情やポオCの愛の死のテーマにつながるのだが）、これ以上の詮索はしないでおく。

それよりイギリス体験がポオIとポオJとなって、ゴシック趣味を募らせ、そこにグロテスクの決定的開花をもたらしたことを、以下にふれておく。

すでにヴィクトル・ユゴーのところで書いたように、グ、ロ、テ、ス、ク、とは凝りに凝った石造性・石像性・石室性のことである。それが外部は遮蔽されているかのように見えるのに、内部に想像のつかない洞窟性を秘めたグロッタ（地下室）と結びつくところに、グロテスクのグロテスクたる異質のルートにつながるゆえんがあった。

ポオIはイギリスのゴシック・ロマンに目を見張った読者にすぎない。それなら平井

呈一や紀田順一郎のレベルである。しかしながらポオJはこのゴシックにグロテスクを重ね、その光景と出来事を内側に穿《うが》つというのか、そのまま塗りこめるというのか、それをそのまま読者の恐怖として凍結させるというか、そういう異常なことまで仕出かした。

その方法は手がこんでいた。妻を殺して地下の穴蔵に塗りこめたところ、捜査の手が現場に及んだまさにその瞬間、壁の奥からギャーという猫の声が聞こえ、捜査隊がその壁を崩してみると、そこに真っ赤な口をあけた黒猫がらんらんとその目を光らせて犯人の「私」を見ていたという、かの『黒猫』は、なんとか鳥肌がたつ最後の瞬間をがまんすればすむのだが、ところが、次のようなポオJの構成は、それをこそディーン・クーンツもスティーヴン・キングも真似たのであるが、夜中に女子供が読んで平気でいられるというわけにはいかないものになったのだった。

たとえば『早すぎた埋葬』だ。これは題名が恐怖を予告しているのだから、それなりの気構えをしていればぞくぞくすることもなさそうなのに、それがそうではなくなってくる。

最初に、リスボンの地震や聖バーソロミューの虐殺やカルカッタ牢獄の一二三人の窒息死などの歴史的事例を持ち出され、生きているあいだの埋葬というもの、この世の人

間の運命にとってこれほど恐ろしいものはないと、これから話す出来事を読む準備を促されるのだが、さあ、これで読者も覚悟したつもりなのに、この覚悟が崩される。

ポオJは、まずボルチモアで最近おこった事件を報告する。著名な弁護士で国会議員でもある名望家の夫人が奇病にかかって苦しんだうえに死に、三日間にわたって死が確認されたのち埋葬された。墓所もその後の三年は開かれなかったのだが、三年目にその国会議員が親族の新たな石棺を入れるために門を開いたところ、おお！　そこへなんだか白装束のようなものががらがらと降りかかってきた。それは屍衣《しい》が脱げていない妻の骸骨だった。

詳しく調べたところによると、彼女は埋葬二日後に生き返り、棺《ひつぎ》の中でもがいているうちに、棺が床に落ちて蓋があき、そこから脱出した彼女が棺の鉄片で門をこじあけようとしているまま、悶《もだ》えながら絶命したのだということがわかった。

次に、一八一〇年のフランスでのたいへんに美しい容姿の娘の話が持ち出される。彼女には恋人もいたのだが、さまざまな宿命によって銀行家に嫁ぎ、しかも夫に顧みられずに若くして死んだ。墓所は故郷になったのだが、愛慕の念を断ちきれない恋人が墓を暴いてかつての容姿にすがろうとしたとたん、そのミイラは動き出した。

つづいてこのあとポオJは、砲兵軍人が頭蓋骨を損傷して埋葬されたのに微かに声がしたので、さらに生き返らせるために流電池をかけたところかえって絶息したこと、チ

フスで死んだ男が死体盗掘にあって病院に解剖用に売られ、医師がそこにメスをふるったとたんに絶叫したことなどの話を次々にあげて、実はこの話をこのようにしている「私」が、以前から奇妙な類癇《るいかん》という病気に罹《かか》っていまして、これまでも何度も昏睡状態になって無感覚になってきたのですが、あることでその「私」が……と語り出すあたりで、ちょっと待った、読者はこれ以上は読み進めるのをやめたいと思う。

結末は伏せておくけれど、まったくポオJはここでは名うての恐がらせ屋に徹していて、困ったものなのである。とくに、これに復讐を決意した男の殺意などを加えてストーリーテリングに徹すると、『アモンティラアドの樽』がそういう一作であるが、もはや容赦のない恐怖が作中の男にのしかかってくる。

いったいポオがなぜに恐怖小説などを極める気になったかはわからない。だいたい恐怖小説を書く作家そのものが、何を世の中にもたらしたいのかもわからないのだが、ポオJに関してははっきりしていることは、これを書くことによってすべての読者や批評家の優位に立つことを確信していたふうなのである。

では、そういうことだけがポオが狙ったことなのかというと、そこがゴシックとグロテスクをほとんど哲学にまで高めたポオのこと、ついに恐怖を家屋構造にまで拡張してみせた。それが十一人目のポオKが怪奇の絶頂として綴った『アッシャー家の崩壊』だ

った。

この作品がポオの詩魂の最高の結晶だとは言わないが、ポオAから十一人目を数えたポオたちが、まさにこの物語の結末のごとく倒壊するように構築されているということには、さすがに戦慄せざるをえないものがある。

幼な友達だったロデリック・アッシャーの招待をうけた「私」がそこへ行ってみると、ロデリックには、その旧家の末裔としてたった二人きりになった双生児の妹がいたという設定自体が、すでにいっさいのポオの才能の異端的結集なのである。化け物屋敷のようなゴシックの居館に、幼な友達とそっくりの妹が音もなく現れるところなど、自殺した女流写真家ダイアン・アーバスの双生児写真やスタンリー・キューブリックの《シャイニング》の瞬間映像の一場面を想わせる。

しかし、この作品がほんとうに凄いところは、顔のそっくりな兄と妹が暴風雨の只中《ただなか》で倒れ死に、「私」は恐怖に窒息しそうになって外へ脱出するのだが、何か背中に異様な気配を感じて振り返ったそのとき、これで血が途絶えたアッシャー家の最後を象徴する居館が、月光のもとにまさに湖の中に崩壊して沈んでいくところだったという、あの結末なのである。いったい何人のポオがあの崩壊から抜け出してきたのかと、そんなことさえおもってしまうのだ。

ポオは嘉永二年（一八四九）に、わずか四十歳で意識を失って昏倒したまま死んだ。黒船が浦賀沖にやってくるのは、まだちょっと先のことである。

かくしてポオには夥しい謎が残された。ポオ自身も自分自身を正確に把握はしていない。狂気を疑っていたふしがあるし、自身の才能を天体よりも高く絶叫しようとしていたふしもある。

それにしても、ポオの死からは一五〇年がたったのである。それなのに、すでに何十通りものポオ評伝やポオ批評が出ているが、奇妙なことにひとつとしてロクなものがない。あのポオの最初にして最高の継承者であったボードレールにして、ポオ論は通りいっぺんなのである。

もっと言うのなら、みんながポオの光線に射貫《いぬ》かれているにもかかわらず、それをはたして痛みととるべきか、恩寵ととらえるのか、もはや文学史に薬毒がまわりきったものとして語るのか、態度を決められないでいて、それをもってポオを語るのをやめてしまったふうなのだ。

これこそはポオの不幸というものである。ぼくとしては、せめて十二人目のポオを呼んで、この夜のポオの砲列から去っていきたいとおもう。そのポオLとは、生涯にわたって好きな雑誌を出したいと希《ねが》いつづけた編集屋ポオである。その雑誌のタイトルはポオはそのことをどこにも書き残さなかったのであるが、ぼくには見当がついている。それは"Prose Poem"というものだ。サブタイトルもある。それはこういう文句だろう——「地上は思い出ならずや！」。

第九七二夜　二〇〇四年四月二六日

参照千夜

七七三夜：ボードレール『悪の華』　一二夜：ヴァレリー『テスト氏』　五一八夜：ウィリアム・バトラー・イエーツ『鷹の井戸』　四六夜：リルケ『マルテの手記』　一五五夜：スティーブンソン『ジーキル博士とハイド氏』　六二八夜：コナン・ドイル『緋色の研究』　九五三夜：リラダン『未来のイヴ』　九三一夜：芥川龍之介『侏儒の言葉』　四〇〇夜：夢野久作『ドグラ・マグラ』　五九九夜：江戸川乱歩『パノラマ島奇談』　一一〇夜：ブラッドベリ『華氏451度』　九二三夜　カルヴィーノ『冬の夜ひとりの旅人が』　六二一夜：萩尾望都『ポーの一族』　七三三夜：アウグスティヌス『三位一体論』　九三二夜：埴谷雄高『不合理ゆえに吾信ず』　八七九夜：稲垣足穂『一千一秒物語』　二四一夜：エーコ『薔薇の名前』　九六〇夜：大岡昇平『野火』　九九二夜：小林秀雄『本居宣長』　九六二夜：ユゴー『レ・ミゼラブル』　五一七夜：紀田順一郎『ペンネームの由来事典』　八二七夜：スティーヴン・キング『スタンド・バイ・ミー』

第二章
書架の森

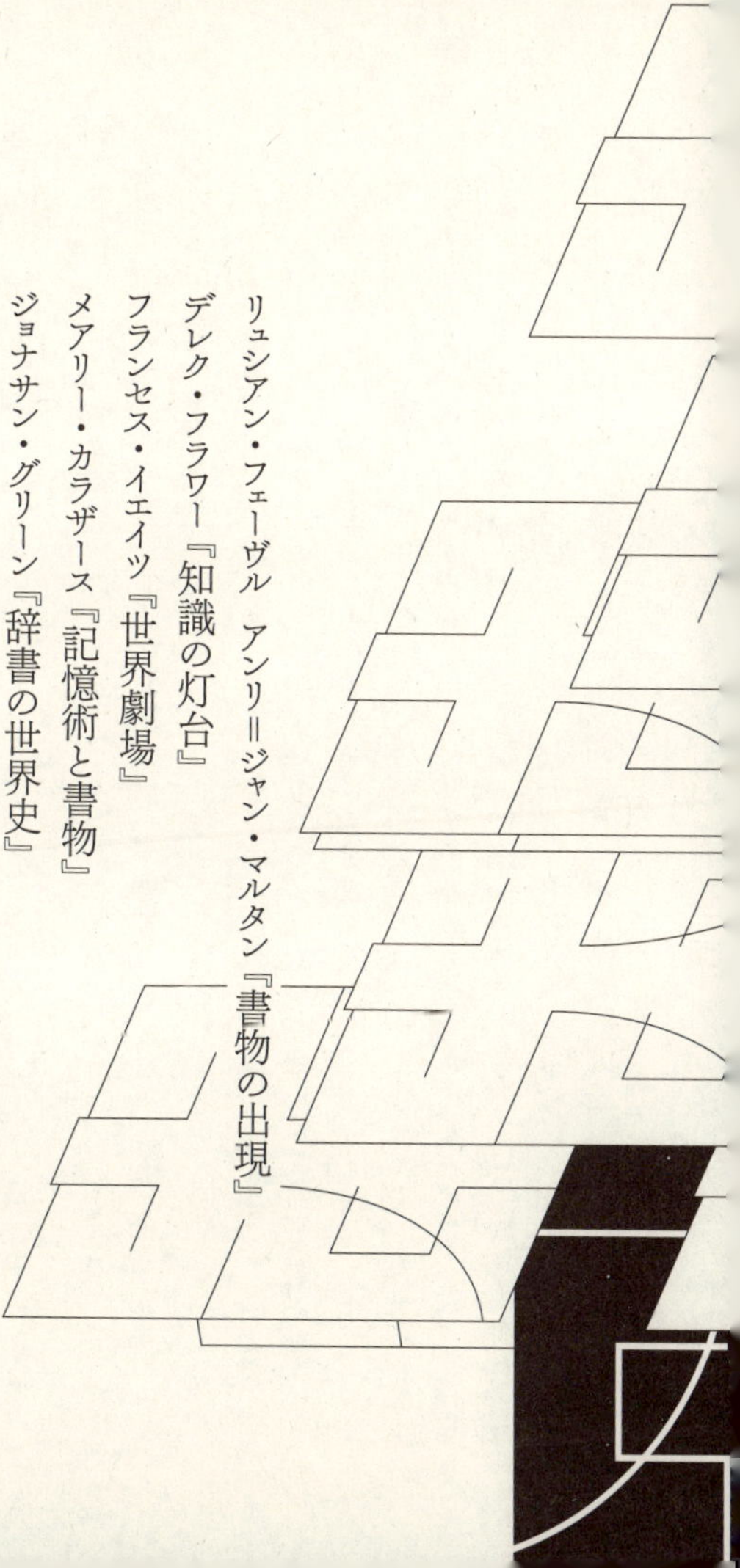

リュシアン・フェーヴル　アンリ＝ジャン・マルタン『書物の出現』

デレク・フラワー『知識の灯台』

フランセス・イエイツ『世界劇場』

メアリー・カラザース『記憶術と書物』

ジョナサン・グリーン『辞書の世界史』

ヴィンフリート・レーシュブルク『ヨーロッパの歴史的図書館』

アルベルト・マングェル『読書の歴史』

小川道明『棚の思想』

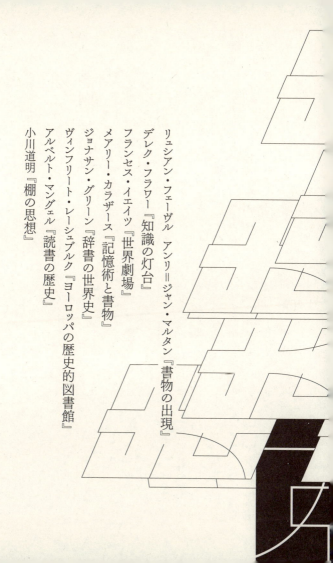

目で追って、声に出して文字を写していく

リュシアン・フェーヴル　アンリ＝ジャン・マルタン

書物の出現

関根素子・長谷川輝夫・宮下志朗・月村辰雄訳
筑摩書房　全二巻　一九八五　ちくま学芸文庫　全二巻　一九九八
Lucien Paul Victor Febvre & Henri-Jean Martin: L'Apparition du Livre 1971

書物というのは、読めばそれでいいというものではない。どんな文字と言葉づかいでどんなコンテンツを読ませるかということが重要だ。

ぼくが「遊」を編集していたころは、特集からコラムにいたるまでだいたいの台割と内容が決まると、次に何をするかといえば、それぞれのテキストをどのようなタイプフェイスにするかを決めることだった。多くのばあいはそういうことをしない。使用文字を一つ決めれば、本文もコラムもそれで終わり。それがふつうだ。いまのおおかたの資本主義国では、どんな文字でもともかくわかりやすく読めればそれでいいという書物やメディアを普及させている。

　これはやむをえない事情だといえばそれで話が終わってしまうけれど、書体や字体が一定になっていくというのは、そのぶんわれわれの内なる「内声《ないしょう》の文字」（空海）というものをむしろ豊富にもたなければならないということなのだ。かえって内なるタイポグラフィが問われているということなのだ。そう、省みたほうがいい。いまでもイスラム諸国では『コーラン』（クルアーン）がそうであるように、内容ごとにタイプフェイスを選んだ本づくりをする。『コーラン』は一章一節ごとにクーフィック体やナスターリック体というふうに書体を変えるのだ。その書体はそれぞれがボーカリゼーションに結びついている。

　最近は教育界や出版業界が「声を出して読む日本語」とか「日本の名文を音読する」といったお手軽キャンペーンを頻《しき》りにしているようで、それはそれでおおいに結構、一面ではよろこばしい風潮ではあるのだが、実のところは声を出す前に文字を見ているということを忘れてはいけない。音読とは「目から声が出る」ということなのだ。たんに声を張りあげるだけではしょうがない。

　が、こんなふうになったのは歴史的にはごく最近のことで、活版印刷が旺盛だったころは書物や新聞を組んだり印刷しようとおもえば、東京でも印刷所ごとに別種の活字母型（フォント）をもっていて、どの印刷所に頼むかによって、それぞれのタイプフェイスの表情が異なる出版物が毎夜生まれていったものだった。もっと前は、それこそ内容ごとに書体が異なった。

たとえば一四五〇年代のヨーロッパの事情を見ると、あらゆるテキストがつねにどのような書体を選択したかということによって、そのテキストの内容もあらかた告示できていた。そこには大別しても四つの書体があった。スンマ書体はスコラ学の著作のためにつかわれたゴシック体であり、ミサ典礼書体はスンマより大きくて教会用につかわれ、ややプロ仕様の書物では折衷ゴシック体が草書ふうにつかわれた。これらに対して新たなコンテンツを表明しようとしていたペトラルカらが選んだのがカロリング小文字を母型としたローマン体だった。ルネサンスのユマニスム(人文主義)とはこのローマン体の登場によって確立した。平仮名が王朝文学をつくったことと同じ現象だ。

書物の思想や風味は、どんな用紙によって、どんな書体や字体をどのように並べるかということによって決まってくる。書物の歴史はその選択と変遷なのである。

ヨーロッパの話だけでいえば、現存する最古のパピルスの巻物が紀元前二四〇〇年ころ出現した。それから約一〇〇〇年ほどたってフェニキア・アルファベットが広がりはじめ、それがギリシアでも使われ、さらに五〇〇年ほどたった前六五〇年ころにニネヴェに最古の図書館と文書館ができた。かのヘレニズムの中心にあったアレクサンドリア図書館はその三五〇年後である。

ここまではどんな書物といえどもすべて巻物《スクロール》だったのだが、アレクサンドリア図書館が炎上した西暦紀元前四七年以降、しだいに冊子《コデックス》になっていく。ページものだ。これは書物の歴史にとっては大きな革命だった。ヨーロッパでは、原始キリスト教が教団を形成するにつれ冊子型書物が普及していった。

冊子の定番はディプティクム（二枚綴り）かトリプティクム（三枚綴り）で、必要に応じてそれを組み合わせていった。この技術はもっぱらローマ人が広めた。その後、中国では後漢の蔡倫《さいりん》が紙を発明し、それがまたたくまに広がって奈良にまで届いたのだが、ヨーロッパではまだパピルスと羊皮紙や山羊皮紙などのパーチメント（ペルガメント）がつかわれるままだった。製紙技法がシルクロードと中東を通ってヨーロッパに届くにはそれから約一〇〇〇年を必要とする。だから途中のバグダッドで紙が発達し、それがイスラム社会の書物の隆盛をもたらした。

書物はどのように広まったのか。巻物にしても冊子にしてもオリジナル（原本）は一部しかありえない。そこで、それを書写生や写字生がコピーする。これで複数の写本ができていく。これが書物の誕生になる。

このコピー作業をだれがどのようにするかが出版作業というものの原型となった。古代ローマにはそのコピーを担当する写本組合をつくるほどの専門家もいたが（漢にも書字生も、また書店すらあったが）、たいていは教会や修道院の写字僧が担当した。こういう僧侶を当時はエクリヴァン（書士）といった。ショーン・コネリー主演の映画《薔薇の名前》にはこの修道院のなかのエクリヴァンの往時の姿が妖《あや》しく再現されている。

書写・写本にあたってはどんな文字をつかうかということと、どういう飾りをほどこすかが大きな選択である。字体のほうは最初はギリシア文字が、やがてアングロサクソン体、西ゴート体、メロヴィング体、カロリング体などがラテン文字ヴァージョンとして各地に派生して、カロリング体からローマン体（ローマ字）が、ついで西ゴート体からゴート体（ゴシック）が定着していった。

飾りのほうは冒頭文字を華麗なイニシアルにすること、縁《ふち》どりを文様化すること、ミニアチュール（細密画）を入れこむことなどに分業されていた。いまこれらの初期マニュスクリプトを見ていると目が眩《くら》むほどに美しい。書物というより出版工芸なのである。いっときこれらを某美術館のためにサザビーズやクリスティーズで大量に購入しようかと迷ったほどだった。

五二九年、ベネディクトゥスがモンテ・カッシーノ修道院を創設すると、ここに典型的な写本室「スクリプトリウム」が造作された。これをカッシオドルスらがいわゆる「ヴィヴァリウム」（図書室）として発展させた。たいへん画期的な出来事で、ここからがいよいよプロフェッショナルな写本時代になる。スクリプトリウムやヴィヴァリウムが各地にできてくると、それとともに原本貸出商があらわれて、写本はそこから原本を借りて、また返すというしくみになった。

こうして書物が写本を媒介に、著者をはじめとしたいくつもの専門職と分業職にネットワークされていったのち、活版印刷術が突如として登場すると、書物の生産文化様式を大きく変えてしまうのである。いわゆる「グーテンベルクの銀河系」の誕生だ。

本書は編集文化史および読書派にとっての必読書として名高い。活版印刷術がヨーロッパに出現したことによって書物の世界に何がどのようにおこったのかをめぐった最初の決定版になった。

著者は二人ともこの手の領域研究の第一人者で、リュシアン・フェーヴルはいわずとしれたアナール派歴史学の碩学《せきがく》の親分だ。本書の執筆中に亡くなり、書物・図書館・出版文化史にあかるいリヨン図書館館長だった当時はまだ三十歳ほどのアンリ＝ジャン・マルタンが、後半の執筆と全般のコンテキストの確立を引き受けた。

その後、この手の本がいろいろ刊行された。なかでもグーテンベルク博物館の館長へルムート・プレッサーの『書物の本』(法政大学出版局)は古代から現代におよぶヨーロッパ書物史としてはほぼ完璧なもので、ぼくはこの本にどれほど入りこんだことか。

むろん日本にも書物史の大立者がいた。寿岳文章《じゆがくぶんしよう》と庄司浅水《しようじせんすい》である。学生のころは本や紙や印刷の歴史を知りたかったら、この二人の著作を覗《のぞ》いたものだ。庄司浅水さんは七十歳をこえられたころにお会いしたことがあるが、そのとき見せてもらった『書物の話』は昭和六年の出版だった。庄司さんの『日本の本』（保育社）は長らくぼくの日本出版文化史の座右の一書になっていた。最近はぼくよりちょっと若い宮下志朗が『本の都市リヨン』（晶文社）をはじめ、浩瀚《こうかん》な書物文化史をものしている。

ロバート・ダーントンの『猫の大虐殺』（岩波現代文庫）で話題が沸騰した十八世紀の社会を書物出版の側から見るという視点も、いまではかなり充実していて、ロジェ・シャルチエの『書物から読書へ』（みすず書房）によって、本を作る側の問題からどのように本が読まれたかという歴史分析のほうへ視点が動いていった。このことはフランス革命や啓蒙《けいもう》思想を位置づけるにもすこぶる重要な問題で、たとえばルソーの社会契約論がフランス革命のトリガーを引いたといっても、それがどの程度に、どんなふうに読まれたかということがわからなければ、実際のトリガーの意味はつかめない。

実際には、こうしたルソーやモンテスキューの啓蒙思想はそれらをもっと通俗化した廉価本で普及していたのである。ルソーやモンテスキューの原本を読んでいたのはごく少数だったのだ。

ここで、付言しておきたいことがある。それは網野《あみの》史学に代表される日本社会の分析があれほど充実していったにもかかわらず、いまだ書物や出版をめぐる歴史が本格的に浮上していないということだ。とくに中世にはほとんど手がつけられていない。

網野さん自身もどこかで書いておられたが、とくに五山文化が見えてきていない。しかし、五山文化こそ一言でいえば出版開版の文化の花園なのである。五山の出版文化があったからこそ日本人は本を読むようになった。それゆえ、ここが見えてこない日本史は「メディエーションを忘れた社会史」になりかねない。

それにくらべると、江戸社会のメディア事情は研究者の努力によってやっと全貌が見えてきた。西鶴や俳諧師の社会を知るには江戸の出版事情が見えなければ何もわからない。明治だって同じことで、錦絵新聞や小新聞のことがわからずに解釈していた自由民権運動論は、それがいくら民衆史の視点をもとうとしていても、どこか浮ついていたものだったのである。

書物の歴史はもっと本格的に検討されるべきである。書物がもつ象徴作用や機能作用ももっと知られるべきだ。インターネットやブロードバンドが拡張すればするほど、時代はコンテンツを要求することになる。そのコンテンツは放っておけばタレ流しのゴミである。編集されていなければ何も使えない。コンテンツの編集技術はまさに書物をどうつくるかという技術と不可分だ。その書物編集技術のなかに、世界をどのようなポータルやディレクトリーにするかという技術もすべて内蔵されている。
もしライブドアがフジサンケイグループを手中に収めたいというのなら、堀江貴文はどこかの出版社の株価と資本総額を見ること、どこかの図書館の蔵書アーカイブのシステムに投資することだ。そこにはすべて書物の歴史が待っている。ソニーが不死鳥のように蘇りたいのなら、映像コンテンツを買収する予算の一〇分の一を書物型のコンテンツに向けるべきなのだ。一言、加えたい。コンテンツ時代とはコンテンツ危機の時代なのである。

第一〇一八夜　二〇〇五年三月三十日

参照千夜

七五〇夜：空海『三教指帰・性霊集』　六六三夜：ルソー『孤独な散歩者の夢想』　八七夜：網野善彦『日本の歴史をよみなおす』　六一八夜：西鶴『好色一代男』

選書と目録の大いなる原点
アレクサンドリア図書館

デレク・フラワー

知識の灯台

柴田和雄訳　柏書房　二〇〇三

Derek Adie Flower: The Shores of Wisdom—The Story of The Ancient Library of Alexandria 1999

二〇〇二年十月十六日、ナイルの河口都市アレクサンドリアの一角に新アレクサンドリア図書館がオープンした。正式には「ビブリオシカ・アレクサンドリア」（BA）という。設計コンペには数百の応募があったが、ノルウェーのスノヘッタの円筒スライス型のデザインが標的を射て、エジプトのヘムザ社の音頭取りによるエジプト・イタリアの共同建設工事が一九九五年から始まっていた。

この記念すべきプロジェクトは、一九七四年にアレクサンドリア大学の学長ロフティ・ドウィダールが古代アレクサンドリア図書館の再建を提案し、これにエジプト大統領ムバラクが応《こた》えてから大がかりになったもので、その後、教育相スローが中心になって国際機関に協力と援助をよびかけたところ、ユネスコとUNDP（国連開発計画）のサポートが得られ、一九八六年にミッテラン大統領などを招いて採択された「アスワン宣言」としてスタートした。世界二七カ国から基金と人材と企画が集まった。

敷地面積は一六〇〇〇平米。地下四階地上三階の建物は東京ドームの二倍くらい。建設費だけでざっと二億ドルの規模となったが、いくつかの委員会が結成されて、これもすっかり集まった。

完成したニュースを知って、行こうかなとおもったが、やめた。古代アレクサンドリア図書館の理想をとうてい超えていないどころか、仕方のないことではあろうけれど、各国の出店プランをあれこれ収容したエジプトの観光施設におわっていると見えたからだ。BA全体が一種の複合文化センターになっていて、図書館だけでなく会議場・アートホール・博物館・プラネタリウム・IT施設その他がくっついているのだが、肝心の図書館の思想とデザインがつまらない。

しかも当初の蔵書数はたったの二〇万冊。一応のキャパは八〇〇万冊までを保証しているらしいが、なによりつまらないのはその書棚が地下のフロアに分かれて、いまさらながらの科学・技術・歴史・芸術・文学・子供向けなどに分割分断されてしまっていることである。これではデューイの図書分類と変わらない。BAのふれこみは「一六〇〇年ぶりに蘇った知の殿堂」なのである。いったい二一世紀の「知の殿堂」がこんなものであって、よろしいのか。

さしあたって三つの問題がある。

（1）もし二一世紀のヘレニズム文化があるのだとしたら（たとえばEUもそのひとつだろうが）、それをアラブ世界が抱きこもうとして何を検討したのかということ。

（2）アレクサンドロス大王およびプトレマイオス朝が創建した古代都市アレクサンドリアの役割から何を再生しようとしたのかということ。

（3）いったい二一世紀の「知の殿堂」としての図書館はどうあるべきなのかということ。

ここでこの問題を議論したいわけではないが、たとえば中国や日本がこのようなプロジェクトをおこしたとして、それを「知の殿堂」と名付けようと着想したら、こんなふうにはなってはならないし、また問題を（2）だけに絞ってみても、こんなふうになってはならなかったのである。

いまは、その（2）だけのことを、思い出したい。本書もBAについてふれてはいるが、それよりもかつての古代アレクサンドリアの盛衰と次から次へとあらわれた知財の出現についての回覧を懐かしんでいるふうだ。

以下の記述では本書のほかに、クウェート大学の教授モスタファ・エル＝アバディの

『古代アレクサンドリア図書館』（中公新書）などを参考にした。ちなみに（3）については、ぼくは電子ネットワーク上の「図書街」という構想をもっていて、いまその着手のための準備を長尾真・金子郁容・田中譲・土佐尚子さんらと相談しているところだ。

さて、プルタルコスは、アレクサンドロス大王が命じて各地に創設されたアレクサンドリアはざっと七〇都市をこえていたと書いた。これはいくらなんでも多すぎるし、仮にかなりの数の征服地にアレクサンドロスの幕府モデルがつくられたとしても、そのすべてがアレクサンドリアと名付けられたわけではなかった。

最近の研究では多くて一八都市、おそらくは一二都市くらいだろうということになっている。それでも、ブッシュのタリバン掃討戦争で有名になったアフガニスタンのカンダハルや、いまはフジャントとよばれている中央アジアの〝最果てのアレクサンドリア〟まで、複数のアレクサンドリアが紀元前三〇〇年代から数十年のあいだは南ユーラシアの全域の拠点都市になりかけた。まさに史上初の世界模型都市の撒布だった。クローン化だった。

このうち長きにわたって繁栄をしたのはエジプト・ナイル港湾のアレクサンドリアだけだった。プトレマイオス朝の首都であり、クレオパトラが君臨した都市であり、いまはBAが建てられたところ、アレクサンドリア大学がある町だ。この古代アレクサンドリアの繁栄はアレクサンドロス大王の力をまったく借りてはいない。三代にわたるプトレマイオス王のもと、ヘレニックな知の担い手たちが独自に組み立てた構想と編集と実践によっていた。

　マケドニア王アレクサンドロスが、ヘロドトスによればそこを通る以外にエジプトに入る航路はないと言ったファロス島に向かいあう地に、マケドニア兵士のための港湾休息都市アレクサンドリアをつくれと言い残した。が、大王はそれを言い残して死んだ。建造にあたったのは次のプトレマイオス一世だ。建設監督はクレオメネス、設計は天才建築家のディノクラテスがあたった。区画もあった。王宮のある中心部をギリシア人居住地区ブルケイオンに、西南部をエジプト人その他の居住地区ラコティスに、北東部をユダヤ人などの居住地区コム・エル・ディッカにし、街路樹が並ぶ幅七〇メートルの大通りを中央で交差させた。

　その中央ブルケイオンの一角に建造されたのが「ムーセイオン」である。ムーセイ（ミューズ＝女神）たちの神殿、すなわち「ミュージアムという名の殿堂」を目標とした。このムーセイオンからすこし離れて図書館が建設され、ストラボンによれば四九万冊の、セネカによれば四万冊の、ゲッリウスによれば七〇万冊の古今のマニュスクリプト（手稿本）が集められた。

　ムーセイオンも図書館も、いまのところまったく遺跡は発見されていない。そのためどのようになっていただろうかという明確なことがわからないのだが（それでも多少の推測ができるのだが）、このアレクサンドリアに無惨にも船を突っ込ませて火を放った犯人のことは、よくわかっている。犯人はカエサル（シーザー）だった。これで、四万冊あるいは五〇万冊のパピルス（古文書）とコーデックス（冊子本）が一瞬にして灰燼《かいじん》に帰した。問題は、この二人の帝王、アレクサンドロスとカエサルのあいだにアレクサンドリアで何があったのかということだ。ヘレニズムの謎がここにある。

アレクサンドロス大王の遠征がガンダーラに及んでギリシア文化の一部を伝え、それがインドに仏像をもたらしたというような現象は、前三二三年の大王の若き突然の死のあとの出来事である。したがって、この影響によって各地に澎湃《ほうはい》として湧きおこった文化をヘレニズム文化とかヘレニズム文明とよぶのは、紀元前三〇〇年以降のことにあたる。エジプトでは、それがプトレマイオス王から始まった。

アレクサンドリアを人工神聖都市メンフィスに代わるエジプト最大の神知都市に仕上げようとしたのは、アレクサンドロスより十歳年上のプトレマイオス一世（救世王）だ。軍事型ではない文化型の王、新しいファラオーだった。以来、ローマ帝国の属領になるまで、ざっと三〇〇年にわたるプトレマイオス朝が続く。

前三〇四年の春、そのプトレマイオス一世が一人の男を建設中のアレクサンドリアに呼び寄せた。デメトリオスだ。アレクサンドロス麾下《きか》の将軍カッサンドロスの右腕で、詩人・哲人・弁論家としても名が通っていた。アリストテレスが主宰した学園「リュケイオン」に学んで、その後もアテネに君臨したのだが、クーデターにあって失脚していた。やがてデメトリオスはプトレマイオス一世に気にいられ王室顧問に迎えられると、いくつもの進言をする。その最大のもの、というよりプトレマイオス一世がそのなかで一番気になったのが、ムーセイオンの建設と書籍収集だったのである。

こうしてアレクサンドリアのムーセイオンが登場する。「アカデメイア」や「リュケイオン」に倣って、ペリパトス（遊歩廊）、エクセデラ（回廊）をめぐらし、中央棟に模型的神殿と絶対集会場と相対研究所をおいた。ついで神学者たちが集って、アレクサンドリアの守護神を中心とする神のシステムが研究され、セラピス、オシリス、イシス、聖牛アピスなどの「ヘレニック神道」の創設が神殿を中心に配当された。

デメトリオスは書物の収集と写本に異様な情熱を示した。目標は「地上のすべての民の本」を集めることだった。アレクサンドリアに停泊する船も片ッ端から調査して、そこに原本があればただちに写本させた。これはいつしか〝船の文庫〟というコレクションになった。

書物が二〇万巻をこえると、デメトリオスは選りすぐりの人知を次々に集結させた。

初期のメンバーは幾何学者エウクレイデス（ユークリッド）、哲学者ストラトン、詩人フィレタス、牧歌の創始者テオクリトス、医学者ヘロフィロス、歴史家マネトンらの俊英の研究者や表現者たちだ。書籍も可能なかぎり収集されて、初代図書館館長にはゼノドトスがなった。ヘレニズムきってのホメーロスの研究家だ。ゼノドトスはホメーロスの『イーリアス』には大文字を、『オデュッセイアー』には小文字を使うというようなタイポグラフィックなセンスを発揮した。その弟子がアリストファネスだった。

のちにアレクサンドリアを訪れたストラボンは、このようなムーセイオンを中心とする知的システムは、一種の属人的な共同社会のようになっていて、知の単位そのものが「シノードス」（共同体モジュール）だったのではないかと推測している。もしそうだとしたら驚嘆してしまうけれど、実際にはもっとゆるやかなもので、また王立協会的な性格も強かったのではないかと想像される。

いずれにしてもかなり斬新で冒険的なムーセイオンと図書館がスタートした直後、ここで一世が没し、息子のプトレマイオス二世（愛姉王）の時代に移る。アショーカ王と使節を交わした王だ。この二世が即位した前二八〇年頃に、アレクサンドリアに一人の若い詩人文法家が招かれた。その名をキュレネのカリマコスといった。アレクサンドリアは都市そのものが知性と感性の坩堝《るつぼ》と化すことを目的としていたので、カリマコスが作品『ゼウス賛歌』『デロス賛歌』『一束の髪』などで見せた知的才能はすぐさま目立ち、やがて図書館の司書を命じられた。

司書カリマコスは異能ともいうべき編集構成能力を発揮した。当時の噂では約五〇万冊にのぼる古文書・冊子本をたちまち独自の目録に仕上げてしまったのである。この目録こそ、ぼくが青年期のころから憧れていた『ピナケス』（大目録）だ。古代アレクサンドリア図書館の心臓機能であり、各地に広がる世界模型都市アレクサンドリアのネットワーク中枢を管理する知の写本時代のCPUともいうべきもので、なんと一二〇冊におよぶ目録だった。

残念ながら『ピナケス』の詳細はわかっていない。それでもいろいろの史料を総合すると、これはたんなる蔵書目録などではなかった。おそらくは「知のマスタープログラム」ともいうべきもので、多様な分類が縦横に検索できるようになっていただろうと推察される。

著者を八項目以上に分け、それをさらに細目で抜き出し、それとはべつに神名・概念・単語などのリストと、それを解説するカードのようなものが付加された。どこでどのように使われたかはわからないのだが（おそらくは書名か著者名）、この一部のリストにはギリシア・アルファベットによるオーダーがついていた。もっと驚くべきは、作品リストにはその全部の行数となんらかのマークが記載されていたことで、これは古代ハイパーリンクの芽生えではないかとおぼしい。またさらに、これらとはべつにサマリーのための主題別辞書のようなものが編集されていただろうと想像される。

こうなるとカリマコスという人物こそ、今日の情報ネットワーク社会が突き止めなければならない最大の人物ということになるのだが、少なくとも『ピナケス』についてはこれ以上の手がかりは発見されていない。ただ、カリマコスの詩的作品については三〇〇以上にのぼる言及が古代中世を通じて見つかっていて、それらに記述された賛辞を総合すると、やはり只者ではなかったことが予想されるのだ。

古代アレクサンドリア図書館はその後、アポロニウス、エラトステネス、アリストファネス、アリスタルコスといったヘレニズムを代表する知性を館長として、しだいに充実拡張をかさね、図書館も姉妹館・兄弟館を増設し（この礎石は最近になって発掘された）、神殿と書物との関係も濃くしていって、いよいよ世界に冠たる「知の殿堂」の様相を呈することになる。

なかで四代館長アリストファネスは大辞典『レクシス』を編集し（この成果から推して、カリマコスが作成した辞書の先駆性が偲《しの》ばれる）、六代館長アリスタルコスは、のちのウィトルーウィウスの言葉によれば、図書館の一冊ずつの書籍を未曾有《みぞう》の努力で次々に読破していったという。知上の王者、恐るべしヘレニズム――。

だが、さしもの図書館も、ムーセイオンも、プトレマイオス六世（愛母王）の時代にカエサル（シーザー）の攻撃にあって、あっというまに灰燼に帰してしまった。このアレクサンドリア陥落に愕然として失意に堕ちたクレオパトラに対して、アントニウスが同情をし、ペルガモンにあった図書館の蔵書二〇万冊を無償で贈ったというのは、シェイクスピアの戯曲をはじめ、のちに世界中のだれもが知る恋愛悲劇に伴う有名なエピソードになっている。

このあとアレクサンドリアには、フィロンというヘレニズムを代表する科学哲人が登場し、さらにグノーシス主義思想が台頭もしてくるのであるが、これにはもはやアレクサンドリア図書館がそうした事態に伴走していたという記録は薄い。アントニウスとクレオパトラ程度の力では「知の殿堂」は蘇らなかったのだ。

さて、図書館といえば蔵書、蔵書といえば書棚、書棚のどこに何の本があるかといえば、蔵書検索目録である。これらは離れがたく一連につながっていて、著者や書名のリストの並びが書棚となり、その立体空間となり、それが図書館そのものとなる。そこに問題も生じ、夢も生じる。そのことについて、いささか大事な話をしておきたい。

作者を選び、その名をリストに登録することをギリシア語では“enkrinein”という。これはもともとは、年長者会議に選ばれた者としてリストを承認するという言葉から派生したもので、それがやがてリストアップという意味になった。今日の情報社会ではなんであれ、このリストアップが最初の重要な情報編集作業の第一歩になる。リストアップのないデータベースも顧客名簿もなく、リストアップのない図書目録もない。しかし今日では、リストはたんなるディレクトリーやポータルだとみなされている。

が、ちょっと待ってほしい。カリマコス、アリストファネス、アリスタルコス、そしてこれを古代ローマの図書館で継いだキケロたちは、このリストアップが最終的な価値判断のステージだと見ていたのだ。リストこそが知の回廊なのである。

さっきあげたギリシア語“enkrinein”は古代ローマのラテン語では classis（クラシス）という。これも選出という意味なのだが、キケロがとくに重視した言葉でもあって、そこでは「第一級の選出」という意味が大事な特徴になっていった。そこで、この classis をうけたものが classici となって、「最良のもの」「一級品」という指定をもつようになった。これがさらにルネサンス期に「クラシック」（古典）という意味に成長した。

一方、この「クラシック」を然るべき組み立てで断乎として選ぶことを、古代ローマでもルネサンスでも、“ordo”（オルド＝オーダー＝秩序）と言った。このオーダーは時代によって、世界によって変化しなければならなかった絶対順序というものである。

思い出してもらいたい。ルネサンスのフィレンツェで何が計画されていたかということを。プラトンのアカデメイアと古代アレクサンドリア図書館に憧れたロレンツォ・デ・メディチから、再生すべき「知の殿堂」の全面委託をうけたマルシリオ・フィチーノが、何をしたのかということを。新たな「クラシック」を新たな「オルド」によって組み立て直したのだった。それが古代アカデミーの蔵書と刊行の構想であったのだ。その知のCPUとなるべきプラトン・アカデミー・アレクサンドリアに代わるフィレンツェの、そのリストアップとは真の第一級の古典を然るべきオーダーに徹底して改編することなのである。BAこと「ビブリオシカ・アレクサンドリア」の書籍収集と図書配列が、どうしてあんなものでいいものか。

第九五九夜　二〇〇四年四月二日

参照千夜

一一二五夜：金子郁容『ボランティア』　三六五夜：カエサル『ガリア戦記』　二九一夜：アリストテレス『形而上学』　九九九夜：ホメーロス『オデュッセイアー』　七七八夜　ウィトルーウィウス『建築書』　六〇〇夜：シェイクスピア『リア王』　七九九夜：プラトン『国家』

万有学としての
世界書物と世界劇場

フランセス・イエイツ

世界劇場

藤田実訳　晶文社　一九七八
Frances Amelia Yates: Theatre of the World 1969

いまではジョン・ディーやロバート・フラッドを知らないまま、エリザベス朝の文化やシェイクスピア時代の演劇を議論することができないことはよく知られているが、フランセス・イエイツが一連の研究書を発表するまでは、そんなことはごく一部の好事家か、神秘主義にとりつかれている者の戯《ざ》れ言《ごと》だとおもわれていた。その一連の研究書というのは、『ジョルダーノ・ブルーノとヘルメス教の伝統』(工作舎)、『記憶術』(水声社)、そして本書『世界劇場』だった。

一八九九年、ハンプシャー州ポーツマスに生まれたイエイツはロンドン大学卒業後に大英博物館で学芸研究をしたのち、エドガー・ヴィント・エルンスト・ゴンブリッチとともにヴァールブルク研究所に移って、熱病に罹ったように「ヘルメスの知」に惹かれていった。ヨーロッパ中世から近世にかけて「隠るるもの」がどのような符牒と暗合をもって記述されていったのか、その秘術に挑んだのだ。その記念碑的な労作が、この三冊だった。

このあともイエイツは魔術的ルネサンスと宇宙的エリザベス朝の研究を続け、その一冊ずつが瞠目すべき成果をあげていった。だから初期の三冊だけを、ましてや『世界劇場』だけをとりあげるのはしごく勿体ないことであるけれど、本書一冊だけでも存分にイエイツの真骨頂は発揮されているので、以下はその思いきった紹介に努めたい。「思いきった紹介」と書いたのには、多少の理由がある。ぼくがフランセス・イエイツに会いに行った最初の日本人らしいからである。

そのときロンドン大学のヴァールブルク研究所別室にいたイエイツ女史は、ぼくと村田恵子とをしっかりと見て、「ねえ、ゆっくり話しましょうよ」と言って自宅に招いてくれた。すでに八十歳をこえた上品なおばあさんになってはいたが、シェイクスピアの世界劇場と世阿弥の能舞台との関連について、とりわけその音響的空間性についての話になると、すぐさま魔法使いのおばあさんのように眼を輝かせ、その場で東西の文化の探求をはじめたものだった。

その、白髪をときどき掻きあげながら、まっすぐぼくの眼を見つめて喋《しゃべ》る口調には、まさにイエイツ女史が研究書で駆使してきた幾多の〝推理力のエンジン〟というもの、また〝判断力のドライヴ〟とでもいうものが生きていた。ぼくは、その過日の雰囲気のもとでのイエイツの口調を、以下にもちこんでみる。では、どうぞ。ざっとはこんな感じなのである。

まずなんといってもね、一五七〇年にユークリッドの『原論』が英訳されたことが大きかったのです。ヘンリー・ビリングズビリーの訳で、序文をあのジョン・ディーが書いたのね。

この序文は、それから三五年たってフランシス・ベーコンが書いた『学問の進歩』より、ずっとずっと重要な意味をもっています。ベーコンが数学を評価できなかったのに対して、ディーは数学を究めることこそが科学と文化のあらゆる発展にとって意義のあることを見抜いていましたからね。でも、ディーがのちのち怪しい人物だとみなされたのにも理由があります。それはディーに『ジョン・ディー博士と、聖霊との間に多年にわたり起こりたる事の真なして忠実なる物語』という、とても奇怪な著書があるためね。これはカバラ的な数秘術で天使を呼び出そうという魂胆の書で、実際にもディーがエドワード・ケリーと試みたことについての本です。

では、ディーはどうしてすごい数学の序文と神秘的な本の両方を書いたかというと、もとはといえばアグリッパの『隠秘哲学』が原因なのね。この本はディーの蔵書目録に何種類も入っているもので、これを読めば、なぜ同一人物が数学者であって魔術家でもありうるかということがよくわかります。

それにしてもね、ディーがいかに、ダンテからパラケルススまでの、ルルスからカミッロまでの、ヘルメス学からネオプラトニズムにおよんだ夥《おびただ》しいルネサンスの書物を集めていたかということは、それはそれは惚れ惚れするくらいです。

そしてその蔵書の中に、かのウィトルーウィウスの傑作『建築書』があったのね。私がそれを発見したんです。すでにウィトルーウィウスの驚くべき比例的世界観はアルベルティやデューラーらのルネサンス人によって復活されていたのですけれど、それはイギリスには届かなかったのね。当時のイギリスという国は建築や美術ではとても地方的な沈滞したところで、あのエリザベス女王ですら、大きな宮殿や庭園をまったく造らなかったでしょう? そこにディーが現れたんです。

ディーが『原論』でウィトルーウィウスを紹介し、世界の記憶が数学的比例性によって構築される可能性を示してから六年後だったかしら、この世界劇場の構想に影響をうけたジェームズ・バーベッジがショアディッジに木造の「劇場座《ザ・シアター》」を建てるんです。ね、このことだけでもディーがいかにエリザベス朝の空間沈滞を破ったか、おわかりでしょう。でも、話を急いではいけません。ロンドンに「地球座《ザ・グローブ》」をはじめとする世界劇場が林立するには、もう二人の人物の関与を見ておく必要があるのです。一人はロバート・フラッド、もう一人はイニゴー・ジョーンズです。ちなみにジョン・ディーは一六〇八年に亡くなります。レスター伯ロバートの紹介でエリザベス女王の側近になって、それから外国へ行くのですが、晩年は不幸だったようね。

ディーの世界観を引き継いだのは偉大なロバート・フラッドです。フラッドもヘルメス学やカバラに夢中になった人で、ロンドンではパラケルススふうの医業も開業しています。しばしば薔薇《ばら》十字団員だともいわれていますが、なぜかフラッドは否定しています。いずれにしてもフラッドはディーの著作に出会って大きく変わるのね。その影響が溢れるほど盛りこまれたのが、何度見ても見飽きない『両宇宙誌』です。ジェームズ一世に捧げられました。

この大著はそれはそれはウィトルーウィウス的で、しかもディー的な主題の大半を継承し、発展させています。両宇宙というのはマクロコスモスの宇宙とミクロコスモスの人間ということね。フラッドはこの両宇宙の双方が「技術誌」をもっているという考えで、その両者にウィトルーウィウス的な比例関係があると見ました。そうやって構想したのが「音楽の殿堂」です。とてもすばらしいものです。私は、この「音楽の殿堂」が次の時代の世界劇場ブームを先駆けたと思っています。

一方、少年時代に指物師《さしものし》の修業をしたイニゴー・ジョーンズは、フラッドとはほぼ同世代の、一言でいえば意匠設計家ですね。まあ、デザイナー。海外旅行もたくさんしています。機械技術や空間設計にも関心をもっていたようで、そこがディーやフラッドの技術誌的世界と結びつきます。

こうしたジョーンズの体験と関心がジェームズ一世の宮廷で仮面劇の演出に携わったことで、一挙に開花します。ジョーンズは機械技術を奇跡的な演出効果に使ったのね。それとともに劇場空間のありかたを革新するんです。そのとき、さっきのフラッドの「音楽の殿堂」が新しい姿で実現していくの。ほら、ジョーンズが描いた一六一〇年の仮面劇『妖精王オベロン』の宮殿場面のスケッチがあるでしょう、あれこそはまさしくフラッドの殿堂ですよ。

ですからね、ディー、フラッド、ジョーンズの三人はいわば「パンソフィ」(万有学)を地上で実現しようとしていたということなのです。そういうふうに考えるべきですね。それがユークリッドの幾何学とウィトルーウィウスの建築学によって可能になりました。パラディオがフィレンツェやヴェネツィアで試みようとしたことが、ロンドンで新たな形で開花したんです。そしてその試みが、テムズ河畔の世界劇場になっていくんです。

そのころのロンドンには、同時代のほかのヨーロッパの都市には見られないひとつの特徴がありました。それはパブリック・シアター（公衆劇場）がたくさんあったということです。

そこへ一五七六年にバーベッジの劇場座ができて、ついでカーテン座、薔薇座、白鳥座とできて、そして一五九九年にピーター・ストリートらによって地球座《ザ・グローブ》がバンクサイドに出現します。みなさんよく御存知のシェイクスピアが座員だったロード・チェンバレン一座の劇場ですね。ここに、イニゴー・ジョーンズが記憶術をいかして発案した「ピクチャー・ステージ」（絵画的舞台性）と「パースペクティブ・シーン」（遠近的場面性）が導入されるんです。

けれども、そのようにジョーンズの成果をまとめるのはまだまだ表面的な見方なの。私はその舞台構造にはフラッドの記憶術が二つ組み合わさって投影されているだろうと考えました。ひとつは方形術《アルス・クアドラータ》、もうひとつは円形術《アルス・ロトウンダ》です。方形と円形にさまざまな象徴的なポイントやアドレスを潜ませておいて、それを記憶の再生に、すなわちドラマの展開に投影させるというものです。

実はジョーンズはストーンヘンジの研究者でもあったんですよ。なんだかいろいろな暗合を感じるところよね。ねえ、あなたの国の世阿弥だって三本の松や目付柱《めつけばしら》やシテ柱をそのように使ったはずですね。シェイクスピア時代の劇場では、そこに天体の動向図を使いました。そして、能舞台がそうであるように、舞台の床下にはいくつもの共鳴箱が埋めこまれたんです。なんと、すばらしいことでしょう。

第四一七夜　二〇〇一年十一月九日

参照千夜

六〇〇夜：シェイクスピア『リア王』　一一八夜：世阿弥『風姿花伝』　九一三夜：ダンテ『神曲』　七七八夜：ウィトルーウィウス『建築書』

場所と表象を「鎖」で縫い合わせる方法

メアリー・カラザース

記憶術と書物

中世ヨーロッパの書物文化

別宮貞徳監訳　柴田裕之・家本清美・岩倉桂子・野口迪子・別宮幸徳訳

工作舎　一九九七

Mary Carruthers: The Book of Memory—A Study of Memory in Medieval Culture 1990

何度も書いてきたことなので気がひけるけれど、ぼくは記憶力はさっぱりである。その人の名、いっさいの電話番号、あの人物の顔、あのときの服装、映画のストーリー、一度通った道筋、読んだ本のこと……。ほとんど憶《おぼ》えられないタチだ。えっ、そんなことはないだろう、とくに「読んだ本のこと」なんて、あんなに憶えているじゃないか。そういう厭味《いやみ》な謙遜をするものじゃないと言われそうだが、いや、初験の記憶はほんとうにさっぱりなのだ。映画を見ていて、初めのほうに出てきた人物の顔を憶えていることはムリである。

けれども、これでは仕事にならないので、ぼくもいろいろ工夫をしてきた。たとえばその夜に就寝する前に、その日の印象に残したいことをざっと思い出す。本を読んだのであれば、その本を思い出す。それでも思い出せないことが多かったので、その本をまたざっと見る。読んでいるときに本の中にマーキングをする。書きこみもする。そのマーキングや書きこみをあとでもう一度見る。そういうことを繰り返してきたのだ。それが数十年続いてきただけなのだ。


博覧強記の者を前にすると、人はよく「あんたのアタマの中を覗いてみたいもんだ」と言いたがる。ぼくもときどき、そういうふうに言われることがある。この投げやりな称賛には、しかし記憶と再生とのつながりが見えていないように惟《おも》われる。

博覧はディレクトリーがよくできていることを、強記はそれをブラウジングするしくみがよくできていることを言うのだろうが、もっと大事なことは、その博覧と強記との二つのあいだには、思いもよらない「つながり」があるということだ。

ぼくは記憶の多くを貯蔵しておきたいとは思ったことがない。知っていることなど、できるだけ放出してしまいたいし、どちらかといえば耄碌《もうろく》に憧れてきた。けれどもあまりにも何も憶えられないタチなので、その記憶と再生のしくみをなんとか工夫するしかなかっただけなのだ。そのうえで、さまざまな本を読むうちに、多くのことがつながってきた。本は、ぼくの救世主だったのである。

トマス・アクイナスが『黄金の鎖』にいう「カテーナ」（鎖 catena）とは、その「つながり」のことである。カテーナは、もともと聖書のなかの特定の語句を鎖のようにつなげて記憶したり再生したりすることをさすのだが、そのうち複数のカテーナの組み合わせそのものがカテゴリーを動かしていると考えられた。

古代ギリシアでも、ある哲人に多くのことがしっかり記憶されているときは、しばしば「世界がアタマのなかに書きこまれている」と言っていた。「世界が書きこまれている」？　そうなのだ、すでにプラトンは「想起」とは何かということに言及して、それは「頭のなかに書かれた絵を見ること」だと喝破した。

中世、書物はそのように「頭のなかの絵を見ること」のために作成されていた。そこでは、記憶は実践そのものなのである。執筆は読書であり、読書は記憶であり、記憶は執筆なのである。

ちょっと口はばったいことを言わせてもらうけれど、それにくらべると、近ごろのわれわれは、テキストやデータばかりを大事にしすぎるようだ。おそらくはポストモダン思想とIT技術が蔓延しすぎたからだろうが、そうでなくともごくごく一般的に、読書とは著者の文章をできるかぎり忠実に読むことだと思いすぎている。あるいは著者の思想を汲みとることだと思いすぎている。

そんなことはない。書物を読むということは、そのなかのテキストを、テキストに書かれた内容を、その順に汲みとることではない。そんなことをしても、ぼくにはそれを再生することは不可能だ。小説はまだしも、それ以外のものを読むんだったら、この手の読み方にはかなり限界がある。そう思っていたら、中世の文人たちこそ、今日に蘇るべき読書法を開発しきっていた。

中世、書物に接するということは、テキスト以前とテキスト以降との、テキスト内部とテキスト外部との、その両方を読むことだったのだ。たとえば十二世紀の初めのサン・ヴィクトルのフーゴーは、若い学生たちが写本のページのレイアウトや装飾とともに書物を読むことを奨めた。リテラトゥーラ（書かれたもの）はメモリア（記憶）の図形配置だったのである。

このメアリー・カラザースの本は十数年ほど前の翻訳書であるが、一読、たちまちぼくの読書法のための虎の巻のなかの一冊となった。一九四一年のインド生まれ、ニューヨーク大学の英文学部教授で、中世ルネサンス研究所のディレクターだった。よくぞ翻訳してくれた。工作舎のリーダー十川治江が着目し、C・H・ハスキンズの

『十二世紀ルネサンス』（みすず書房）を訳した別宮貞徳《べつくさだのり》に翻訳を頼み、これを石原剛一郎が編集した。

石原君はぼくがかつて無料の「遊塾《ゆうじゅく》」をたった一年だけ開講したときの受講生で、その後に工作舎に入ってきたのだが、「匂い」に格別の知覚能力をもっていて、たとえば通学途中や通勤途中の各駅の特徴を匂いだけで識別できるという特技の持ち主だった。渋谷恭子も、これには腰を抜かしていた。その後、その特技がどんな方面で生きたかは事情聴取していないけれど、その好奇心が『記憶術と書物』のような出版物に向かえたということは、一種の匂い察知力の効用だったのだろう。

本書にも紹介されているように、記憶とはそもそもが場所（ロキ）と表象（イマーギネス）とをつなげることである。それを音楽用語では「ソルミゼーション」ともいうのだが、そのソルミゼーションをグイード・ダレッツォのように音感にあてれば声楽や楽曲の楽譜が生まれ（初期の楽譜はそうやってできた）、それを石原君のように嗅感《きゅうかん》にあてはめれば駅の嗅譜や町の嗅譜がつくれる。

それはそれ、本書においてカラザースが見せた努力はたいへん好ましい。いっこうに思想ぶっていないのに思想としても充実しているし、観察が精緻でちっともでこぼこしていない。中世の知の歴史に分け入ってそこに停滞せず、つねに〝読書の現在〟に出入りしようとしている。中世の書物のみによって記憶と再生を関係づけるしくみがどのように組み立てられてきたかを言及したのが、かえってよかったのだ。ポストモダン思想なんかを引用しなかったのが、よかったのだ。

たとえばケンブリッジ大学神学部にジャネット・ソスキースという気鋭の女性学者がいて、『メタファーと宗教言語』（玉川大学出版部）という奮《ふる》った表題の研究書を書いているのだが、これは期待に反してポール・リクールだの、マックス・ブラックだのにとらわれすぎた。カラザースにはそのとらわれがない。それでいて、たんなる歴史文化の解読にもおわらなかった。石原君がつくった帯のコピーにもあるように、本書がフランセス・イエイツの名著『記憶術』（水声社）を継ぐもので、かつイエイツよりも徹底して比較構成的になりえた所以《ゆえん》であるだろう。

それゆえ一言でいえば、カラザースは本書において記憶術の秘法を数多く紹介したというより、書物の意義の本来を告示したというべきだ。書物は、それが書物であるということによって、すでに記憶術そのものだったからである。

ぼくは多くの方法に関心がある。その方法をまとめていえば「アルス・コンビナトリア」（ars combinatoria）というものだ。それは中世の書物にも最近の書籍にも、またコンテンツ・コンピューティングにも出入りする。そうした方法を点検すればするほど実感することは、多くの方法は書物から生まれ、たとえ途中にどんなメディアを通過しても、またまた書物に戻っていくということだ。

この方法の意義を、どうか頼むから訳知りなマーケッターやおバカな脳科学者のように、「脳の可塑性」とか「創造性の秘密」などと呼ばないでもらいたい。ぼくの関心はあくまで「書物の可能性」であり、仮に最大に広げたとしても「意味の作用」ないしは「メディアの変遷」というものなのだ。

だから、方法の重要性と書物の可能性は、記憶力がからっきしだったせいもあって、とっくの昔からぴったり重なっている。いまさらそんなことは説明するまでもないはずなのだが、どうも世の中、そうではないらしい。パソコンが普及すると活字離れを警戒し、ウェブ社会が広まると書物の後退が噂され、みんながケータイをもつとケータイのクリックこそがページネーションだと思いこむ。またまた口はばったいことを言うけれど、これはかなりまちがった発想だ。書物のことがわかっていないし、電子メディアのこともわかっていない。いや、脳のことも、意味のことも、わかっていない。脳とか意味って、もっともっとおぼつかないものなのだ、だから「つなぎとめておく」ための何かの工夫が必要なのだ。

十三世紀にガーランドのジョンがいた。ジョンはとても具合のいいしくみによって、世界を解読する方法をつくったと自負していた。それは、場所（locus）、状況（tempus）、数字（numerus）を組み合わせれば、どんな学習も理解も発表も可能になるだろうというシステムだった。

難しいことではない。ちょっと考えてみれば見当がつくように、いまでも企業や学校やパソコンでマスターさせようとしていること、そのものだ。新聞や企業が毎日やっていることだ。5Wを明示して、出来事の前後を状況として記述して、そして数字をくっつける。会社で仕事をしてきた者なら、こんなことはとっくにやってきたことである。もっとわかりやすくいえば、これはリチャード・ワーマンの「マジカル・インストラクション」そっくりだ。そうなのである。ワーマンの方法は千年前に確立されていたことなのだ。

しかし、ただ一点において、ガーランドのジョンは今日の仕事屋とかインストラクターとはまったく異なっていた。彼は、その方法によって「読んだことをしっかり綴り合わせること」（alligare lecta）ができると考えた。場所と状況と数字を「書物の中の世界」と結びつけたのである。いいかえれば、書物を読めば世界の再現が可能なように、そのような書物との関係を打ち立てたのだ。

残念ながらワーマンはそこまでは掘り下げなかった。どうもわれわれは、千年近くにわたって最も重要なことを忘れていたようなのだ。

中世、記憶と再生と創造のために発案され、工夫されてきた方法は、ほとんど記憶術と書物術をめぐっている。

何をどのようにどこに記憶し、それによってできあがった知の配置をどのように保持し、引っ張り出せばいいのか。それらをどういうときに変形させ、そして、すべての知の作用をどんな「カテーナ」(鎖)で繋《つな》げればいいのか。そしてそれらを、重ね合わせ、動かしあい、相互に延長させていくには、どうすればいいのか。中世ではそのさまざまなしくみが工夫され、試され、そのほとんどが書物に体現されていた。

これらを仮にコード・システムとファイリング・システムの多重化というなら、このしくみは中世以前には、カラザースによればもっと厳密には一二二〇年以前にはほとんど試みられていなかったものなのだ。それまでは、キケロやクインティリアヌスのような修辞学の天才たちでさえ、文章をコロン(cola)とコンマ(commata)とピリオド(piriodo)でしか読まなかったのである。

それが中世になると、セビリアのイシドルスが「区分記号」(notae sententiarim)と名付けたような、意味単位の区切りがついた。たんなるテキストのディヴィジオ(分割)ではなく、なんらかの記憶と再生のための分節化だった。かれらはテキストを読むことを、テキストを再構成するように読んだのだ。これを「アルス・ノタタリア」(編集記号術　ars notataria）といった。ソールズベリーのヨハネスの『メタロギコン』はこの区切り術の効用を書いている。

　つまり中世では、「意味」（sententiae）とは、そもそもがテクストを意味の単位に区切って〝読む〟ということだったのである。

　ついで、索引と検索のしくみが工夫された。今日の読者やユーザーにとっての索引や検索は、電話帳か本の巻末についている索引ページかグーグル検索かを思いつくだけだろうが、また、それらはたんに便利な補助システムだと思っているだろうが、それはまちがっている。初期の索引検索システムは、どんな言葉や用語を目印にするかということではなかった。どんな「意味の単位」によって、どのように「アタマの中に目印を打てばよいか」ということだったのである。

　索引用語や検索記号は今日の書物やパソコンのように、最初から書物の巻末やパソコンの別欄に表示されるものではなかった。アタマと書物の〝中〟に同時に記されるべきものだった。

　そのため、章や節に番号をふること、テキストをグリッドに分けること、重要な最初の文字を彩色すること、朱書きすること（rubricare）、文中にアーチや柱のしるしをつけること、そのほかさまざまな工夫が試された。ぼくはこれを本に書きこむマーキングとしてずいぶん時間をかけてエクササイズしてきたが、セビリアのイシドルスたちは、とっくにこれを「アルス・ノタタリア」にしていたのだった。

これをこそquote（クォート）というのである。クォーテーションやクエスチョンのQのことだ。それは、「区切った跡を活用して、意味を動きやすくしていく」というはたらきを示していた。しばしば「メモリア・アド・レス」（要旨の記憶）とも言われた。そして、このQ（クエスチョン）が多くのA（アンサー）を引き込み、そのAから多くのQが引き出されたのである。

本書が示した記憶術と書物の関係とは、そういうものだった。パソコンやケータイのディレクトリーに慣れた者には思いもかけないことだろう。今日の書物の〝死蔵的プロダクト〟からしても瞠目すべきことである。

もともと意味を分節化できるということは、アタマに意味が入ったり出たりするその作用に応じて、文章を書き、言葉を活用するということである。少なくとも中世では、意味と言葉と分節化と書物化とは一緒のことだった。

ラヴェンナのペトルスは、言葉をすばらしく操れる者を称賛するにあたって、「それはまるで、本文と注釈を両方載せた立体的な書物のようなものだ」と言っている。これでも見当がつくように、中世人にとっては、索引がつくということは、アタマの中をその索引によって検索できるようにしておくということだった。

一二三五年から七年ほどをかけてのこと、イングランドのフランシスコ会のロバート・グロステストによって『索引』(Tabula)という記念碑が颯爽と出現した。グロステストはこれを作成するにあたって何を準備したかというと、あらゆる書物に書きこみをした。ぼくのようなたんなるマーキングではない。そこにはさまざまな主題別・用法別の「印《ノータエ》」とともに、いくつもの不可読文字(littera inintellgibillis)が使われた。

本来の索引とはそういうものだった。索引を作るということは、中世においては書物をなんらかの方法で自分のものにするということだったのだ。そのためには、不可読文字だって工夫した。

このような作業は一人でするとはかぎらない。ぼくは読書においては、今後はおそらく「共読」こそが重要な作業になると、先だっての『多読術』(ちくまプリマー新書)にも強調しておいたけれど、グロステストもアダム・マーシュらとこの作業に協同で当たったようだし、それが『神学大全』のトマス・アクイナスともなると、そうした共読的な作業軍団をずらり引きつれていた。

本書によると、トマスにはつねに三人か四人の秘書団がいて、トマスが読みたいような書物の読み方をマスターしていたらしい。そのためたえずトマスの口述コンテンツを記録していたらしい。興味深いことに、その記録は一種の速記術と独自略号で綴られていた。そのため現代著名な古文書研究者として知られるアントワーヌ・ドンデーヌによってすら判読が不能だった。

トマスは『異教徒反駁大全』の草稿を、独特のノータエ（符号的略語）で綴り、それを書記の一人に再生読み上げをさせ、そして清書させていたのである。書記がくたびれると別の者が代わった。「共筆」「共記」「共読」が一緒になっている。もっというなら、これは「共憶」だったのかもしれない。

またまた個人的な話を挟むことになるが、ぼくはずうっと、この「共憶」をこそひそかな理想としてきたようなところがあった。一人で何かを憶えなければいけないなんてつまらないと思ってきた。一人で何かを表出しなければ創造的ではないだなんて、つまらないと断じてきた。もっと基本的な学習さえ、ヤノマミやプエブロのように、協同的であるべきではないか。

考えてみると、いま、このような作業をほぼ全面的に代行しているのがコンピュータというものだ。コンピュータはじっとしている書物とちがって、見るからにたいそう強力だ。グループウェアの道具として、いささか共憶的で、共習的でもある。しかしながら強力なコンピュータではあるのに、そこにはトマス・アクイナスほどの記憶と再生と創造の「あいだ」がない。

それだけでなく、カテーナ（鎖）のすべてをコンピュータがことごとく代行してしまうので、その鎖がナマの人間の認識や表現にどんな影響と効果をもたらしているのかが、まったくわからなくなってしまっている。

なぜそうなったのかといえば、著者も指摘しているように、これは、まわりまわっては西洋の近現代文化が外在的で記述的な「記録文化」に頼ってきたのに対して、古代中世の文化が口承的で身体的な「記憶文化」に依拠してきたことと深く関係がある。

そもそも人間の認知と表現の「あいだ」にあるのは、言語か書物かコンピュータか、さもなくば画像か映像か音響をともなう諸メディアなのだから、IT社会がここまで定着してきた世の中であればこそ、コンピュータと人間とメディアの関係をもっとおもしろくすればいいはずなのである。

けれども、本来は相互に活性化すべきマン・マシン・システムは、いつのまにかついつい「マン＜マシン」システムになってしまった。作業ロボットが革新されていくと、この不等号「＜」は、もっと下方に向かって開いていくことになる。

一方、書物は昔も今も、自分からは何もしないデクノボーのようにじっとしているシステムに見える。まるで黙りこくっているようだし、どんな応答もしてくれない。しかしほんとうは、現代人がそのようにしか書物に接することができなくなったというべきだ。すでに述べてきたように、中世ではそうではなかった。書物があれば、それを猛獣のように獰猛にもできたし、天体のように煌《きら》めかせもできたし、病人のように憂鬱にもさせられた。

中世では、書物と人間の関係はマン・マシン・システムとしての威力を発揮したのだ。ジョン・ノイバウアーが『アルス・コンビナトリア』(ありな書房)で指摘したのは、その威力は近世や近代でも、たとえばノヴァーリスやマラルメには継承されていたということだった。なぜ、そんなことが可能であったのか。「考えようとすること」(consideratio)が「書かれようとしたこと」(literatura)と対応していたからだ。「書くこと」と「読むこと」とが有機的に立体的に交差していたからだ。

書物の中にあるもの、その大半はテキストであろうと思われている。しかしながら世の中の書物を見ればすぐわかるように、テキストは書物の隅から隅までを埋めつくしてはいない。表紙があり、表題があり、見出しがあり、レイアウトがあって、余白があって、段落がある。

中世人にとっては、書物とはこれらすべての関係の実現のことだった。書物こそがノートだったのだ。したがってそのような書物を体験する読書とは、このすべてを自分の知覚や身体に対応させることだった。テキストは、これらとの関連をもった「テクスチャー」や「テキスタイル」（織物・組織）の一部だったのである。

意外なことと思われるかもしれないが、ギリシア語には「読む」という動作をあらわす動詞がない。そのかわりに「アナギグノスコー」（anagignosko）という動詞を代用した。これは「再び知る」とか「想起する」という意味だ。ラテン語にも「読む」という動詞はなく、その意味につかわれていた〝lgo〟は「まとめる」「あつめる」という意味だった。古代中世では、読書とは全知覚を総動員することだったのである。

すなわち、古代人や中世人が書物に向き合うときに最も重視していたのは何かといえば、判断（doxis）は記憶（memoria）であって、記憶は実践（praxis）であろうということなのである。そして、書物は黙りこくった紙の束や孤立したシステムなのではなくて、いつも躍動を待ちかまえている「記憶という書物」であろうということだった。書物はそもそもが記憶計画であって、そもそもが認識原型になっているということなのである。

これはアリストテレスが『記憶と想起について』においてすでに見抜いていたことだった。考えることが想起であって、本を読むことも想起だったのである。さらにプラトンは、想起は印章を捺印《なついん》したように、記憶に押印された「アタマの中の絵柄」を見ることだと言っていた。

中世を代表する文人の一人であったアルベルトゥス・マグナスは、アリストテレスの

『記憶と想起について』に注釈をつけた天才である。そのマグナスは、追想や想起は記憶をなぞることではなくて、「取りのけておかれたもの」(obliti)を、記憶を通して「記憶によって見つけだすこと」(investigatio)だと喝破した。

ぼくはこの指摘に降参する。脱帽する。これは、コンピュータによる機械的コピーやマッチングとはまったく異なっている。われわれはいくらコンピュータを使っても、自分のなかの記憶の配置をそれによって組み替えてはいない。コンピュータでできあがったことは、コンピュータの中だけでできあがったことなのだ。だから、何かがわからなくなればコンピュータを開けばいいと思いすぎている。

しかし古代や中世では、「なされたこと」(facta)は「かたられたこと」(dicta)なのである。読書をすればアタマの中まで変わるべきだったのである。だからこそ、これらの方法の基礎に記憶術(ars memorativa)があるとみなしたのだ。

こうして本書が一貫してあきらかにしたことは、「記憶の技法」とは「想起の技法」であったということだ。この二つの行為の「あいだ」には同一的もしくは近似的な動的なスキームがあるということだった。

十五世紀にヨーロッパを「紙」が席巻するまで、多くの中世人は「蠟引き書字板」をつかって言葉をしるしていた。かれらにとって、これが中世のパソコンであり、古代のワープロだった。

この蠟引き書字板は、まずはそれ自体が「場所」(topos) であって、記憶と表現のための「座」(sedes) であった。ということは、中世人のアタマはこの蠟引き書字板の上にあったか、あるいはその書字板にアタマの中のものを移しておけるものだった。

ただし書字板はせいぜい五〇字か一〇〇字か三〇〇字を載せられる程度の小さなものなので、もっと記憶容量の大きな書字板にあたるものを何か想定する必要があった。ここでパソコン世代なら、PCを買い替えるか記憶容量をふやすかという機械的な処置をほどこすだけだろうが、そこが中世ではまったく異なっていた。中世の文人たちは書字板に対応する「想像上の記憶書字システム」を工夫した。これが記憶術や記憶法を媒介にした「宇宙大・世界大の中世的システム思考」となっていった。

このとき、中世人たちはアタマの中に「背景」(ロキ) を残すということに留意した。すでにキケロが書いたと言われてきた『ヘレンニウス修辞書』で背景と書字板の格別な関係に言及していた。それは、「背景が記憶の中に残るようにしておくこと」だった。キケロは記憶と言葉が双子の姉妹であるとも見抜いていたのだ。

ヨーロッパの文字は音標文字である。そのため表象 (イマーギネス) を記憶や思考の対象にしておくには、表象を背景によってしっかりつないでおくきだったのである。

中世の思考や推断や表現にとって、ロキ（背景・地・舞台・世界）とイマーギネス（表象・イメージ・図・アイテム）の関係は、記憶術や読書術の根本である。

そこでは、さまざまなカテーナ（鎖）が使われる。ロキとイマーギネスの関係は対応していなければならないが、それとともにロキはイマーギネスをしっかり引きとめ、イマーギネスはロキの中を自在に動けなければならない。その動きをカテーナがたくみに操作した。

東洋思想であれば、このカテーナがさしずめ「ヨーガ」にあたる。ヨーガとは、もともと牛を繫《つな》ぎとめるための紐を繫いでおくという意味であるけれど、そうだとすれば、ヨーガ思想においては牛が耕す耕田がロキであり、その牛に乗る牧童がイマーギネスだった。牧童は禅《ヨーガ》の初心をあらわしている。

ヨーロッパ中世では、そのロキとイマーギネスの関係を保証しているものは何だったのか。それこそが「書物」というものだった。それゆえ記憶術は書物術であり、読書術が記憶術だったのである。だからこそ初期ルネサンス最大の文人となったペトラルカは、読書こそが、読書だけが、レクティオ（勉学）の根本になりうると確信した。ペトラルカは本を読みながら、ロキとイマーギネスを動かした。また、そのために山にも登った。山はペトラルカのロキだったのだ。ペトラルカはこうも言う、「山に登り、本を読むことが、自分になることなのである」。

こうした中世の「記憶と書物のあいだ」をめぐるラディカルな工夫を見ていると、今日のわれわれがいかに横着な読書をしているのかということに、いまさらながらに気がつかされる。今日の読書は文字面ばかりを追いすぎて、また執筆者のご機嫌や気まぐれを追いすぎて、あまりにも知のモデルを欠きすぎたのだ。

これは「書くこと」と「読むこと」とを分離しすぎたせいである。書くモデルと読むモデルとが本来的に相同的であったことを忘れてしまったせいだ。「読み書き」（リテラシー）とは、読むときも書くときも一緒の活動作用だったと思うべきだったのだ。しかし、そのことを忘れてしまった。

本書があきらかにしたように、そもそも思考というものは次のような一連の手続きを前提にしていた。まずは古代中国ふうにいうなら、「興」があったのだ。これが古代ギリシアや古代ローマなら「想起」にあたる。ヨーロッパ中世ではインベンション（創案 invention）というものだった。こうして記憶が呼びさまされた。

中世では、次にはインベントリー（在庫目録 inventory）を点検した。点検するだけではいけない。自分が創出したいと思っている思考の行く先にむけて、意味を寄せあつめた。古代中国なら「風・雅・頌《しょう》」「賦・比・興」になる。六義《りくぎ》六法だ。

こうしてアタマの中に意味を「書きしるす」(authoring) ということがおこる。意味の繋がりを自分の体の外に持ち出して、文字の綴りにしていくことだ。この行為はオーサリング（執筆・著作）にあたる。それは、自分の思考の行く先を何かによって「認められるものにする」(authorizing) ということなのである。つまりオーサリングはオーソライジングだったのである。

オーソライジングは権威化ということではない。オーソリティとは権威ということではない。オーサリングによって、その意味が「公然となる」（認められたものになる）ということなのだ。

アウグスティヌスはこのような一連の行為を colligere というふうに言った。この言葉には「貯める」と「読む」という二つの意義が重なっている。ペルージャのマッテオルは、その一連を「精神の口述」(mentis dictatio) だとも言った。またフォルトゥナテスアヌスは、これは「記憶の形成」(similitudines) であろうと見なした。いずれにしても、読むことは書くことであり、書くことが読むことなのだ。

ところで本書を読んだあとも、ずっと考えていることがある。それは「音読と黙読」のことだ。

ぼくも長らくそのように思ってきたのだが、古代中世ではもっぱら音読 (clare legere) だ

本書のエディトリアル・デザインは、記憶のためにカテーナ（鎖）を駆使した中世の書物にふさわしいテクスチャーとテキスタイルによって組み立てられている。ぼくのマーキングもなにやらカテーナぽく星座めいた。

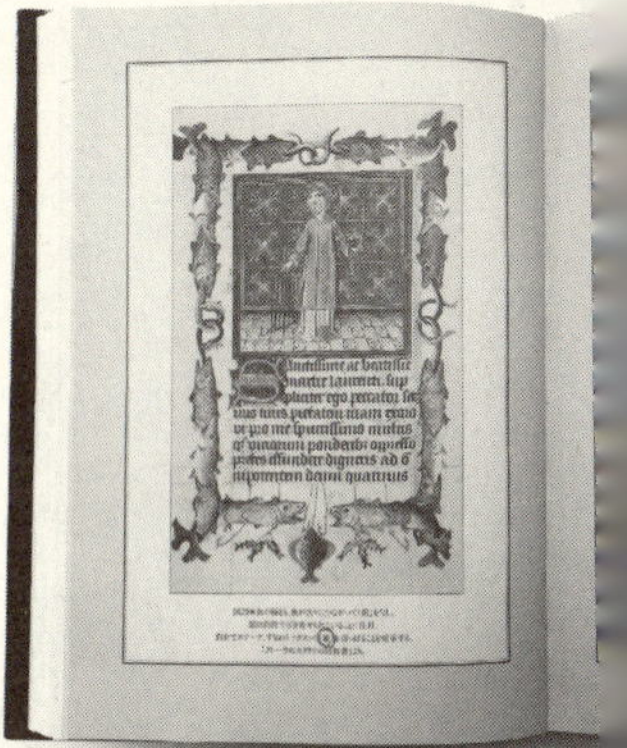

けがおこなわれていて、黙読(legere tacite)するようになるのはかなり後世になってからのことだと思われてきた。ところがメアリー・カラザースは、古代中世においても音読とともに黙読が平行していたのではないかと見た。

　カラザースは当初から二種類の読書法があって、ひとつは意味を内外で摑むためにしっかりと声を出入りさせて読む方法だが、もうひとつは呟《つぶや》くように低く読む方法があって、この後者のほうには、ときに黙読が含まれていたのではないかというのだ。なるほど、これはありうることだろうと思う。古代人や中世人がまったく黙読ができなかったというのは、たしかに変だ。

　しかし、いわゆる今日にいう黙読がおおっぴらにされていたのかといえば、やはりそうでもないだろう。もしも黙読法があったとすれば、それはかなり特別な方法だったはずなのである。人目を憚《はばか》り、自身の内なるものを他者から途絶するための方法だったのではあるまいか。

　そのようなものに何があったかといえば、瞑想があった。あるいは黙禱があった。古代や中世の学校でのレクティオ(勉学)では音読が重視されていた。しかし修道院などのメディクテーオ(瞑想)では、ひょっとすると初心者たちは聖書をこっそり黙読すべきだったのである。

　サン・ヴィクトルのフーゴーに興味深い「瞑想的読書の三段階」がある。それによると瞑想者は、まず言葉の事例に集中し、次にそれを心（アタマ）で真似て、仕上げでそれを体にめぐらすという。これは、必ずしも書物を黙読したということではない。そのように心身に言葉をゆきわたらせることが苦手な者が、こっそり聖書を〝目読〟したのであったろう。ぼくはそのように推理する。この点について、ちょっとカラザースの結論に保留をつけておきたかった。

それでは最後に、中世の驚くべき「指南」についてふれておくことにする。カンタベリー大司教でもあったトマス・ブラドウォーディンが残した指南書で、『人為的記憶法』というものだ。

ブラドウォーディンは一三二五年から十年間ほどオックスフォードのマートン学寮で数学と神学の指導にあたっていて、そのとき、さまざまな記憶法や学習法を考案した。のちに聖パウロ聖堂の尚書係やリンカン尚書院長ともなって、万巻の書物に精通した。ぼくは未見だが「思索的算術」「思索的幾何学」といった著作もあるらしい。ダグラス・ホフスタッターあたりにこそ読んでもらいたいような本だ。

ごくごくめぼしいところだけを紹介するが、ブラドウォーディンは、記憶のためには、まずもって自分が使いやすい「場所」をいつでも取り出せるように思いついておくことを奨める。その場所は光がよくあたるオープンスペースがいいらしい。大きすぎても小さすぎてもいけないし、注意をそらす装飾があってはならず、教会や市場のような人が集まる場所もよくない。まったくの想像上の場所ではなく、自分でときどき訪れた場所がよく、いつでもそこへ行けるような場所ならもっといい。

おそらく「庭」や「中庭の歩廊」のようなスクウェアなところがいいのだろう。しかし、その場所にはわかりやすい時間的な変化があったほうがいい。だからたとえば「畑」などがわかりやすい。そうすれば、その場所は、①荒れ地、②緑の葉がしたたる庭、③収穫を迎えた畑、④切り株だけが残っている畑、⑤焼けた畑、というふうに五段階に変化する。

しかし、ここまではまだ初級なのである。次にもう少し発展させて、この場所に構造性や階層性をもたせるのがいい。たとえば建物だ。一階からしだいに上のほうに積み上がっていく構造を想定したい。ただし、これらのフロアの特徴に対して、自分が距離と角度をもって眺望できる(distancia)という、オムニシエント(全知)で、かつオムニプレゼント(遍在)な〝視点〟を確保することが必要だ。そして、それぞれに眺望ができる中点を、アタマの中にしっかりと置くようにする。これで、「建物の中に次々に変化する畑」ができたはずである。

以上の準備ができたら、この変化する場所に、記憶すべき用語・出来事・イメージを、さらにテキストを、対応させる。ここで注意すべきなのは、「言葉の記憶」(メモリア・ヴェルポールム）と「内容の記憶」（メモリア・アド・レス）とを区別して処理することだ。ぼくならば「単語の目録、イメージの辞書、ルールの群」を区別しつつ連関させなさいというところだ。

ブラドウォーディンは、まったくぼくが気がつかなかった方法にも注意を向けた。それがいよいよ上級の指南になるようだが、要旨記憶（sententialiter）と逐語記憶（verbaliter）とを峻別できるようにしていきなさいというのだ。そして逐語記憶には音声や音節による記憶を伴わせるといいだろうと奨めた。なるほど、なるほど、これまた脱帽だ。

こうしてブラドウォーディンは、以上のことを文章を書くときやスピーチをするときにも応用できるように訓練しておくべきだと付け加えた。すなわち、書くときにも自分がその内容を書きうるような場所を設定し、スピーチをするときにもスピーチをしやすい場所を想定するといいと指南した。これは思考というものを「約束に従った場所」に依拠させることで発展できると確信していたことを、象徴的にあらわしていた。

そのほか、ブラドウォーディンは「言葉のもじり」や「人形劇の舞台」なども記憶世界モデルの候補としてあげている。ぼくのミメロギア的編集術にも、アバターによるコンピューティング・システムにも匹敵するものだった。

いやいや、おそれいりました。ときにはやっぱり「観念の中世」に戻るべきである。書物が誕生していったその中世に。できれば世阿弥の『花伝書』とともに戻ってみるべきである。

第一三一四夜　二〇〇九年八月十八日

参照千夜

七九九夜：プラトン『国家』　四一七夜：フランセス・イエイツ『世界劇場』　一二九六夜：リチャード・ワーマン『理解の秘密』　一三二夜：ノヴァーリス『青い花』　九六六夜：マラルメ『骰子一擲』　七三三夜：アウグスティヌス『三位一体論』　一一八夜：世阿弥『風姿花伝』

社会を大きく変えるために
辞書をつくった

ジョナサン・グリーン

辞書の世界史

三川基好訳　朝日新聞社　一九九九

Jonathon Green: Chasing the Sun—Dictionary-Makers and the Dictionaries They Made 1996

辞書編集者のことをレキシコグラファー（lexicographer）という。レキシコン（lexicon）というのはギリシア語、ヘブライ語、ラテン語などの古典語の語彙のための辞書をさすのだが、その後は「言葉のルーツと構成を示す知の辞書」というふうにみなされるようになった。

レキシコグラファーという言葉が最初につかわれたのは一六五八年だ。なぜこんな時期にこんな新語が登場したかというと、最初の英英辞書であるロバート・コードリーの『アルファベット一覧』が出た一六〇四年を嚆矢《こうし》に、十七世紀のイギリスで辞書編集がラッシュした。この勢いは大きかった。哲学と政治をゆさぶった。一六五一年のホッブズの国家論『リヴァイアサン』では、ついに第一部第四章で「言葉の定義こそが政治哲学である」という告白をせざるをえなくなった。

これは政治哲学者の屈辱であり、当時の神学者にとっても困ったことだった。なにしろ言葉の定義をしないかぎりはどこにも進めない。政治にも神学にもならない。こんな「言葉の仕事をする連中」を懲らしめる必要がありそうだ。そこでこういうことをする輩《やから》はだれなのかという噂が広まった。どうやら犯人はレキシコグラファーという連中らしい。以来、サミュエル・ジョンソンの二折本二巻からなる『英語辞典』が一七五五年に出るまでのあいだ、レキシコグラファーは「はた迷惑」で「最も退屈な仕事を最も熱心にする者」とみなされた。

しかし実は、レキシコグラファーの歴史ははるか昔のシュメール時代にさかのぼる。その仕事は「最も退屈な仕事」なのではなく、世界を編集するうえでの「最も勇気のある仕事」だった。たとえば盲目の詩人ホメーロスは『イーリアス』と『オデュッセイアー』を記録したが、その言葉は四〇〇年にわたってまったく解読不可能なものになっていた。そこで、その解読のためにギリシア語辞典が出現した。いいかえればその出現がギリシア語という「国語」をつくったのである。

ジョナサン・グリーンのこの大著は、ことほどさようなレキシコグラファーが国と言葉と文化をつくったのだということを高らかに、かつ執拗に追求した快作である。こんな書物こそが真行草でいうなら「真の書物」というものだろう。

本書には、いくつかの歴史を画期した達人たちのレキシコン（辞書）が登場する。眼が眩む。知が泳ぐ。読むことはおろか、見たこともない辞書がずらりと並んでいるのだから、読みすすむうちに何度も打ちのめされた。

だいたい筋書きがあるというより、一冊ずつの「味」が示されているのだから、流れを適当にダイジェストすらできない。これはジョン・アルジオが名付けた病名でいえば「レキシコグラフィコラトリー」（辞書物神症）というものなのだ。だから今夜は、ぼくが気になったレキシコンのうちの、ごく一部だけを紹介しておくことにする。

レキシコンは単語や意味の編集物の総称である。分類すればグロッサリー（単語集）、ボキャブラリー（語彙集）、レキシコン（辞書辞典）に分かれる。母国語で著される辞書、一言語の説明が別の言語で説明されるもの、言葉単位と事項単位に分かれるもの、新語や俗語の重視などにも分かれる。あれこれまことに多様なのだが、ここではまとめてレキシコンにしておく。

古代の先駆的な試みでは、まずもってトラキアのディオニュシオスの『テクネ・グラマティカエ（言葉の技法）』（前一〇〇）が注目される。彼はアレキサンドリアの図書館をつくってきたアリストファネス、アリスタルコスを継ぐ図書館長で、もっぱら文法から言葉を分類してみせた。ついでユリウス・ポルクスが固有名詞を集めた『名前の書』（二〇〇）、キケロとウァロの言語術研究、セビリアのイシドールスによる『事物の起源あるいは語源の書』（六〇〇）などが特筆される。イシドールスのものはキリスト教に改宗したスペイン人のためのものだった。

中世では、カエサリアの大主教アレタスの『スーダ（砦）』（九一〇）がなんといっても圧巻で、二十世紀になって復刊されたときでも二七〇〇ページをこえた。ビザンチン最大の業績である。ピサのフーゴーまたの名をウグチオという者の『語源辞典』（一一九〇）、それを拡張したというジョバンニ・バルビの『カトリコン』（一二八六）も気になる。『カトリコン』はローマ帝国が滅亡したのちの最初のラテン語辞書である。

ルネサンスに入ると、近代の先駆となったレキシコンが登場してくる。隠遁修道士ガルフリドゥスの『プロンプトリウム（言葉の宝庫）』（一四四〇）は、英語に関する最初の本格辞書だった。見出し語だけで一万二〇〇〇語におよんでいた。配列はアルファベティカルだ。ぼくは本書を読むまで知らなかったのだが、アルファベット順に単語や事項を並べるという方法はライプニッツ以前にもいくつも試みられていたようだ。ライプニッツは図書館に書籍を並べるにあたってABC順を選んだだけだった。

ルネサンスにはジャンル別や職人別のレキシコンも登場した。グラパルドゥスの建築細部集『建築史レキシコン』(一四九四)、アンブロシウス・カレピヌスのもので、のちに『カレピン』と通称されて流布した『最良の作品から文例を勤勉に集めた辞書』(一五〇二)などだ。この時代は、実用とは学問のことであり、学問とは神秘のことであり、神秘とは細部の複合性のことだった。

後期ルネサンスからバロックにかけてのレキシコンのレベルは、ほとんど今日と変わらない。質も量も格段に増し、編集エンジンとしての工夫もかなり凝ってくる。なかでぼくの好みでちょっと風変わりなものだけをあげると、シノニマ(同義語)とエクィウォカ(多義語)に関心を寄せたフランスのガーランド一族の『学者の辞典』(一五〇八)がすばらしい。いまでこそこの着想はめずらしくないが、これこそ「コノテーション」(内示)という機能への大胆な介入だった。ガーランド一族は日本でいえば菅原道真の一族にあたるような〝言葉の家学〟の一族で、ロジャー・ベーコンも一目おいている。

一語一語にいちいち見出しをつけたトマス・ブラントの『グロッソグラフィア』(一六五六)も見逃せない。グロッソはグロッサリーのグロッソだが、これはもともとギリシア語の「難解な」という意味とともに「舌」という意味をもっていた。このグロッサリーに一種の意味のレベル(レイヤー)を与えて独得の分類編集をしたのがエドワード・フィリップスの『言葉の新世界』(一七〇六)である。

このほか、『ウォーカブラ』『ウルガリア』などという、中世に流布していた語彙を近世につなぐためのレキシコンもいくつもあって、著者の強靭な食欲を満たしている。おそらくはこれらこそが、ニーベルンゲン伝説やファウスト伝説やアーサー王伝説を地方語をこえて今日にはこんできた「言葉の歯車」になったのかとおもわれる。

イギリスは近世から近代に橋渡しをするレキシコン王国としての役割を担った。なんといってもサミュエル・ジョンソンの国であり、OED（オックスフォード辞典）の国だ。英語を国際語にするためにも徹底した研鑽《けんさん》を世に送り出す必要があった。

最初の偉大なレキシコグラファーの素養の持ち主はトマス・エリオット卿である。ヘンリー八世時代だから、イギリスが宗教的にも国語的にも初めて「イギリス」を自覚しようとしていた時期だ。エリオットはまず英語で書かれた最初の道徳論ともいうべき『家庭教師』を出版した。トマス・モアの『ユートピア』より売れた。なぜそんなに売れたのか。新語をちりばめたからだった。このときエリオットがイギリスの道徳（ということはコモンセンスということだが）のためにつくった新語には、のちに世界が受容することになる言葉がわんさとつまっている。たとえばデモクラシー、ロイヤルティ、ソサエティなどは、このとき初めてつくられた造語だった。

これらの新語は、当時の知識人や世評のあいだでは「インクホーン・ターム」（インク壺の中から出てきた言葉）と揶揄されて、当初は評判が悪かった。が、結局はイギリス人はそれらをあえて社会化していった。エリオットのこうした活動は一五二八年に『騎士サー・トマス・エリオットの辞書』として結実する。

かくして十七世紀のイギリスのレキシコグラファーが一斉にとりくんだのは「ハードワード」（難語）を解明する一方で、「インクホーン・ターム」（新語）を考案することだった。エリオットを継いだコヴェントリーの先生のロバート・コードリーあたりが最初の継走者で、ついでジョン・ブローカーの有名な『イングリッシュ・エクスポジター』（国語衍義《えんぎ》）、ヘンリー・コッカラムの『英語辞典あるいは難語解説』をへて、さきほど紹介したトマス・ブラントの野心的なレキシコン『グロッソグラフィア』に、さらにはエドワード・フィリップスの『言葉の新世界』に集大成されていった。フィリップスはジョン・ミルトンの甥《おい》で、のちにウィリアム・ゴドウィンが伝記を書いた。

こういうわけで、イギリスは英語の確立とともに言語世界の普及にとりくむのだが、むろん、そこには異論もあった。そうしたレキシコンが教育に与える影響から議論するばあいに、とくに異論が目立った。たとえばウィリアム・ベイズの『言葉の門』（一六一一）はジョン・コメニウスによってこっぴどく叩かれて、コメニウス自身による『開かれた言葉の門』（一六三一）に再編集されたのだ。

ぼくにとって十八世紀はサミュエル・ジョンソンの『英語辞典』がどのように編集されたかということを見るための世紀である。いわば〝国学の世紀〟だ。

本書もその事情の解明にたくさんのページを費やしている。まあ、日本なら盲目の塙《はなわ》保己《ほき》一《いち》がどのように『群書類従』をつくっていったのか、本居宣長《もとおりのりなが》が記紀における古言《ふること》をどのように現在的に解釈して解読分類をしようとしたか、あるいは大槻文彦《おおつきふみひこ》がどのように『言海』や『広日本文典』をつくっていったかといった事情にあたる。

ジョンソンのばあい、露払いの役を引きうけたのは『一般英語語源辞典』と『英国辞典』のナサニエル・ベイリーで、これらはジョンソンの辞典より売れ行きでは上回っていた。ベイリーは単語をできるだけ「ファミリー」として捉えようとしたことである。つまり派生語の関連に注目をおいたのだ。これはのちのＯＥＤそのほかに援用された方針だった。

一方、太刀持ちの役を引きうけたのがイーフレイム・チェンバーズの『サイクロペディア』(一七二八)だった。「芸術科学一般辞典」というサブタイトルがついているニュータイプのレキシコンで、ことわざを除外すること、神話伝説のたぐいを組みこんだこと、歴史の事項と地名の事項を分けたことなどの特色をもっていた。日本では『万有百科』と俗称されてきた。こうしてジョンソンの網羅ができあがり、ＯＥＤが英語世界のワールドモデルとしての翼を広げることになる。

本書はこのあと、ノア・ウェブスターの事績に転じて、アメリカ英語の世界がどのようにつくられていったのか、インド・ヨーロッパ語の研究成果が語彙の編集にどのように影響をあたえたのかを詳述し、さらには文献学の台頭がレキシコグラファーにもたらしたものをあげていく。国語が確立するとその脇から次々に芽生えるスラングの辞書化がおこっていくのだが、そうした事情の案内も欠かしていない。

今後、レキシコンがどのようになっていくか、著者は将来のことにはふれていない。たとえばインターネットによるレキシコンの自動再編集など、考えられてもいいことだろうが、そういうことにもふれてはいない。ジョナサン・グリーンはあくまでも「国語の苦闘」に照準をあてて、この大著を綴ったからだ。ぼくも、その方針を称揚したい。

第六夜　二〇〇〇年三月一日

参照千夜

九四四夜：ホッブズ『リヴァイアサン』　九九四夜：ライプニッツ『ライプニッツ著作集』　九九九夜：ホメーロス『オデュッセイアー』

眠りこんだ数百万の本たちを
目覚めさせる館

ヴィンフリート・レーシュブルク

ヨーロッパの歴史的図書館

宮原啓子・山本三代子訳　国文社　一九九四
Winfried Loschburg: Alte Bibliotheken in Europa 1974

ときどき涎《よだれ》がたれそうになる。ヨーロッパの古い図書館が軽いモノクローム写真とあっさりした解説入りで紹介されているだけなのだが、そこからはいつ見ていても「書物の殿堂」に賭けた人々の歓声と溜息のようなものがうんうん洩《も》れてくる。

図書館はカリマコスが活躍したアレクサンドリア図書館をはじめ、古代地中海世界においてすでに栄えていたけれど、ヨーロッパが各地に図書室（ヴィヴァリウム）や写本室（スクリプトリウム）を常備するようになったのは、修道院が発達してからのことである。そのころは「本をもたない修道院は武器をもたない要塞のようだ」と言われた。

ついで十三世紀のおわりころからコレギウム（学寮）とコレッジオ（大学）が次々に誕生

し、そこにスコラ哲学が流行浸透すると、写字生と写本商人が急速にふえていって、図書館に人が集まりはじめた。一二八九年のソルボンヌ大学には二八基の書見台があった。ただし、ここにはまだ書棚（書架）の本格的なものがない。多くの書物は祭壇の近くや壁の空間や奥の間にしまわれていたり、書見台に鎖でつながれていた。

ヨーロッパの図書館が自立し、装飾され、みずからの威容を誇るのはルネサンスに入ってからである。

最初は、多くの文化遺産と同様にフィレンツェにコジモ・デ・メディチがマルチアーナ図書館をつくった。三廊式の均斉のとれた図書空間は、その後のイタリア図書館のプロトタイプとなった。本書にも収録されているチェゼーナのマラテスタ図書館は、このマルチアーナをモデルにつくられたものだが、天井のヴォールトと列柱と書見台の比率が息を呑《の》む美しさになっている。それだけでなく、ここは、この図書館の主のノヴェッロ・マラテスタが一四四七年からたった一人の写字生ヤコポ・ダ・ベルゴーラに託してつくりはじめたコレクションの小さな宇宙ともなったところだった。

それから数十年後、メディチ家はサンロレンツォ教会のかたわらにちょっと風変わりなラウレンツィアーナ図書館をつくった。これがミケランジェロの設計による図書館のバロック化の第一歩にあたる。フィレンツェで見るべき室内空間の最高峰だ。ものすごくすばらしい。このあとインキュナブラの突然の出現が図書館の蔵書を少しずつ拡張していった。インキュナブラとはグーテンベルクの活版印刷の最初から十五世紀末までの版本をいう。

活版印刷の本がふえるにしたがって、各地に市立図書館ができていく。いわゆる「リブリエ」だ。ニュールンベルク、ウルム、フランクフルト、ハノーヴァー、リューネブルク、ダンツィヒ、リューベック。これらが十六世紀の流行だ。ドイツが牽引した。リューネブルクのリブリエのゴシック式の交差ヴォールトに包まれた天上界のような図書空間を見ていると、そこで天使たちと隠れん坊がしたくなる。

ここまでは建造物そのものが図書の配列を象徴していた。その代表は、ぼくの好みでいえばダブリンのトリニティ・カレッジの図書館である。こういう図書館では存在がすべての書列に吸いこまれたくなっていく。それでも、これらはまだしも建物の設計力が書籍を支配していた。ここから先は「書棚の意匠」が書籍空間そのものとなって、ぼくの興奮が急激に増していく。

書棚が書列であって、書列が書籍であるような「知の構え」と「棚の構え」の連携調和は、ぼくの知るかぎりはプラハとウィーンに起爆した。

プラハのシュトラホフ図書館には「神学の間」「哲学の間」などがそれぞれ威容を誇っているが、そこには壁と棚と書とを隔てない美神が、いいかえれば知の驚きと美の喜びを隔てない美神が、びっしり棲《す》みこんでいる。天井のフレスコ画はシアルド・ノセツキーとアントン・マウルベルチが描いた。ウィーンはハプスブルク家の居城ホーフブルクにあるプルンクザール図書館だ。入口はヨーゼフ広場のほうにある。三六〇度が二〇万冊の本だらけの威容からは、カール六世やマリア・テレジアが吸い込んだ覇気が吐き出されているようなのである。

かつてパリの一隅でそんなような体験を身近かにしたことがあった。ピエール・ド・マンディアルグの書斎に案内されたときである。その書棚は広間の一方の壁で波打っていた。それはこの官能的な作家の呼吸のようだったのだ。マンディアルグは天界のような図書館や洞窟のような図書館の感覚を部屋の一隅にしたかったのだと言っていた。

図書館とは、眠りに入っていたいっさいの知の魂を呼び醒《さ》ますための時空間起動装置のことである。それらはいったんは眠りこんでいた書籍をその胸に深く抱きこむだけに、どんな空間より死のごとく静謐であり、そのくせ、その一冊にちょっとでも目をいたせばたちまちに知のポリフォニーが次々に立ち上がってくるのだから、どんな空間よりも群衆のごとく饒舌なのである。

静謐であって饒舌であり、一声一冊ずつがポリフォニックに連鎖する図書館。死の淵であるようでいて過激な生命の記号群であるような図書館。こんなものは、人類がつくりあげた時空間起動装置のなかで類例がない。

このあと、ぼくがするべきことがあるとしたら、アルセーヌ・ルパンとなって世界中の図書館の書籍を盗視しまくるか、クリスト・ヤヴァシェフとなって世界中の気にいった図書館を巨大な布で包みこんでいくか、あるいは、まことに独断に満ちた図書館を密かに構想して地上につくりあげるか、それとも、それらすべての願望をこめて、ネットワーク上の一角に巨大な空中楼閣のような電子書物都市、いわば「仮想する図書街」を出現させるかだけなのである。

老い先短い先行きをおもえば、こんなことばかりを妄想しているだなんて、ほんとうに困ったことだ。

第二八二夜　二〇〇一年五月一日

こんな法外で無謀な野心をもって
世界読書をした男はいない

アルベルト・マングェル

読書の歴史

原田範行訳　柏書房　一九九九

Alberto Manguel: A History of Reading 1996

この「千夜千冊」を毎晩書きながらさらに新しい読書を続けつつ、それを加上していくというのは、「千夜千冊」そのものがささやかな千日回峰かもしれないという当初の覚悟をやすやすと挫《くじ》くほど、ぼくをせつない気分にさせる。

新しい読書の大半は新刊書あるいは買っておいたままになっている書籍である。「千夜千冊」にそういう新たな書物を加える規則も束縛もないのではあるが、以前に読んだ本ばかりを並べたてるというのがどうにも納得がいかないので、ついつい寸暇をさいて新たな書物にも目を通すことになる。それに、書店で気になった本をずうっと放っておくなんてことは、これまでの習慣上、とうていできない。

それでいいじゃないか、せつなくなる必要などないではないかという意見もあるだろうが、それがせつないのだ。なぜかというと、ちょっと読むというわけにはいかないほど熱中してしまう本が少なくないからである。そんな本は山ほどある。こうなると、どうしていいかわからない。すぐには読み切れない。そこで、ありとあらゆる時間の隙間にその継続読書をはさんでいく。そうすると、「ねえ、そんなふうには読まれたくはないんだがね」という、その書物からの声が聞こえてくるのである。本書もそういう一冊だった。読み通すのに、四ヵ月くらいかかってしまった。

これはものすごい本である。どのくらいすごいかを説明するのが息苦しいほど、この手の本ではダントツだ。類書はとうてい及ばない。いや、類がない。

まずもって、読書という体験こそが「経験」であると断じきっている。たとえば毎年『ハムレット』を読んでその感想を書きとめておくことは、それ以外のどんな経験を書きとめておくより、著者にとっては経験的なのだ。書物がお守りのカレンダーなのである。本気でお守りにしているものもあるらしい。二巻本のロレンス・スターン『トリストラム・シャンディ』、ペンギン版のニコラス・ブレイク『野獣死すべし』、マーティン・ガードナーの『注釈つきアリス』などである。

マングェルは、そもそも読書は累積的でなければならず、かつ買いすすみ読みすすんだ書物たちはアタマの中でも書棚の中でも超幾何学のように構成されていくのだという信念をもっている。その書物が理解できるかどうかなどということは問題ではなく、その書物がむしろ「いつまでも未知の領域を含んでいる」ようにおもえることが読書家の醍醐味なんだと信じている。

これほどの読書家はあまりいない。すべては偏見に満ちていて、それでいてその偏見こそこれまで多くの読書家が到達したかった目標なのだ。ぼくが見るに、この偏見は書物が誘う蠱惑《こわく》の条件を幾通りものフェティッシュに区分けできているところに発しているとおもわれる。

なぜマングェルがこんなに多様な書物フェティッシュに、あるいはこんな言いかたをしてもよいならぜひ言いたいのだが、執拗で官能的な本フェチになれたのかは、著者がブエノスアイレスでボルヘスの影響のもとにいたことをあげれば、少しはわかってもらえるとおもう。

マングェルは、そのころすでに目が見えにくくなっていたボルヘスのそばで本を読んで聞かせる役目を仰せつかったのだ。羨《うらや》ましいかぎりだ。だからマングェルのボルヘスへの傾倒は尋常ではない。筋金入りだ。ボルヘスが朗読の途中に挟む絶妙な合いの手はマングェルを大きく膨らませたにちがいない。しかし、これほどの僥倖ともおぼしいボルヘスとの伴走だけでは、こんなふうには書けまい。マングェルは独自の鳥の目と虫の目をもって、読書という世界像の構築に邁進していったはずだ。

アレクサンドリア図書館のカリマコスのことなら本書を読むべきである。アミアン大聖堂のリシャール・ド・フルニヴァル司祭がどのようにソクラテスの読書方法を批判したかを知るにも本書を読むべきだ。

この本に何でも書いてあるというのはありえないとしても、次のようなことまで詳細に指摘されているという点では、何でも書いてあると言いたい。たとえば、ダンテが字義読書法と神秘読書法の二つの読みかたで一冊の本を読み分けていたこと、シモーネ・マルティーニが描いた《受胎告知》でマリアが隠しもっている書物が何であるらしいかということ、エラスムスの著作の大半を編集したレナヌスの編集方法のこと、十六世紀スペインの神秘家フライ・ルイスが森羅万象とは書物のページを埋める文字のことではないかと指摘したこと、こういうことは、みんな書いてある。

のちに聖人に数えられたド・ラ・サールが『キリスト教社会における礼儀作法の規範』でどのように読書の習慣を口をきわめて非難したかということ、アンゴラの毛におおわれた爺《じじい》詩人ホイットマンがマーガレット・フラーという天才的な読書家に出会ってうけた影響のこと、カフカの読書法こそがカフカ文学の謎をとく鍵だというベンヤミンの見方のどこに限界があるかということ、こういうことはそのひとつでもほとんど知られてこなかったことであるのだが、驚くべきことに、マングウェルはそのすべてをみごとに関連づけて語っていった。

というわけで本書は、その凝った構成にしてからがすでに読書という行為を意識している。冒頭に「最後のページ」があり、最後に「見返しのページ」が置いてある。むろんぎっしり文章が詰まっている。

それだけではない。全体を「読書すること」と「読者の力」に分けていて、それぞれ一〇章があてられているのだが、よくよく読むと、この一冊の全体が来るべき『決定版・読書の歴史』の不完全な準備であるように設《しつら》えられている。

前半では読書を成立させている技法にまつわる視点、すなわち脳が文字を読むはたらき、黙読の発生、キケロからアウグスティヌスをへてペトラルカにおよぶ読書と記憶術の関係の追跡、文字を読むために人類が工夫してきた技法の数々（一世紀にクウィンティリアヌスが全一二巻の『弁術教育』を書いていて、そこに文字教育から読書教育まで言及していたのには驚いた）、さらには挿絵と書物の関係、読み聞かせるという技法のこと、そして造本とブックデザインが取り扱われる。

後半は「読者の力」だが、これが読書フェチを擽《くすぐ》るにはすこぶるよくできている。楔《くさび》形《がた》文字のこと、写字生のこと、アレクサンドリア図書館のことなどの起源と発生を渉猟していて、十三世紀のヴァンサン・ド・ボーヴェの『知識の鑑』の紹介に入ってから俄然濃くなってくる。とりわけシビルとよばれた女予言者の言葉を書物がどのように吸収し、それを読者の力がどのように照応していったかというくだりは圧巻だった。

紫式部に注目して、これを「壁に囲まれた読書」というふうに仕立てた章、朗読者や翻訳者がどのように最初の読者になっていくかという問題を扱った章も悪くない。よくもまあ、ここまで手を打ったものである。

本には万引きがつきものだが、本書には盗書癖についての一章もある。「書物泥棒」という。ここでフォーカスがあてられるのはグリエルモ・リブリという伯爵である。無類の本フェチで、レジオン・ドヌール勲章ももらっている。

この伯爵がなかなかの曲者《くせもの》で、フランス各地の図書館を訪れてはめぼしい本をかっぱらっていった。大きなマントを着て犯行におよぶので、いっさい見つからなかったようだ。しかしマングェルはそのような話を紹介したうえで、あわてて盗書は古代図書館ができたときから始まっていたというローレンス・トンプソンの言葉を引いて、さっそく盗癖の擁護にかかっている。

自慢できるわけではないが、ぼくも「遊」を創刊してまもないころまでは、盗書には言い知れぬ緊張と興奮をもって挑もうとしていた。それなりに成功率も高かった。取次店に行くことが多く、そこの書籍倉庫がぼくを心から待っていた。が、あるときスタッフからそんなことをしていたら版元として申し開きのしようがないのだから、それだけはやめてくださいと懇願されて、盗書癖がなくなった。いまでは時効だろうとおもうので、付け加えた。

以上、本書がどんな類書にも似ていない独断の書であることを言いたかった。たったひとつだけ、文句をつけておきたい。本書はブックデザインがよくない。ぜひ作り替えると、もっと香ばしい話題に包まれることだろう。もし事情が許せば二段組ではなく一段を通し、ハードカバーにもしてもらいたい。なんならぼくがデザインをしてもいい。

第三八三夜　二〇〇一年九月二十日

参照千夜

八三夜：マーティン・ガードナー『自然界における左と右』　九一三夜：ダンテ『神曲』　五五二夜：ボルヘス『伝奇集』　六四夜：カフカ『城』　九〇八夜：ベンヤミン『パサージュ論』　七三三夜：アウグスティヌス『三位一体論』

本棚そのものが本である
書架はそのまま世界なのである

小川道明

棚の思想

影書房　一九九〇

本というものは知的なファッションなのではなく、ファッションそのものである。また食べ物なのだ。モードであってフードなのである。実際にも着たり食べたりするものだ。そのように実感するには、ひとつはマラルメやラングあたりを読むのもいいのだが、もうひとつは本をつねに複数の組み合わせで見たり、何冊もまたいで接したりするようにしておくとよい。

ジーンズのような本、パスタのような本、戦闘服のような本、携帯電話のような本、ワイングラスのような本……。こういうものはいくらでも本屋に並んでいる。ところがこのような本を組み合わせて遊んだり、読んだりすることがない。ジーンズの上に毛皮を着て戦闘帽をかぶった女性が、ワインを飲みながらイカ墨のパスタを食べていて、そこにケータイがかかってきた……なんてことはあるのに、それを本の組み合わせに転換できないのである。

本を「組み合わせファッション」や「皿に盛った料理」にするには、洋服や小物やスニーカーのように取っかえ引っかえ本を着脱する必要がある。それから本を読んでいるときに、他の本から電話がかかってきたという感覚をもつ必要がある。五、六冊の本がベンチに座っているところへ割りこむ必要がある。すぐにそれができないのなら、まずは本屋をよく知ることだろう。

本屋、つまり書店には、本たちが所狭しと並びあい、妍《けん》を競いあい、互いにひそひそ声で喋《しゃべ》りあっている。われわれはこの中のお気に入りを着るために本屋に入ったのである。タイトルが目に飛びこみ、著者の名が浮かび、それにブックデザインがメッセージを発している。版元（出版社）がどこなのかということも、つまりはエルメスかプラダか無印かというメーカーの違いなのだから、これもよく見たい。

そこで禁じ手が必要になる。本屋に入ってついつい本をすぐに手にとりたくなるのだが、これをなんとか我慢する。諸君がブティックに入ったときのことを思い出せばわかることだが、やたらに洋服を手にとってはいないはずだ。よく見くらべているはずだ。それが似合うかどうかを目で判断しているはずだ。すべての靴に足を突っ込んだりはしないはずだ。だいたいの当たりをつけているはずだ。

本を見くらべるには、どうするか。ブティックの洋服の選びかたや並びかたに、そのブティックの売り場思想があらわれているように、それをまた諸君はすばやく見抜いているように、本のばあいもそれを選び並べている「棚」の思想を見ることになる。町の小さな書店と大型書店を比較すれば、同じ一冊の本でも、どこにどのような棚組みで置いてあるかによって、目立ちもするし、埋没もする。

こうした棚組みを前後左右に存分にたのしみ、自分なりの「見方」を確立する。このとき著者のほうの思想に負けてはいけない。本はそれ自体がモードやフードなのだから、自分がほしい（自分の関心と好奇心にふさわしい）モードとフードの思想のほうを感じることなのである。

本書の著者の小川さんは、最初は理論社という小さな版元の編集部にいて、次に合同出版社に移り、そこで西武に引き抜かれて有名な池袋の西武ブックセンターを立ち上げた。その後はリブロ、リブロポートに移ってさらに独自の「棚の思想」を先駆的に展開してきたギョーカイ名物の人である。

時代の変遷はめまぐるしく、いまや西武も凋落《ちょうらく》し、リブロポートもなくなった。大型書店も各地各所にできあがったが、小川作戦がもたらした日本の書店空間に与えたインパクトは大きかった。一九八五年ころ、西武ブックセンター（リブロ）には〝今泉棚〟というものがあって、それを見るためだけではなく数々のギョーカイ人が押しかけた。今泉正光クンという専門書の担当者が独自の棚組みを開発したのだった。

このように、おもしろい書店というものは、さまざまな棚組みやフェアや組み替えに躍起になってとりくんでいるものだ。もしも、行きつけの書店にそういう雰囲気がないようなら、そういう書店には行かないほうがいい。アマゾンやbk1《ワン》でネット注文すればいい。しかし、本を着たり食べたりしたいなら、ネットに頼っていたのでは感覚に磨きはかからない。ぜひとも本屋遊びをし、「棚の思想」を嗅《か》ぎ分けたい。ただし、注意点あるいはヒントがある。

第一点。文庫本の棚はベンキョーにならない。あれは最近はアイウエオ順の著者並びになっていて、何の工夫もない。たんなる電話帳だ。だから、ここは捨てる。

第二点。本の並べかたには平積みと棚差しというものがあって、手元の台に平積みしている本はたいてい〝売れセン〟ばかりなので、それに気をとられないで、ちゃんと棚差しのほうを考査する。

第三点。棚の本を見るときは（スキャニングするとき）、できるだけ三冊ずつ目をずらして見ていく。だいたい本は一冊だけ手にとるのはよくない。その両隣りの本を必ず認知するようにしたい。これだけでも三倍のスキャニングができる。

第四点。財布の都合にもよるが、本はできるかぎり〝複数買い〟をする。図書館で棚から本を閲覧室にもってくることを考えればわかるように、一冊だけとってくるのはあまりにも非効率だ。そもそも本を一冊ずつ読むということは、小説を除いて、しないこと。いろいろ取り替え読み替えしているうちに、本の味も値打ちも見えてくる。

第五点。あえて本を買わずに出てきたとしても、その本屋の棚に並んでいた本をあれこれ思い出してみるのがよい。近くに喫茶店でもあるのならいったんそこで思い出してみて、できればまた本屋に戻って気になる本を確かめることだ。ぼくは何度もこのエクササイズに耽《ふけ》ったものだ。

そのほかもっといろいろあるのだが、ともかくも本を「一冊から多冊に」して付き合うこと、これに徹するのがよろしい。そもそも一冊の本というものは、それ自体で他の多冊とリンクされている。一冊にはつねに多冊を対応させなさい。

もっとも、以上のようなことは本書にはまったく触れられていない。一九七〇年代後半から八〇年代の本屋まわりの出来事が、実直に報告されているだけである。しかもその中身は今日では古くなりすぎて、データの数字などもとうてい使えない。それなのに今夜なぜこの本を選んだかというと、本書はぼくにとってのファッションだったのである。どこがファッションになったかというと、『棚の思想』というタイトルと平野甲賀のデザインで買ったのだ。

われわれは、ボタンがかわいいとかバックル（留め金）がおもしろいとか、ステッチが気に入ったとかで、洋服やバッグを買うものだ。それと同じだ。試しに、本書の表紙をもう一度、よく眺めてほしい。この本の表紙を前にして自分の本棚に置いておくだけで（面陳という）、きっと元気が出る。「棚」というタイプフェイスが本棚になりそうで息づいている。

第七五二夜　二〇〇三年四月十一日

参照千夜

九六六夜：マラルメ『骰子一擲』　三四七夜：アンドルー・ラング『書斎』

第三章　読みかた指南

ウォルター・J・オング『声の文化と文字の文化』
川島隆太　安達忠夫『脳と音読』
前田勉『江戸の読書会』
上田利男『夜学』
周興嗣『千字文』
前田愛『近代読者の成立』
ゴットフリート・ロスト『司書』

声と耳がつくったオラリティと
目と脳をつなげたリテラシー

ウォルター・J・オング

声の文化と文字の文化

桜井直文・林正寛・糟谷啓介訳　藤原書店　一九九一

Walter J. Ong: Orality and Literacy—The Technologizing of the Word 1982

かつては「話し言葉」だけが世界を占めていた。互いの声と身ぶりがコミュニケーションのすべてだった。やがて文字を発明した部族や民族が各地に出現した。その文字はたちまち伝播していった。けれども、その文字の大半はなお声をたてて読む文字だった。そこは音読社会だったのである。そこには「文字の声」が溢《あふ》れていた。そのうち近世近代にむかって「書き言葉」が社会文化の主流を占めるようになった。黙読社会の登場である。この「書き言葉」による社会文化はたちまち世界を席巻する。いくつもの出来事が併行していたものの、大きくいえばアコースティックな聴覚文化からヴィジュアルな視覚文化への切り替えが断行されたのだ。

書くということは言葉を空間にとどめることである。こうすることで、たしかに言語の潜在的な可能性はほとんど無限に拡張して、思考は文字言語をつかうたびに組み立てなおされていく。視覚は言葉を鳥瞰させ、文字列がもたらしている意味の砲列をたやすく分類させる。それによって「書き言葉」が告げている意味が理解されやすくなったかどうかはべつとして、ともかくすべて目に見えるようになった。

言葉を視覚化することは、情報を一語一語の単位で切断することを便利にさせた。かつてはさまざまな名称をもっていた情報としての事物や行為は、こうして特定の定義を与えられ、役割を限定され、多義的な状況から退く。職名の定着や看板の発達はこうした視覚文字文化の勝利の一端を物語る。

これに対して声や音というものは、その情報が口から発せられるたびに前へ前へと進もうとする。それゆえ発話を聞いている者は、つねに語られていく最前線の一点に集中することになる。そのためかつては語り部がそのような技能を有していたのだが、その後は会話の途中の言葉によりいっそう記憶に残りやすい言葉や詩句をいろいろしこませておく必要があった。いまなおだれしもがスピーチや講演をするときに留意することであろう。

こうして言葉は「話し言葉」から「書き言葉」に進捗していった。特定の地域的な音声言語（フィレンツェの言葉や北京語や東京弁）がさまざまな理由で文字言語として昇格し、国語化し、活版印刷を得て普遍化していった。この〝革命〟にはあともどりがなかった。「書き言葉」は次々に独自の工夫をしくんで圧倒的な文化の多様性をとりこみ、かつての「話し言葉」によるさまざまな可能性に、決定的な変更を加えてしまったのである。

のみならず「書き言葉」の権威は人間の心の内側を記録に残させ（日記など）、人間関係の悪化を記録にとどめさせた（讒言《ざんげん》・訴状など）。「書き言葉」は社会の諸関係にときに排除を加え、ときには法による規制を加えて（たとえば文書の重視）、新たな言語文化による社会をつくりなおしてしまったのだ。

そもそも言葉には「声」がつきまとっていた。文字にも「音」がついていた。これは表音文字も表意文字も同じことだ。言葉は声と口と耳を内在させているというべきなのである。

原題にあるように「声の文化」とはオラリティ、「文字の文化」とはリテラシーのことをいう。オングはその両者の関係に執拗な関心を向けてきた。オングの研究は多くの先行研究の成果を編集したものであるが、そこには「声の文化」に対する並々ならぬ愛着が満ちている。けれどもオングは懐旧を謳《うた》いたかったわけではない。録音テープや電話やラジオやテレビなどのメディアが、かつてなく複雑な「第二の声の文化」をつくりつつあることにも注目している。ただその注目は、古代中世的な「声の文化」の偉大な特質を見極めている目にくらべると、いかにもつけたしのような印象をうける。そこに古代との共通項を見いだすにはいたっていない。

それでも本書は、今日の言語文化を考えるときの、マクルーハンの『グーテンベルクの銀河系』やアンドレ・ルロワ＝グーランの『身ぶりと言葉』と並ぶ見過ごせない拠点になっている。

情報文化の歴史をふりかえってみると、各部族や各民族や各宗派が「話し言葉」をどのように文字で記録するかというときの事情がいちばん重要な出来事だったことがわかる。このときもしも、「話し言葉」と「書き言葉」の連携にそれほどの変異をおこさないようなスムーズな移転ができていたのなら、オラリティとリテラシーは分断されることなく、その後もたいした矛盾を孕《はら》まないで手を携えて進めたはずである。しかし、そうはいかなかったのだ。

その最も劇的な変異がギリシア人によるアルファベット表記システムの確立だった。ミルマン・パリーの研究であきらかにされたように、それ以前のホメーロスの時代には、六脚韻（hexameter）による記憶と表現が口頭による物語（叙事詩）のオラリティを支えていた。『イーリアス』や『オデュッセイアー』は六脚韻の決まり文句（formula）を駆使し、評定・集結・挑戦・略奪・結論の光景をみごとに組み立てていた。挿話の末尾にその挿話の発端の要素をくりかえすということも徹底されていた。ここにはオラリティとしてのエコノミーが躍如していた。

やがてギリシア人は、セム人がつくりだしたアルファベットをつかって新たな記録文字のルールを発明した。このとき決定的だったのは、セム語の記録には子音文字と半母音文字しかなく、母音はそれを読む者がアタマの中あるいは口で補って読むようになっていたのを、ギリシア・アルファベットは母音文字を文字列の中に入れてしまったということである。

これはこれで画期的な書き言葉の出現だった。しかし、すべては見える文字として露出されたのである。文字を読むことは文字が示したものを見て読みさえすればよく、その言葉の表出のプロセスをつくりだした者のしくみを、読む者が次々に継承し記憶する必要がなくなったのだ。こうして人々は見て読み(look up)さえすれば、何でも読めるようになれるというリテラシーを獲得していった。そのかわり、オラリティがつくりだした「原初の創造の構造」など継承する必要もなくなったし、またそれを伝承できる能力ももてなくなっていた。

声の文化に特有な記憶の継承は、しだいに薄弱にならざるをえなくなる。それでもそのことを専門とする朗唱職人や手書き職人がいるかぎりは、オラリティの根本にひそむ文化の原初力が一気に廃れることはなかったはずなのである。とくに書記職人が写本文化を維持しているかぎり、クラフト・リテラシー（書記文字文化）ともいうべきが、オラリティの原型を保存したはずだった。

なぜならこうした写本職人は文字の綴りを写すときに、必ずぶつぶつと声を出していたからだ。すなわち、ここまではまだスクリプト文化はオラリティとリテラシーの両面をもっていた。それならば文章の書き手もまた、自分の文章を職人たちが写本してくれることを前提として書けていたはずなのである。実際にも十一世紀の聖アルバヌスのエドマーは「書きながら文章を練っていると、自分自身にむかって口述しているような感じがする」と述べていた。そこには「身体を通過する響き」というものがまだ生きていた。

しかし、やがてこうしたスクリプト文化は新たなテクスト文化に席巻されてしまう。それが活版印刷革命だったのである。マクルーハンも『グーテンベルクの銀河系』で述べたことだ。

印刷革命が何をもたらしたかは、あらためてくりかえさない。音読社会が後退して黙読社会が登場した。かつての雄弁術すなわちレトリックがグロッサ（舌）の技術に支えられていたものを、しだいにグロッサリー（単語集）の技術の支配に変えていったのだ。人を魅惑させるグラマーな話しぶりは書き言葉の文法《グラマー》に変じ、息継ぎのリズムは句読点に定着していったのだ。

かくして、話していたときは「知るもの」であったはずの知識や情報は、綴られるものとしての「知られるもの」になった。べつだん、それで悪かろうはずはない。「書き言葉」がつねに人間のコミュニケーションの原型との相互作用を継承しているのならば、それこそは新たな記録文化と再生文化の王道なのである。けれども、事態はそうとばかりにはいかなかったのだ。

言語社会の分断や切断や、対立や分化があまりにも進行することになった。法律用語の社会や学術言語の社会は職人社会や芸能社会の言葉と通じあえず、コミュニティの言葉は国家の言語に反映できず、バジル・バーンステインが指摘したように、「洗練された言語の社会」と「制限された言語の社会」に割れてしまったのだ。

ここからは「国民の言語の基準」や「国語の表記」がどのように形成されていったかという問題にもなるのだが、この問題は本書では扱われていない。そのかわりにオングは、こうした分断されてしまったオラリティとリテラシーの関係がどのように相互作用を維持してきたかという数少ない現象に目をむけ、今後の言語文化の展開に示唆を与えようとしている。

オングはとくにラテン語がロマン諸語になり、さらにイタリア語・カタルーニャ語・

フランス語になっていった過程と、活字文化が成立したのちも女性文章家たちだけが、テクスト文化による文法に加担せずに、比較的に自由な言葉づかいをしていったことに、われわれの注意を突き付けた。この、女性文章家の言語活動については、オングにとってはおもいもよらなかったことなのだろうが、日本における女手《おんなで》と仮名文化の成果こそが検討されてよかった。

あらためて本書を読んで、見落としていたことがあったことに気がついた。とくに「活版印刷は言葉を一種の商品にしていった」という指摘が気になった。

オングが言いたかったことは、認識活動が「商品」や「市場」になってしまったのではないかということである。つまり活字や書物の〝中〟へ言葉を入れるということは、その言葉が製造過程と市場過程の〝中〟に言葉というものを知らぬまに追随させていったことになるのではないかという指摘だった。たしかに、こういうふうになっている。

オングはこのことを単純に非難しているのではない。すべてが商材として（情報を含めて）売買の対象になっていきつつあることに、失望しているのだ。実際にもオングは、社会がそのように生産主導的なるものから消費全般的なるものに変換してしまったのだという諦念《ていねん》のようなものをのべている。言葉も文字もひたすら消費されていくだろうという進行に対する失望と諦念だ。

しかし、はたして事態は最悪なままなのだろうか。オラリティが生産的で、リテラシーが消費的であるのだろうか。

ぼくは必ずしもそうでもないのではないかと感じている。むしろ言語文化ならなんでも「言論は自由なんだ」などと嘯《うそぶ》く社会が蔓延していることのほうが、本来のオラリティとリテラシーの深い相互作用を奪っているのではないかとおもわれる。

第六六六夜　二〇〇二年十一月二五日

参照千夜

七〇夜：マクルーハン『グーテンベルクの銀河系』　三八一夜：アンドレ・ルロワ゠グーラン『身ぶりと言葉』　九九九夜：ホメーロス『オデュッセイアー』

ときどき音読していないと
本は死んでしまいます

脳と音読

川島隆太　安達忠夫

講談社現代新書　二〇〇四

太田香保はさかんに「セイゴオいろはカルタ」をつくることを勧める。でも、そんなことを始めるとそうとうに凝りそうなので、いまのところは自重して見合わせているが、そのうち取り組むかもしれない。本書の著者の一人の安達忠夫は「いろはカルタ」に熱中している埼玉大学のセンセーで、「犬棒カルタ」（犬も歩けば棒にあたる）、「上方いろは」（一を聞いて十を知る）、「尾張いろは」（一寸先は闇）など、さまざまないろはカルタを子供の学習に使っている。

自分でもたのしんで、名句や迷句による自分編集カルタも作っているらしい。これがおもしろい。たとえば、「あ」は「青蛙おのれもペンキぬりたてか」（芥川龍之介）、「き」が「啄木鳥や落ち葉をいそぐ牧の木々」（水原秋桜子《しゅうおうし》）、「ね」が「猫の子やすぐ食べやめて泣くことに」(中村汀女《ていじょ》)、(よ)「よしきりや一本竹のてっぺんに」(小林一茶)、(り)「リリリリリチチリリチチリリと虫」(原月舟《はらげっしゅう》)、(ん)「馬をさえながむる雪の朝かな」(松尾芭蕉)というふうに。

このセンセーはぼくと同じ歳で、東大のドイツ文学科と大学院を了《お》えたあと、テュービンゲン大学やコペンハーゲン大学に行って、ドイツ文化や北欧文学に親しんできた。だからミヒャエル・エンデの研究などもある。

そういう安達センセーがカルタ遊びで何を狙っているかというと、素読や音読によって子供の能力の何かが大きく飛躍あるいは深化するのではないかということだ。ただし、自分の実感では音読をしたりさせていると、あきらかに何かが飛躍したり深化していると感じられるのだけれど、さて、それが実際の何の能力の飛躍であるかが、いまひとつわからない。とくに科学的根拠のあることなのかどうかがわからない。そこで、東北大学で脳を研究している川島隆太センセーと、そのあたりのことを交わすことになったというのだ。本書はそのメール往復書簡のようなものである。

そもそも音読と黙読の関係や、音読から黙読への読書知覚体験の発展は、世界の文明と文化にとっての大きな転換をあらわす出来事だった。そこにはオラリティとリテラシー、話し言葉(プラクリットやパロール)と書き言葉(サンスクリットやラング)の独特のちがいが含まれてきた。

われわれは古代より長らく「音読社会」(オラル・ソサエティー)のなかにいた。その後に文字を発明したり移入移植したりして、その文化圏の識字率(リテラシー)が伸びていったのちも、これらをたえず声を出して読んでいた。

それがしだいに黙読(目読)するようになった。リテラルな文字群を目で追うだけになった。そのうち、すべての近代社会は「黙読社会」になっていた。そのうちみんながみんな、〝むっつり助平〟ならぬ〝だんまり助平〟になった。それでもそうなるには、文字文化を獲得してからざっと千年近くを要した。なぜ音読から黙読への移行がおきたのか。

ミルマン・パリーのホメーロスの研究以来、このことについてはウォルター・オングやマーシャル・マクルーハンやアンドレ・ルロワ＝グーランが注目し、なかでもマクルーハンはその理由を活版印刷の出現と結びつけたものだった。活版印刷の普及が黙読社会を広げていったという説だ。また、このこと(音読社会から黙読社会への移行)が、ひょっとしたら人類に「無意識」を発生させたのではないかとも推理した。黙読するようになって、アタマのどこかに無意識の領分ができてしまったというのだ。ギョッとする仮説だった。

けれども、このような説明や推理だけで言語社会文化の実態の解明になっているとは、とうてい言いがたい。また、パリーやオングやマクルーハンはアルファベット文字のような表音文字の社会文化的活用のみを追ったのだけれど、表意文字をもつ古代漢字社会などが、いったいどのような「目の解釈」と「耳の思考」と「口の表明」とで複合されていたのかとか、あるいは分離されていったのかといった問題はほとんど研究されてはいない。日本語の社会文化史のなかの音読と黙読を研究した例もない。

だから音読の効果がどこにあるのか、黙読には黙読のそれなりの効果がどのようにあるのかということは、いまのところ決定的な評価の決着がついていないと見たほうがいいのだが、しかしそれでもなお、音読と黙読の関係は、言語習得のプロセスに密接な影響をもたらしてきたとみなせるし、また、コミュニケーション能力の大きなキャスチングボートにもなってきたともみなせそうなのだ。とりわけ音読が「国語力」と交差することによって、言語能力は深長もし、また希薄にもなっていく。

逆にいうのならこういう問題を軽視したとたん、その民族、その部族、その国の言語文化は急速に衰え、結果としてその民族文化や部族文化そのものが消滅しかねない。そのことについては、「千夜千冊」ではネトルとロメインの『消えゆく言語たち』のときにもふれておいたことである。

ところで気になるのは、音読や黙読はどのように「脳」と関係しているのかということだ。音読が脳を活性化するといえばたしかに聞こえはいいけれど、それは、でも、本当に「脳」のことなんですか。

脳の活性というなら、もともと腹がへってもおしっこに行きたくなっても、本を読んでいても、誰かが好きになっても活性化なのである。意識も欲望もストレスもクオリアも、何だって脳の作用なのだ。それをまとめて「脳の訓練」とか「脳トレ」とか「脳データ」と言っていて、それでどうなるか。それではあまりに脳天気ではないか。

ぼくは昨今の「脳ブーム」が大嫌いで、脳科学者を任ずる友人の茂木健一郎君でさえ、このところどうもつまらないカルチャーサイクルで足掻《あが》いているように思えて、困っている。もっとも茂木君とはさきごろ『脳と日本人』(文藝春秋)という対談本を上梓したばかりで、これを読む人にはなんらかのヒントがけっこう詰まっているだろうとは思うのだけれど(たとえば安藤忠雄は「あれはやたらにおもろかったで。いま二度目や」と言っていた)、とはいえ残念ながら、対談者のぼくの参考にはならなかったのだ。

本書で川島センセーが試みていることも、ぼくには十分に納得できるものではなかった。『自分の脳を自分で育てる』(くもん出版)や『天才の創りかた』(講談社インターナショナル)など読んでみると、せめてこれが「脳」に関するものでなければいいのにと思うばかりなのだ。

では、安達センセーがなぜ川島センセーと共著するようになったかというと、むろん編集者の仕掛けもあったろうが、川島センセーが『脳を鍛える大人の音読ドリル』(くもん出版）を出していたからで、もしも音読が本当になんらかの創造的生理学効果をおこしている証拠があるのなら、それを知ってみたいというところからだったようだ。

音読が何かの脳効果をもっているという話なら、ぜひ突っ込んでもらいたい。とくに音読と黙読の関係はもっと知られるべきだ。ただしかし、黙読をしている被験者と音読をしている被験者の脳内データを比較観察することだけで、いいわけはない。光トポグラフィやポジトロンCTやMRIで調べると、音読しているときの脳の前頭前野やブローカ領域やウェルニッケ野あたりが活性化しているんですよと言われても、それだけでは何の判断にもつながらない。そういう程度で脳の活性度を覗き見るというのでは、ろくな証拠物件にはならないのではないか。

それよりも、むしろ川島センセーが人間活動として言葉のコミュニケーションを重視していて、それには「国語力」こそが最も重要だろうと感じているところのほうが大事なところなのだ。ぼくが本書を読む気になったのも、そこだった。

そもそも音読・黙読問題は、人類が長きにわたってオラル・コミュニケーションと音読社会を体験してきたということ、および、幼児や子供が会話と音読からこそ言葉のコミュニケーションの習得を深化させているということに関係がある。

ということは、第一には、その民族や部族やその国の文化に、いったいどの程度の「声の文化」や「耳の文字」が重視されているかということが問われるべきなのだ。それとともに第二に、その個人やその家族やそのコミュニティが、幼児期や子供のころにどのくらい「声による言葉」や「耳による学習」をインプリンティング（刷り込み）してきたかということも問われるべきだった。

この二つのことをもっと横断的に重ねて考察すれば、幼児がどのように音読学習から黙読慣習へと成長（あるいは転倒）していったのかというような、新たな学習の秘密をめぐる研究も浮上するはずだろう。けれどもそうなるには、音読をすることが複合知覚力ともいうべきを励起させているのだといったような、そういうこともあきらかになってこなければならない。いや、音読だけではない。筆写にも複合知覚力を励起させるものがある。

ひるがえって、そもそも認識（IN）と表現（OUT）とは、そのしくみがまったく異なる知的行為になっている。「INするしくみ」と「OUTするしくみ」とはそうとうに異なっている。そのため、いろいろのことを見聞きし、いろいろ体験したことがいくら充実したものであっても、それをいざ再生しようとすると、まったく別の困難に出会ってしまう。アタマの中のスピーチバルーン（吹き出し）に浮かんだ実感や感想をいざ言葉や絵にしてみようとすると、どうもその感想どおりではなくなってしまうのだ。

その別々のしくみになってしまっている認識INと表現OUTを、あえて擬似的にであれ、なんとかつなげて同時に感得してみようとするとき、ひとつには音読が、もうひとつには筆写が有効になってくる。

なぜ有効なのかといえば、おそらく音読行為や筆写行為が千年にわたってINとOUTの同時性を形成してきたからだ。音読や筆写をしてみると、その千年のミームともいうべきがうっすらと蘇るからなのだ。ぼくはそうおもっている。

このことについては、『日本数寄』（ちくま学芸文庫）の長めのエッセイ「編集文化数寄」にも書いておいたことで、記憶の再生にはそもそもトポスが関与しているからだった。また、そのトポスが関与した事柄こそがホメーロスの詩や万葉の歌となり、それがくりかえし音唱・音読・筆写・筆読されてきて、われわれの言語感覚の奥に継承されてきたからだ。そこには認識のジェノタイプ（遺伝型）に対するに表現のフェノタイプ（表現型）とでもいうものが、鍵と鍵穴の関係のように「抜き型」になっているとおぼしい。音読や筆写をすると、それがうっすらとではあれ、リリース（解発）されるのだ。

このことは、先だっての爆笑問題との番組「ニッポンの教養」でも少々話しておいた。またこのことは白川静さんが、甲骨文字や金文をいつもGペンでトレース（筆写）しつづけていた行為にも似ているはずなのだ。

というようなわけで、音読・黙読問題は意外にも文明史や文化史の深いところまで問題を誘ってしまうのであるが、それはそれ、やっぱり音読は断乎として試みるほうがいいだろう。

ぼくも、音読が重要なことは折りにつけ強調してきた。たとえばイシス編集学校では師範や師範代のために年に数度の「伝習座」というものが設けられていて、そこで指南の方法をあれこれ伝授するのだが、そこはまたぼくによる音読学習の場でもあって、師範も師範代も「千夜千冊」などの音読をたのしむことになっている。編集学校「守・破・離」のうちの「離」では、もっと音読のことを考える。

もっとも、音読の奨めについては、一言いちゃもんをつけたいこともある。例の大ベストセラー、齋藤孝の『声に出して読んでみたい日本語』(草思社)や、その後の類書のことだ。齋藤センセー、たしかに音読は奨励しているものの、あの本はとんでもない代物だった。音読のもつ意味をとりちがえているし、例文もよくない。あれはむしろ演劇やパフォーマーのための訓練に使ったほうがいい。

それより、本書に戻るのだが、ぼくには安達センセーが「素読」をもちこんだことがおもしろかった。素読というのは、『論語』や『大学』などの漢文や李白《りはく》や杜甫《とほ》の漢詩などを、意味をいちいち教えたり知る以前に、徹底して棒読みすることをいう。寺子屋でやっていたあれである。できれば大きな声を出す。棒読みだから、中身の理解は必要がない。ただ読めばいい。しかし、この棒読みを重ねることがあら不思議、中身の理解の立派な素地をつくっていく。

安達センセーはこの素読こそ、音読と黙読の関係にひそむ何かの能力にかかわっているのではないかと推測した。おそらく当たっているだろう。国語の能力は幼児や子供が棒読みのような会話をしているうちに身につくもので、それは英語やフランス語を身につけるときだって同じなのである。それを読書にいかしたらどうなのか。いや、読書の前にいろはカルタで音読習慣を身につけたらどうなのか。そういう提案だ。

そのことにちなんで、ぼくにも直近で感じたちょっと興味深い出来事があった。そのことを話して、今夜の紆余曲折をおわりたい。

先月の三月二二日とその翌日のことだが、未詳倶楽部でこんなことを試みた。能楽師の安田登さんと能笛の槻宅聡《つきたくさとし》さんを招いて、『羽衣』の一節をみんなに予告なく素読・音読してもらったのだ。会員の大半は謡曲など読んだことがない。黙読したこともない。それを最初から音読してもらった。

安田さんはこのエクササイズを予告なくやってみることを提案し、三十数名のみんなも大声を出してみた。『羽衣』のキリの一節、「東遊《あずまあそび》の数々に、その名も月の宮人は、三五夜半の空に又、満願真如の影となり云々……」。そのあと、みんなはバスに乗り、いくつかの観光地をまわったのち、富士を遠望する「美保の松原」に行った。まさに『羽衣』の舞台だ。トポスそのものだ。

そこにはすでに安田さんと槻宅さんが和泉佳奈子とともに先回りして待っていて、衣裳を整えて座している。羽衣の松の前には、ぼくがちょっとした言葉を毛筆で書いた布《ふ》帛《はく》が風にはためいている。みんなはそこを囲み、しばらく〝開演〟を待った。

やおら槻宅さんの風を切る能管の一吹きとともに、安田さんの能仕舞が向こうの松を橋掛りと見立てたところから始まった。ゆっくりした舞だ。そのうち安田さんはさあっと布帛を体にまとう。それとともに、みんなは謡曲本をコピーした一節を手にもちながら、一斉に『羽衣』を声を揃えて謡ったのである。

騒がしい観光客たちもさすが立ち止まって見ていたが、それよりも興味深いのは、このささやかな体験をした会員たちが、口を揃えて何かが得心できた、実感できたと言ったことだった。それは一言でいえば「能を感じた」ということだった。さっき自分が声に出してみた謡曲の詞章が、いま能役者の声と舞になっている。ああ、これが能なのかと感じられたというのだ。

なぜ、初心者たちが謡本の一節を声に出して、得心できたのか。むろんすぐれたコーチングがあったからなのだが、それとともに、そこには音読の共有があり、その音読の文字の原郷たるトポスを共有したことが効果絶大だったのだ。

ということは、どういうことなのか。われわれは能楽堂でもみんなで声を出したほうが、ずっと能を感じられるということなのである。できれば歌枕のその現場に行って声を出せれば、もっと効果絶大だということなのだ。きっと西行や芭蕉は、それをするために旅をしていたにちがいない。音読には共有トポスこそが必要だったのである。

第一二三三夜　二〇〇八年四月十日

参照千夜

一三七七夜：ミヒャエル・エンデ『モモ』　九九九夜：ホメーロス『オデュッセイアー』　六六六夜：ウォルター・J・オング『声の文化と文字の文化』　七〇夜：マクルーハン『グーテンベルクの銀河系』　三八一夜：アンドレ・ルロワ＝グーラン『身ぶりと言葉』　四三二夜：ネトル、ロメイン『消えゆく言語たち』　七一三夜：茂木健一郎『脳とクオリア』　九八七夜：白川静『漢字の世界』　九五二夜：李白『李白詩選』　一一七六夜：安田登『ワキから見る能世界』　七五三夜：西行『山家集』　九九一夜：芭蕉『おくのほそ道』

会読と共読で
横議・横行・横結する

前田勉
江戸の読書会
会読の思想史

平凡社　二〇一二

たんに本を読むということなら、読書の仕方はいろいろあっていい。摘まみ読み・拾い読みもいいし、速読・淡読・耽読《たんどく》もいい。乱読・とばし読み・数冊同時読みなどもある。マーキング読み・書き込み読み、あるいはジグザグ読み・段々返し読みもある。まあ、なんでもありだ。

ぼくはこの歳に至るまで縁あって、本とはけっこう付き合ってきた。本を読み、本をつくり、本を編集し、本を書き、本を書店や図書館の棚に並べ、本についての感想もそこそこ綴ってきた。いずれも一定の作業など、ひとつもない。本は千変万化の賜物《たまもの》なので、こちらものべつ変容を迫られるからだ。このように本の術《すべ》にかかわることは「ブックウェア」というふうに呼べる。

このうちの読書の仕方はどうだったかというと、相手にする本が何か、そのときの自分のコンディションはどうかという観点で、読み方自体をいろいろ変化させてきた。本によっては数冊同時読みやとばし読みのほうが、かえって読めるのだ。目次読書、要約読書、図解読書などに凝ったり、若いときは逆読に耽《ふけ》ったりしたこともある。逆読とは後ろのページからパラグラフごとに読んでいくというもので、これはシュタイナーからのヒントだった。臨機応変ならぬ「臨本応変」だ。そのうち鎖読《さどく》、絆読《はんどく》、彎読《わんどく》などの、自分なりの極まりを見いだしたりもした。しかし、だれかと一緒に本を読むということになると、話がちょっと異なってくる。

↓　松岡正剛『多読術』（ちくまプリマー新書）
　松岡正剛ほか『松丸本舗主義』（青幻舎）

読書会をするのはべつだん難しいことではない。ミステリーファンや村上春樹ファンがそうしているように、好きな作家の小説をみんなで読み合って感想を持ち寄るということもあるだろうし、短歌や俳句の結社が一冊の歌集や句集を読み合うということもある。大学の授業やゼミで、一人の教授者のもとに課題図書をみんなが少しずつ読むということは、ごくごくふつうだ。

何人かが寄り合って一冊の本や数冊の本を読み合うというのは、けっこう実感知が高まる。やってみればすぐに感じるだろうが、アタマやカラダに入りやすくもなる。読み方も理解も動的になるからだ。歴史的には読書行為は長らく「音読」の時代があって、そののちに「黙読」が広まったわけだけれど、いまもって声を出し合うのはかなり有効だ。空海はそのことを「内声《ないしょう》の文字」が動くと言った。

読書というもの、本に入って本から出てくるものだ。入ってばかりいるのもいいが、それだけでは過食症や偏食になる。入って刻印し、出て刻印する。とくに出てくるときの即刻の編集が読みの要訣《ようけつ》になる。ただし一人で読んだ本を思い出す（再生してみる）には、いささかコツがいる。それを何人かの会話の声がその場で伴奏してくれると、思いのほか読みが「描かれたもの」（山水画）のようになって忘れがたくなる。ぼくはいつしかこういう読み方を「共読」と呼ぶことにした。

↓　松岡正剛・イシス編集学校『インタースコア』（春秋社）
　前田愛『近代読者の成立』（岩波現代文庫）

江戸時代後期に「会読《かいどく》」というグループ共読法が広まった。正味の読書力を鍛える方法だ。江戸時代の知識人のあいだでは「読書すること」がそのまま学問することそのものだったので、メンバー間で読み合うという学習読書が工夫されたのである。藩校や私塾で採用された。

それに日本には科挙がなかった。中国や朝鮮では官僚になって「上下定分の理」をまっとうするには科挙を受けるしかなく、そのことによって儒学的読書術が知識人全般にくまなく発達したのだが、科挙のない日本ではそういう必要がなく、とくに徳川時代は社会構成そのものが「上下定分の理」だったので、学問や学習はその柵《しがらみ》とは別のところでやればよかった。そこで私塾や藩校や郷塾は相互に読書力を鍛えるようになった。そのエンジンになったのが会読だ。

前田勉が本書でその「会読の時代」を詳しく案内した。前田には『江戸後期の思想空間』（ぺりかん社）という本があった。角川源義賞をとった。十八世紀日本の知的連鎖ネットワークを如実に見せてくれた中村真一郎の『頼山陽とその時代』（ちくま学芸文庫）をさらに拡充したような本だった。本書の前身にあたる。

↓　鈴木俊幸『江戸の読書熱』（平凡社選書）
今田洋三『江戸の本屋さん』（平凡社ライブラリー）
前田勉『江戸後期の思想空間』（ぺりかん社）

江村北海《えむらほっかい》の『授業編』（一七八三）に、「書ヲヨムニ、我独リ読ムガヨキカ、人ト共ニヨミテ、世ニイフ会読スルガヨキヤ」という興味深い問いが扱われている。「独読か、会読か」というのだが、北海のような儒者がこのことを話題にするくらい、この時代では「世ニイフ会読」という読書の仕方が知られていた。

会読は私塾や郷学塾や諸藩の藩校でおこなわれていた共同読書法あるいは共同学習の方法で、もっぱら漢学や蘭学や国学のために発案工夫されてきた。おおむねは講者一人のもとに一〇人くらいの学習者が一グループとなって、その日の読み手の順番に従ってテキストの当該箇所を読み、その内容や意図を短く講義する。他のメンバーは質問をしたり疑義を挟んだり、要約を試みる。講者も適宜コメントをするけれど、強い指導はしない。やわらかに指南する。

こういうものだが、講者が理解の指導を指南程度にとどめているところが特色で、そのかわり参加者は「順次講義ヲナシ、互ニ難問論議シ、其疑義ニ渉ル」ことをめざす。「審ナラザルトコロ」だけを講者が指南する。参加者が全員議論をするので「輪講」とも言った。

↓　武田勘治『近世日本 学習方法の研究』（講談社）
　　辻本雅史『思想と教育のメディア史』（ぺりかん社）

江戸時代の私塾や藩校には、読み方をめぐる定番の学習読書のやりかたがあった。だいたいは「素読↓講釈↓会読」という三段階になる。

「素読《そどく・すよみ》」は、漢文テキストの意味をいちいち問わずにまずは声を上げて文字を読み習っていく。指導者役の先生が字突き棒で一字一字をさしながら、復唱させる。返り点によって読み下しをしていくので、句読《くとう》とも誦読《しょうどく》とも言った。諸生（生徒）は暗誦ができなければ前に戻ってリピートさせられる。つまりは丸暗記学習法である。寺子屋の上級向けでもやった。『大学』→『論語』→『孟子』→『中庸』の順に読むことが多い。四書がおわれば五経に進む。それが一般的だったが、江村北海は初心者や子供はわかりやすい『孝経』から始めるのがいいだろうと言っている。テストもあった。福山藩の誠之館《せいしかん》では年三回の句読考試をした。

二段階目の「講釈」は、指導者がテキストの一節あるいは一章ずつを講解するという口頭一斉授業である。講者が読みの要訣を明示することに力点がある。神儒を合わせた垂加神道《すいかしんとう》を提唱した山崎闇斎《あんさい》が厳格なやりかたで講釈を徹底して、多くの崎門《きもん》派を輩出させたので有名になった。

藩校では、講釈による読書基礎力を十五歳くらいまでに身に付けるように奨励された。やがて町人や農民がこの基礎力をほしがった。そこで石田梅岩《ばいがん》は参加自由の講釈で「心学」を説き、これを弟子の手島堵庵《てじまとあん》が「道話」として広めた。金沢藩の明倫堂の初代の藩校教授となった新井白蛾《はくが》は自分で書いたテキスト『老子形気』をつかって人気を博した。豊後《ぶんご》出身で京都で神官も務めた増穂残口《ますほざんこう》の講釈は神道と艶道《えんどう》（色っぽい話）をまぜた巧みな講釈をして、二四〇〇人が集まったという記録がのこる。

しかし伊藤仁斎《じんさい》や荻生徂徠《おぎゅうそらい》はこうした講釈の流行を咎《とが》めた。月並な講釈や俗釈を広げすぎると、聴講者一人ひとりが自分で思いをめぐらし、自分で考えていくことが希薄になってしまうことを批判した。徂徠は「東を言われて西について納得する」ような力こそが学習だとみていた。『訳文筌蹄初編』には「今時ノ講釈」の害を一〇項目にわたって挙げている。

こうしてここから転じて、しだいに独特の会読の工夫がされることになる。この読書方法が古文辞学や古学といったスタイルで「儒学の日本化」を生み、そこに国学が生まれていく原動力も準備された。日本儒学や国学は「江戸の会読ブックウェア」が生んだものだったのである。

↓　伊藤仁斎『童子問』（岩波文庫）
　高橋敏『江戸の教育力』（ちくま新書）

「会読」は、所定のテキストを一堂に会した一〇人程度のメンバーが読み合わせて相互に理解を深めていく。疑義を挟み、意見を交わらせるようにもする。

浜松藩の経誼館《けいぎかん》の学則は「会読輪講は、須らく力を極め問難論及すべし」と明記し、問難の論及を重視した。伊勢の久居《ひさい》藩校では「会読予メ其書ヲ熟読シ、其議ヲ尋思シ、疑義アレバ紙箋ヲ貼シ、会ニ臨ンデ諸先ニ質問スベシ」と促し、明倫堂の学則でははっきり「会読之法」という用語を銘打った。

もっぱら漢学学習のために発達したが、賀茂真淵《かものまぶち》の教えをいかして始まった本居宣長の鈴屋《すずのや》では国学のために、福澤諭吉たちが学んだ緒方洪庵《おがたこうあん》の適塾《てきじゅく》では蘭学のために、それぞれ会読が励行された。

前田勉は会読には、①相互コミニュケーション性、②対等性、③結社性の三つの特色が顕著だったと書いている。①相互コミニュケーション性としては、小田急を創始した利光鶴松《としみつつるまつ》が団坐《だんざ》（車座）になることを奨励していること、②対等性については、久米邦武《くめくにたけ》が記録をのこしているのだが、佐賀藩の鍋島閑叟《なべしまかんそう》が弘道館における会読にかなり上下を問わないことを求めた。少し意外なのは③結社性で、すでに集まっているグループがなぜ結社化をはかるかというと、これは会読の体験者がそれぞれ自立したグループになっていくことをいう。太宰春台《だざいしゅんだい》や青地林宗《あおちりんそう》のもとでは同志会や社中や社がつくられ、日田の咸宜園《かんぎえん》でもいくつかの結社が派生した。五人の日新社、四人の廻瀾社や必端社や三省社、三人の克己社などだ。

やがて町人たちが好みの読書会をもつ「連《れん》」も生まれた。それらは血縁や地縁を逸脱する自由なネットワークやサロンを形成した。

↓　利光鶴松『利光鶴松翁手記』（小田急電鉄）

田中優子『江戸はネットワーク』（平凡社ライブラリー）
福田アジオ編『結衆・結社の日本史』（山川出版社）

井上蘭台《らんだい》（林鳳岡《ほうこう》の門人）が「書ノ会読スルト云フ事、中華ニテハ決シテナシ」と言ったと、岡山藩士の湯浅常山《ゆあさじょうざん》が『文会雑記』に書いている。中国では会読の習慣がなく、日本で独自に徂徠先生が始めたものだというのだが、これはアテにはならない。日本でも仏門や五山では似たことがあったとおもわれる。それなら、今日認められる会読の原型をつくったのが誰かといえば、おそらく仁斎と徂徠だ。仁斎は京都堀川の自宅に同志会をつくって五経の会読をした。同志会は寛文元年（一六六一）に始まっているから、そのころ思いついたのだろう。『古学先生文集』には同志会の会読の仕方が説明されている。

会長のもと諸生全員が拝礼し、講者が前に出てきて書を講ずる。それぞれが論講して次の講者に移る。頃合をみて会長が策問と論題を出して、諸生がこれを論策する。これらのプロセスで「経要を発明」したと感じられたところはノートをしておいて、後で本にまとめる。同志会式とか品題式と呼ばれていたようだ。

徂徠の蘐園《けんえん》学派での会読はのちのちまで会読のプロトタイプになった。「会読の初めは徂徠より始候」と言われてきたほどだ。徂徠においては、学問は一人でするものではない、師や仲間とともにするものだという認識が徹底されていたのである。太宰春台も学問には「講習討論の友」がいることが必須であると言っていた。それが「東を言われて西を納得する」ということだ。

徂徠はまた「訳社」をつくって、漢語翻訳のグループワークをすることを奨励した。訳師には岡島冠山《かんざん》（長崎の通事）、荻生北渓《ほっけい》（徂徠の実弟）、井伯明が立ち、そこに会員が加わって「俗をもって雅を乱すを許さざるなり」という方針を貫いた。ぼくも同時通訳グループ（フォーラム・インターナショナル＝木幡和枝代表）を十年近く預かったことがあるのでよくわかるのだが、翻訳や通訳は水準が高くなければ意義がない。よほど注意をしていないと、すぐにありきたりになる。それでは「俗をもって雅を乱す」ことになる。日本のような国語が特別な国では、ここをどう踏んばるかがしごく重要なのだ。

↓　石田一良『伊藤仁斎』（吉川弘文館）
　石崎又造『近世日本に於ける支那俗語文学史』（清水弘文堂）
　吉川幸次郎『仁斎・徂徠・宣長』（岩波書店）

会読は蘭学や国学でもとりくまれた。蘭学は翻訳学習とともに発達する。とりわけ前野良沢《りょうたく》や杉田玄白《げんぱく》らによる『解体新書』への取り組みによって大きく前進した。この翻訳作業にあたっては、良沢の家に集まって四年間にわたる会読がおこなわれていた。玄白はそれを「会業」ともいっている。

蘭学第二世代の大槻玄沢《おおつきげんたく》も、長崎で通詞の本木良永にオランダ語を習って江戸に戻ると、芝蘭堂《しらんどう》で会業を始めた。第三世代の青地林宗の同志会も、緒方洪庵が適塾で始めた蘭学教授法も、輪講や会読だった。

国学では、賀茂真淵の県居門《あがたいもん》のメンバーが『源氏』などの古典会読をした。江戸十八大通の歌人でもあった村田春海《はるみ》は十九歳のときに参加した。そこで「人の悪口は鰻より旨し」という味をおぼえたようだ。悪口とは問難の批評のことだ。真淵を師とした宣長は、晩年になると会読には批判的になっていった。『玉勝間』では会読よりも講釈のほうが深い勉強にはいいと言っている。会読で「あげつらふ」ようになるとダメになるというのだ。それよりも「師の説になづまざる事」が重要だと言った。このクリティシズムは平田篤胤《あつたね》にも継承される。

↓　池田逞『青地林宗の世界』（愛媛県文化振興財団）

田中康二『村田春海の研究』（汲古書院）

山中芳和『近世の国学と教育』（多賀出版）

前田勉『近世神道と国学』（ぺりかん社）

藩校は諸藩の藩士の子弟が学ぶところだ。藩黌《はんこう》、藩学、藩学校などとも言われた。将軍から一万石以上の石高が与えられた領分や家中のことを「藩」というのだが、徳川時代を通じて二六〇藩ほどがあった。その藩内で、『日本教育史資料』に出ている藩校は約二四〇校に及ぶ。そのうち輪講と会読の両方を採用していたのが七〇余校で、輪講だけがされていたのがやはり七〇余校ほど、会読だけに集中していたのが三〇校だったらしい。けっこう多い。

なかで一番早く会読を採用したのは熊本藩の時習館だ。時習館は名君と謳われた細川重賢《しげかた》が宝暦五年（一七五五）に創設し、学寮の堀平太左衛門と侍講の秋山玉山がカリキュラムを組んだ。重賢は玉山に「一所に橋をかけぬやうにして向うの河岸に渡しくれよ。川上の者は川上の橋を渡り、川下の者は川下の橋を渡り行かば、其者共廻り道ないに才能をなすべし」と暗示的に申しわたしたらしい。なかなか含蓄がある。熊本は「人才」の育成にたいへん熱心で、この特色は幕末維新をへて横井小楠《しょうなん》やジェーンズの英語教育や徳富蘇峰《そほう》にまでつながっている。

時習館に次いだのが福岡藩の二つの藩校だ。西学問所の甘棠館《かんとうかん》は亀井南冥の私塾蜚英《ひえい》館《かん》でやっていた会読を転用し、東学問所の修猷館《しゅうゆうかん》は藩儒筆頭の竹田定良が館長として組み立てた。

先頭を切って奮闘したのは九州勢だったが、あとは目白押しだ。細井平洲が初代督学となった尾張藩の明倫堂、学頭新井白蛾・督学細井平洲がつくった加賀金沢藩の明倫堂、浜松藩の経誼館、六浦《むつうら》藩の明允館《めいいんかん》、相馬中村藩の育英館、林述斎や佐藤一斎を輩出した美濃岩村藩の知新館、彦根藩の稽古館、会津藩の日新館というふうに、連打されていった。藩校名には、それぞれ思いを込めたネーミングがなされた。

ほかにもユニークな藩校は少なくない。庄内藩の致道館、鳥取藩の尚徳館、副島種臣・大隈重信・佐野常民・江藤新平を生んだ佐賀藩の弘道館《こうどうかん》、高崎藩の文武館、長岡藩の遷善閣《せんぜんかく》、島津重豪《しげひで》が開いた薩摩藩の造士館《ぞうしかん》、龍野藩の敬楽館《けいごうかん》、水戸藩の徳川斉昭《なりあき》が創設した弘道館、白河藩の修道館《しゅうどうかん》、幕末を飾った長州藩の明倫館や有備館《ゆうびかん》などなど。ぼくは藩政にも藩校にも魅《ひ》かれるものがある。

近世日本にこれだけの学校が地域に偏重することなく設けられたのは、世界の教育史のなかでも特筆されていい。家光までの武断政治が文治政治に転換してから各地の藩校が設立されていった。最初の藩校は池田光政《みつまさ》による岡山藩藩学（寛文九年）だった。ただし、教授内容は限られていた。残念ながらリベラルアーツ全般とはいえない。幕府が寛政二年（一七九〇）に半官半民だった林家《りんけ》に朱子学（朱子が規定した儒学）以外の学問をすることを禁じて以来（いわゆる「寛政異学の禁」以降）、全国の公共施設はもっぱら朱子学中心になっていったからだ。

ちなみに、会読が藩校の主要カリキュラムになったことで、藩校の建築構造が変化した。講釈のための講堂中心から会読にふさわしい小教室型になった。これで藩校の教室数もふえた。このことはその後の近代日本の学校施設の設計方針として引き継がれていく。今日、日本の学校教室の設計思想とデザインにはそれほど見るべきものがないようにおもうが、たまにはフランク・ロイド・ライトと遠藤新《あらた》の自由学園や、クリストファー・アレグザンダーの盈進《えいしん》学園東野高等学校などを見てみるのもいいのではないか。

↓沖田行司『藩校・私塾の思想と教育』（日本武道館）
ロナルド・ドーア『江戸時代の教育』（岩波書店）
石川謙『日本学校史の研究』（小学館）
石川松太郎『藩校と寺子屋』（教育社歴史新書）

ぼくは長らく懐徳堂《かいとくどう》に関心をもってきた。大坂の有力町人の三星屋《みつぼしや》・道明寺屋《どうみょうじや》・舟橋《ふなばし》屋《や》・備前屋《びぜんや》・鴻池《こうのいけ》という「五同志」が創設した私塾だ。三宅石庵《みやけせきあん》が学主に迎えられた。享保十一年（一七二六）に将軍吉宗から公認されて官許の学問所になったが、懐徳堂は一貫して私塾であって町人だけがかかわった。だから「町人の学校」と言われた。富永仲基《とみながなかもと》、山片蟠桃、草間直方《くさまなおかた》など時代を先駆けた批評精神の旺盛な異才が輩出したが、かれらはいずれも町人だった。

私塾のほうは藩校にくらべると、それなりに自由だ。独自の学習法も工夫された。広《ひろ》瀬《せ》淡窓《たんそう》の咸宜《かんぎ》園《えん》には「三奪」がある。「其の父の付くる所の年歯を奪ひ、其の師の与ふる所の才学を奪ひ、君の授くる所の階級を奪ふ」というもので、父と師と君のいずれからも自由になって学習をしなさいというのだ。すばらしい。淡窓は「奪席」も奨励した。仲間の才能のよさを知り、それを追い抜け、その知を奪えと言った。文章の訓練もさせた。指示されたお題を線香二本が燃え尽きるまでに二〇〇字の漢文で書かせたり、線香三本で詩文をつくるということをさせた。「試業」と名付けられていた。

小集団研究所を主宰してきた上田利男の『夜学』を紹介したときにも触れたのだが、但馬聖人《たじませいじん》と噂された池田草庵《そうあん》の青谿書院《せいけいしょいん》では、とくに「掩巻《えんかん》」と「慎独《しんどく》」を試みた。掩巻は本を少し読んだらそこでいったん頁を伏せ、いま読んだばかりの中身をあらためて味わってから次に進むという読書法だ。ぼくはけっこう真似させてもらった。慎独は他人を欺かないようにするのは当然だが、読書によって学問するには「自分を欺かないようにしなさい」というものだ。これも心にしたいことである。

先だって十三年ほど続けてきたハイパーコーポレート・ユニバーシティの塾生三〇人を連れて、大阪の適塾跡を訪れた。ドミニク・チェンも一緒だった。適塾は緒方洪庵が天保九年（一八三八）に開いた蘭学塾で、大村益次郎、福澤諭吉、大鳥圭介らが学んだ。開塾二五年で三〇〇〇人近い門生が出た。ことごとく熱心だったらしく、諭吉は自慢して「六かしいければ面白い」「緒方の書生はちょいとも学問を怠らなかった」と『福翁自伝』に書いていている。そうなのである。江戸の私塾は慎み深くて頑丈で、その精神はすこぶる戦闘的だったのである。

↓　海原徹『近世私塾の研究』（思文閣出版）
テツオ・ナジタ『懐徳堂』（岩波書店）
上田利男『夜学』（人間の科学新社）
梅渓昇『緒方洪庵と適塾』（大阪大学出版会）

　幕末が近くなると、藩校や私塾のなかに徒党を組む者があらわれる。後期水戸学の時期にさかんになった。水戸藩の会沢正志斎が『新論』を、藤田東湖《とうこ》が『回天詩史』を書いて、この機運が爆発し、いわゆる尊王攘夷思想と国体思想が躍り出た。
水戸がこんなふうになったのは、水戸光圀《みつくに》が旗を振った『大日本史』執筆編集の集団的継続力をもっていたことと、東湖の父の藤田幽谷《ゆうこく》が会読をしていたことが、スプリングボードになっている。幽谷は天明八年（一七八八）十五歳のときに、水戸の彰考館《しょうこうかん》の総裁だった立原翠軒《たちばなすいけん》のもとで学んでいた小宮山楓軒《こみやまふうけん》とともに会読をしてめざめた。息子の東湖は天保期に、徳川斉昭が開設した藩校・弘道館の建学の主旨を書き、忠孝一致・文武一致・学問事業一致・神儒一致を謳った。幽谷・東湖は私塾の青藍舎《せいらんしゃ》を、正志斎は南街《なんがい》塾《じゅく》の私塾を開くことも許されている。この家塾の二重性から徒党や結党や朋党の機運が出てきたとおぼしい。

こうした機運をいちはやくキャッチして動いたのが、若き吉田松陰である。松陰は「横議」「横行」「横結」の重要性を感じ、佐久間象山《しようざん》のところに行ったり、東湖や正志斎に会うために水戸を訪れたりした。このことによって、これまで各地の藩内で煮詰まっていた内発的な会読が一気に外に向かい、さらには会読の「横議・横行・横結」による藩士の異種配合型ネットワークが生まれていった。幕末のダイナミズムは「横」がつくったものだった。

松陰の読書観には新たなものも芽生えている。本がもたらすところと行為におこすべきところを合致させていくという読み方をした。「書は古なり。今と同じからず。為と書と何ぞ能く一々相符せん」と述べている。「書」と「為」(行為)を合致させようというのだ。陽明学の「知行合一」っぽい。

藤田父子や松陰が火を付けた機運は、憂国と開祖の志士を育み、熊本藩の時習館から飛び出した「横議・横行・横結」や、福井藩の松平春嶽《しゆんがく》から橋本左内《さない》のほうに及んだ「学政一致」になっていった。熊本では横井小楠が『近思録』を会読しつつ結束して実学党の形成に動き、「国是七条」の草案では春嶽の構想とも結びついた。ともかく幕末の志士たちはよく読み、よく行動した。

↓ 藤田省三『維新の精神』(みすず書房)
源了圓編『江戸の儒学』(思文閣出版)

松浦玲『横井小楠』（ちくま学芸文庫）

本書が案内した会読の思想史は、近世読書の思想史であり、もっとわかりやすくいえば、治世や世直しや社会運動はことごとく本の読み方につながっていたということを告げている。

本を読むとは、むろんどんな本を読むかということに左右はされるけれど、本来はつねに社会変革の風を孕《はら》むものだ。日本の場合、その源流のひとつに徳川社会での会読という学習読書法がかかわった。共読、おおいに結構な出来事だったのである。

ちなみにたいへんありがたいことに、ぼくの一五〇〇枚ほどのテキストを会読したり輪講してくれているグループが各地にいる。イシス編集学校の「離」を出身した千離衆《せんりしゅう》のメンバーたちで、最初は東京目黒の永田健二君が「離」の文巻を千離衆有志とともに読み合わせようということで、自分の仕事場を提供して始め、これが福岡や大阪や名古屋や仙台に飛び火していった。いずれも「声文会《せいもんかい》」という「連」になっている。

本は読むものである。本を書くもの、書かれたものと思っている諸君が多いかもしれないが、そうではない。読めば、書くこと以上の思索が動く。本は書くことを含めて、読むものなのである。書き手が書いた本も、書き手が読みたいものを書いたにすぎない。どう書くかは、書き手の勝手な悩みにすぎない。だから、どう読むかということがすべてなのだ。ただし最近は、どう読むかということを大事にしなくなった。読み方こそ考え方を鍛えるのに、学校でもSNSでも読み方の技法がいっこうに浮上していない。読み書きの読みと書きを切り離してしまうのは、雨と傘とを別々にしてしまうようなことなのである。

第一六六一夜　二〇一八年一月十五日

参照千夜

三三夜：シュタイナー『遺された黒板絵』　七五〇夜：空海『三教指帰・性霊集』　一二八二夜：前田愛『近代読者の成立』　一一二九夜：中村真一郎『木村蒹葭堂のサロン』　一一九八夜：伊藤仁斎『童子問』　四一二夜：福澤諭吉『文明論之概略』　七二一夜：田中優子『江戸の想像力』　一〇〇八夜：吉川幸次郎『仁斎・徂徠・宣長』　三七〇夜：杉田玄白『蘭学事始』　八八五夜：徳富蘇峰『維新への胎動』　九七八夜：フランク・ロイド・ライト『ライト自伝』　一五五五夜：クリストファー・アレグザンダー『パタン・ランゲージ』　七五九夜：上田利男『夜学』　一五七七夜：ドミニク・チェン『インターネットを生命化するプロクロニズムの思想と実践』　五五三夜：吉田松陰『吉田松陰遺文集』　一一九六夜：松浦玲『横井小楠』

掩巻と慎独という
すばらしい本の読みかた

上田利男

夜学

人間の科学新社　一九九八

小集団研究所という研究所がある。本書の著者が主宰者で、京都伏見ですでに二五年におよぶ活動や調査をしてきた。『小集団研究辞典』も編集された。その著者が「日本夜学史」にとりくんだ。ここにいう夜学とは文字通り夜間にも学ぶ私塾や夜間学校のことをさしている。車胤《しゃいん》が絹袋に入れた蛍の光で、孫康《そんこう》が窓に映える雪の光で貧しくも学びつづけたという故事ではないが、夜陰に入ってひたすら読書や学習に耽るというのは、なぜか心を深まらせるものがある。

とはいえ文字通りの夜学は特殊なものかとおもっていたが、それが聖徳太子の法華講や藤原時代の勧学会《かんがくえ》のころからあって、しかも中世近世を通じての特筆すべき傾向だったのではないかという。寺子屋も松下村塾《しょうかそんじゅく》も大江義塾《おおえぎじゅく》も、である。ほぼ完璧なほどに夜型のぼくとしては、これは溜飲が下がるというよりも、歓喜に堪えないことだ。

しかし、夜間にしか学べない人たちもいる。九段高校の新聞部をやっていたころ、何度となく「定時制高校生との集い」に出席したことがあったが、そこに行くときはいつもどこか緊張していた憶《おぼ》えがある。定時制という言葉がもっている響きそのものに何か胸のつまるものもあった。本書はそのような夜間中学や夜間学校での学びの流れも扱っている。「夜」にはさまざまな意味が渦巻くのである。

広島の神辺《かんなべ》黄葉山《こうようざん》近くに菅茶山《かんちゃざん》がいた。医術を和田東郭《とうかく》に、儒学を那波魯堂《なばろどう》のもとに西山拙斎《せっさい》とともに学んで、いくたびも仕官を誘われたのだが、断った。その茶山が開いた私塾は初めは「黄葉夕陽村舎」と、のちに「廉塾《れんじゅく》」といった。茶山が京都の魯堂の塾で学んだ中山子幹《しかん》・佐々木良斉らと彫琢《ちょうたく》した陽明学を学ぶための塾である。いっとき頼《らい》山陽《さんよう》も塾頭（都講）に招かれた。山陽の父の頼春水と茶山が心友だったからだ。その廉塾に茶山の「冬夜読書」という漢詩が残っている。

雪　山堂を擁して　樹影深し
檐鈴《えんれい》動かず　夜　沈沈
閑《しずか》に乱帙を収めて　疑義を思う

一穂の青燈　万古の心

こんなぐあいに夜を徹しての学習が進んでいた。文化四年(一八〇七)に広瀬淡窓の縁者にあたる館林萬里が訪れたときも、茶山は『福山志料』の編集に没頭していて、その姿は「夜燈影を分かちて新著をうつす」の風情で、学舎にはただならぬ夜気が漲《みなぎ》っていたという。

その淡窓の「咸宜園《かんぎえん》」は大分の日田にあった。ここは淡窓がいろいろカリキュラムやシステムに工夫を凝らしていた塾で、七〇名ほどの塾生の成果を「月旦評」で十級位をつけ、毎月一回、線香二本を焚《た》くうちに指示されたお題で二〇〇字の漢文を書き、線香三本では詩文にするという「試業」をし、その成果がまずい者は容赦なく級位が落とされた。日田は昭和の画家、宇治山哲平《うじやまてっぺい》のふるさとである。哲平はそこで「華厳」シリーズを描いた。

咸宜園はもっぱら「句読」を重視して音に聞こえていた学習塾であったが、それとはべつに「夜雨寮」と名付けた一室では、しばしば夜話閑遊をも催している。夜にふさわしい伴侶を塾生から選んで、たとえば李白を、たとえば孟子を語りあったらしい。淡窓もやはりのこと夜学が一番だったのである。よく「孜々《しし》として」と言う。「たゆまずつとめて」といった意味であるが、この「孜々」といい、茶山の「夜、沈々」といい、夜が更けての塾習を髣髴《ほうふつ》とさせる。

淡窓のところへはその名声を慕って文人墨客がよく訪れた。帆足万里《ほあしばんり》・頼山陽・田能《たの》村竹田《むらちくでん》・梁川星巌《やながわせいがん》・貫名海屋《ぬきなかいおく》・原古《はらこ》処《しょ》たちである。淡窓の詩名が轟いてもいた。『遠思楼詩鈔』『淡窓詩話』などで、とくに五言絶句が文字を震わせていた。

ぼくは池田草庵を畏敬してきた。いまの兵庫県養父《やぶ》郡の宿南《しゅくなみ》に塾舎をたて、そこを「青谿書院」と名付けた。世に〝但馬聖人〟とよばれた。草庵は明晰な学習方針をもっていた。ひとつは「掩巻《えんかん》」で、これは書物を少し読んだら、そこでいったんそれを伏せてその内実を味わうようにするという学習法だ。それをよくよく取り組むことが「肄業《いぎょう》」であった。今日の読書人にもおおいに勧めたい。

もうひとつは「慎独《しんどく》」である。自身を慎めという言葉だが、学習的にいうと、他者や書物に教えられたことについて絶対に自分を欺かないで、その感想を披瀝《ひれき》する。そういうプログラムだ。草庵は人を欺くための学習を蔑《さげす》んでいた。しかしさらに戒めたのは自分を欺く学習だった。他人を欺いていれば、必ず自分を欺くことになる。そこを慎むことが「慎独」である。そのため草庵は、門人に用意や清掃のための時間をできるだけとるように指示した。用意なき者、清掃なき者は、いくら学習をしてもそれを忘却してしまう。自ら受けたものを用意のうちに、また清掃のうちに復生させることを心掛けさせたのだ。

草庵はこのようなプログラムを「功課」とよび、もっぱら山窓に功課を託せる者（山窓功課）を時をかけて育てようとした。そういえば日野草城《そうじよう》に「山風の障子にあたる夜学かな」の句があったが、まさにそんな精神である。草庵にはまた『夜坐』という有名な漢詩があり、「兀兀《こつこつ》三更　独り堂に坐す」と結ばれる。三更というのだから、深夜まで何かを瞑目していたのであろう。

こうして草庵は三二年間にわたって「青谿書院」を営み、六〇〇名の門人を世に送り出した。吉田松陰の「松下村塾」はこの草庵の志にこそ心を揺さぶられた。

草庵は十歳で母を失い、十二歳で父を失って寺に預けられ、十七歳の春に但馬《たじま》に来講した相馬九方《そうまきゆうほう》の講話を聞いてこの人に従おうと決意、京都に出て九方に仕えた。ここで陽明学を知り、洛西《らくせい》松尾山中で「掩巻」に耽った。三五歳になって許され、ようやく故郷に戻って書院を建てた。そういう生涯だった。

本書は近代以降の夜学校にも多くふれている。なかで、静岡清水の杉山に片平信明が起こした「青年夜学会」の影響が大きい。これは幕末明治の「若衆宿」や「若連中」を私塾化しようとしたもので、その後は全国に広がり、各地で「夜学読本」「夜学教本」がいろいろ工夫された。いまのＪＣ（日本青年会議所）の母型といってよい。当然、働く者たちが中心になったので、まさに夜学塾だった。これらの意を汲《く》んで定時制高校や大学第二部の設置が進んでからは、こうした夜学塾が消えていく。まことに複雑な事情だ。

ところで、いったい学習や教育を「官」でやるのか「民」でやるのかということは、なかなか決着のつかない問題である。ぼく自身は小学校から受けた影響を一〇〇分の七〇くらいとすると、公立中学校からは四〇を、都立高校からは一五を受けた程度だったような気がしている。大学からの影響は五以下だった。

そんなことだったから、ぼくもその後は自省してせめてどのように「学び」の現場やプログラムやスタイルがあればいいのかということを、自分で短期の塾をいろいろ開きつつ、また頼まれつつ、さまざまに〝試技〟してみるようになった。「遊塾」「空海塾」「ミネルヴァ塾」「半塾」「桑沢デザイン塾」「匙《さじ》塾」「日本再発見塾・おもかげの国」「時《とき》塾」「際《きわ》塾」「上方伝法《かみがたでんぽう》塾・いろは日本」「六翔塾」……等々。大小、長期短期あわせるとかなりの数を試みている。そこへイシス編集学校のような昼も夜もないネットワーク上の学校も広がった。

いまはまた京都での「盲亀塾」、東京での「連塾」というものを準備しているのだが、さてそれが茶山や淡窓や草庵を継ぐものになるのか、どうかはわからない。

一人がこんなに多様な塾を担当してきたというのも、考えてみればかなり変わったことだろう。ぼく自身はこれらの中身を一度として同じテキストやカリキュラムとはしてこなかった。また、しだいに映像や音などを加えるようにしてきた。しかし、どのような塾がいま待望されているのかについても、本来、学習や読書とはどういうものであるべきかということについても、また「夜」に何をなすべきかということについても、私塾というもの、まだまだどんな可能性の実験も残されているのではないかとおもう。

第七五九夜　二〇〇三年四月二二日

参照千夜

三一九夜：頼山陽『日本外史』　九五二夜：李白『李白詩選』　一五六七夜：孟子『孟子』　五五三夜：吉田松陰『吉田松陰遺文集』

天地玄黄・宇宙洪荒
日月盈昃・辰宿列張

周興嗣

千字文

小川環樹・木田章義注解　岩波文庫　一九九七

日本には古来、文選《もんぜん》読みというすこぶる愉快な漢文の読みかたがある。たとえば「求古尋論・散慮逍遥」は、「キュウコとふるきをもとめて、ジンリンとたずねてロンず。サンリョとおもんばかりをサンして、ショウヨウとこころやる」というふうに読む。

かつてのハワイの二世などが英語と日本語をチャンポンにして、「ミーが食べたいディナーには音楽よろしくシューベルト」といったふうな喋《しゃべ》りかたをして笑わせていたことをおもわせるが、あるいはそのように揶揄して森繁《もりしげ》の《社長太平記》などでフランキー堺らがそんな喋りかたをしてみせていたことをおもわせるが、原則は漢語を最初に音読し、次にそれを日本語の意味を補いながら訓読する。漢文を読むにあたって、それを和音で一区切りずつ音読みし、それに日本語の訓読みをつなげて、一文を読み上げていくわけである。

しかしこれは音読でも訓読でもない。あくまで日本人が漢字を学ぶためのチャンポン読みなのだ。築島裕《つきしまひろし》によれば、おそらくは南都の僧侶が考案した読みかただったのではないかという。日本ではこの文選読みで『千字文《せんじもん》』を声を出して読む。ぼくは一度だけだが父親から教わった。

さて、『千字文』は漢字の「いろは歌」のようなものだが、なにしろ漢字をぴったり千字ぶん使いきっているところが、さすがに中国である。一方、これを日本的に工夫した文選読みも、すこぶる調子がいい。

ともかく声を出すと気持ちがいい。第一行「天地玄黄・宇宙洪荒」と始まって、「日月盈昃・辰宿列張」「寒来暑往・秋収冬蔵」とすすみ、そのまま四言ずつ二五〇句の韻文をつくりながら総計一千字を重複せずに駆使しきり、「孤陋寡聞・愚蒙等誚」、最終行「謂語助者・焉哉乎也」というふうに結ぶ。右に引いた最初の六句六行を文選読みをしてみると、次のようになる。

テンチのあめつちは（天地）　ゲンコウとくろく・きなり（玄黄）
ウチュウのおおぞらは（宇宙）　コウコウとおおいに・おおきなり（洪荒）

ジツゲツのひ・つきは（日月）　エイショクとみち・かく（盈昃）
シンシュクのほしのやどりは（辰宿）　レッチョウとつらなり・はる（列張）
カンライとさむきこときたれば（寒来）　ショオウとあつきこと・いぬ（暑往）
シュウシュウとあきはとりおさめ（秋収）　トウゾウとふゆはおさむ（冬蔵）

これらはむろん意味が通っている。そこが「いろは歌」同様に感服させられる。つづく第七句・第八句を例にすると、「閏餘成歳・律呂調陽」は「ジュンヨのうるうつきのあまりは、セイサイととしをなす。リツリョのふえのこえは、チョウヨウとひびきをととのう」と文選読みをするのだが、意味は「閏月によって一年を完成させ、律呂によって陰陽をととのえる」というふうになる。まずもって一千字の文字を選び、これらを組み替え組み替えして四句をつくり、これを前後に連ねて次々に意味をつくる。すべてがこんな調子なのである。しかもずいぶんに中国の故事逸話がとりこまれている。

まことに呆《あき》れるほどに見上げた超絶編集作業だが、こんなアクロバティックなことをしてかしたのは、梁《りょう》の周興嗣《しゅうこうし》であった。

六世紀前半のころ、梁の武帝が王子たちに手習いをさせるため、王羲之《おうぎし》の筆跡から重複しない一千字を選ばせて、これを一枚ずつの模本にさせた。ところがこれではおもしろくない。学習もすすまない。そこで武帝は周興嗣をよんで「これを韻文になるように組み立ててほしい」という難問を出す。

周興嗣は一晩徹夜をして千字の韻文をつくりあげ、これを奏上した。おかげで周興嗣は一晩で髪が真っ白になったと韋絢《いけん》の『劉賓客嘉話録』にある。出来すぎた話だが、この『千字文』を今度は隋代になって智永《ちえい》が臨書した。王羲之を臨書したということなのだが、その後の研究によって、智永は集字をしただけではないかということになっている。異説では鐘繇《しょうよう》がつくったのだという伝承もある。そうだとすると、韻文が先にあってそれを王羲之が筆写したことになる。

そのへんの真偽はともかく、この『千字文』が用字習字の手本として大流行し、日本にも届いた。例の百済《くだら》の王仁《わに》が『論語』一〇巻と『千字文』一巻併せて一一巻を献上したという記述が、それである。が、これはあやしい。年代合わせをしてみると、周興嗣が生まれる前のことになる。それでも『東大寺献物帳』には「千字文一巻」の名があるので、聖武期前後には日本でも流行しはじめていたのであろう。

なんであれ『千字文』は筆と墨の文化をもつ中国でも日本でも、その後ずうっとひっぱりだこだった。書道文化史上、こんな便利なものはめったにないといってよい。だから歴代の能書家もこれを書いた。褚遂良《ちょすいりょう》、孫過庭《そんかてい》、懐素《かいそ》、趙子昂《ちょうすごう》、文徴明《ぶんちょうめい》、みんな書いた。日本では巻菱湖《まきりょうこ》、市河米庵《いちかわべいあん》、貫名海屋《ぬきなかいおく》、日下部鳴鶴《くさかべめいかく》らのものが有名だ。

注釈書も写本も驚くほど数多く出た。ヴァージョンがものすごいのだ。おそらく日中の書家たちで『千字文』関連書を手元に三冊以上もっていない者などほぼ皆無であろう。中国では長いあいだにわたって、子供が書道を学ぶための教科書にもなっていた。それは日本でも同じで、ぼくの家にさえ昭和十一年刊行の茅原東学《ちはらとうがく》の『千字文考正』と翌年初版刊行の高田忠周《ただちか》の『六体千字文』が書棚の隅に置いてあった。

しかし、『千字文』を手習いのためだけにつかうのはもったいない。むしろ読みこみたい。そのためにできたのが本書のような注解書で、たいそうたのしめる。

まず文選読みが書いてある。これは、いまは陽明文庫にある近衛家熙《このえいえひろ》の筆写した『千字文音決』にもとづいて読みくだしたもので、最初に紹介したように漢字学習・用語学習・用法学習のいずれの参考にもなる。それが掛け算の九九のような語呂《ごろ》になっているのだから、ちょっとユダヤ教カバラのゲマトリアふうの秘術のように感じられもする。

ついで、注釈の含蓄が中国の古典全般を高速に渉猟するようで、これはこれでまことに得がたい。本書では国文出身の木田章義の注釈草稿を、中国語に詳しい小川環樹《たまき》が徹底して手を入れた。音韻学的にもめずらしいヒントがいっぱい隠れている。

その小川環樹博士のことは、湯川秀樹さんから聞かされていた。中国音韻学と文字学を研究する「均社」をつくって、いまえろうがんばっとるそうやから、文字のことが気になるんやったらいっぺん覗いてみなさいというのだった。覗く機会はなかったが、そのとき湯川秀樹・貝塚茂樹・小川環樹の〝三樹兄弟〟の奥の深いすさまじさを想ったものだった。

第三五七夜　二〇〇一年八月十五日

参照千夜

五九〇夜：森繁久弥『品格と色気と哀愁と』　八二八夜：湯川秀樹『創造的人間』

ネタヨミによる
新たな読者モデルづくり

前田愛

近代読者の成立

有精堂　一九七三　岩波現代文庫　二〇〇一

三十数年前のことになる。前田愛の登場はそのころのネタヨミ本として、ちょっとばかし鮮烈だった。そもそも世の中のネタ本にはネタメタ本、ネタネタ本、ネタヨミ本の三種があって、前田愛はそのうちのネタヨミ本の異能者だったのです。

ネタメタ本というのははネタ本の母型にあたるもので、たとえばフロイトの『モーセと一神教』やヘルマン・ワイルの『数学と自然科学の哲学』などをいう。ネタを通して母型をさぐるわけですね。「千夜千冊」ではけっこう多い。ネタネタ本はネタ本の類型に属する眷属《けんぞく》のことで、桑原武夫から宮崎哲弥まで、これまた「千夜千冊」ではまあまあ扱ってきましたね。深みの度合いはどうであれ、ここには多くのブックガイドが入る。

これに対してネタヨミ本は、それらの方法を読み解くための眷属で、ネタ本（たとえば

『徒然草』とか漱石とかカフカとか村上春樹）を素材にして、そこからできるだけ思いがけないことを引っ張り出す。「千夜千冊」の日本中世文芸ものでいえば、唐木順三をはじめ、田中貴子、山本ひろ子といった猛者《もさ》たちの本にあたる。

が、ぼくはなぜか近世近代文芸のネタヨミ本をほとんどとりあげてこなかった。これは失敬。手落ちでありました。それでも樋口覚や柄谷行人などは少しく通過しておいたけれど、むろんこれでは足りない。とりわけどういうところが足りないかというと、広末保、松田修、前田愛なのである。この三人こそは、近世近代文芸のネタヨミ分野における異色のエキスパートたちでしたから。今夜はそのうちの前田のネタヨミぶりの一端をとりあげるけれど、いずれ広末保や松田修の異色ぶりも紹介していきます。

前田愛のことは、二五年ほど前にちらちら雑誌で見ていてしだいに気になったので、最初に『都市空間のなかの文学』（一九八二）を読んでいた。これで、春水の『春色梅児誉美《うめごよみ》』が広げた墨東の伝承的空間の「曲」を知り、また漱石の『彼岸過迄』の神田小川町にまつわる仮象的な「襞《ひだ》」というものを知った。そこには、三馬の『浮世床』や英泉《えいせん》の《新吉原八景》の店を出入りする光景が纏《まと》わりつき、四迷の『浮雲』から川端の『浅草紅団』におよぶ喧噪《けんそう》が泡立っていた。

そういう街の生きざまを、文芸を自在に切り取って読み手を想定しながら議論してみせる方法があったとは、この一冊で教えられたことだった。江戸や東京の描写など、ふつうは文学論では軽視されていたんです。そこを前田は果敢にとりあげた。

が、しかし、不満が残ったのも忘れない。前田の言いっぷりがアウトサイダーにしては、なんだか説教臭いようにも感じられたのだ。なぜならそこには、ジョルジュ・プーレやケネス・バークやオットー・ボルノウの「文脈読み取り装置のモデル」が下敷きになっていたからで、これらはぼくもそれぞれ早々に千夜千冊したほどだから、むろんおもしろいモデルや考え方を提供してはいるのだけれど、それを明治文芸のテキスト文脈にあてはめるのは、せっかく日本の近世近代都市の記述に分け入ったのに、それを海外モデルを編入させるのでは、いささか「日本という方法」が殺《そ》がれるのではないか。そんな印象をもったのだと憶《おも》います。

それよりも『都市空間のなかの文学』で盲点を衝《つ》かれたのは、現代の都市民たちが「ぴあ」などの情報ガイド誌によって都市の空間イベントのジャンルと日付を通してしか、都市の祝祭にかかわれなくなったことをとりあげたことだった。

前田はそこで、「ぴあ」のようなメディアは情報ガイドとしてはいかに便利でも、カット（場面）とヴィスタ（通景）とシークエンス（局面）が決定的に欠けているのではないかと指摘した。それにくらべて、近世近代の文芸には、そのカットとヴィスタとシークエンスこそがある。それが今日の情報誌からは喪失しつつあると指摘した。うーん、なるほど、ちょっと唸《うな》ります。

これは今日のウェブ状況やグーグル状況にもぴったりあてはまる。ウェブにも、いまだカットとヴィスタとシークエンスの連結がないじゃないですか。ウェブに貼り付けられたコメントや画像はその数だけは猛烈なものであるけれど、どうにも相互の文脈と物語の深みを欠いたものたちなのだ。

ウェブにおいてはサイトの〝そこ〟を覗き見ているのはユーザーである。しかし文学作品ではユーザー以前に、〝そこ〟に春水や漱石が投じたキャラクター（登場人物）がいる。この、読者と登場人物とが二重に見ている江戸や東京を、現在のわれわれがまた三重目に見ることになる。そこが漱石から荷風におよぶ近代文芸を読む多重のおもしろさなのである。こういう指摘は、いま思い出しても悪くない。十分に、今日のメディア情報の状況にもあてはまる。前田愛のネタヨミの真骨頂は、つまりはこういうふうにあらわれてくるわけなのですね。

もう少し前田愛ヨミの話をつづける。それからしばらくたって『幻景の明治』（一九七八）を読んだ。『都市空間のなかの文学』よりも前に書かれた著作だが、今度は前田愛の素材の扱いっぷりや料理の仕方にちょっぴり感応できた。

ふむ、ふむ、このように文芸テキストや思想テキストにあたかも頰杖《ほおづえ》をつくかのように密着して、その内容にふれながら時代のツボをあらわすキーワードを自在に取り出してみせる方法があったのかと思ったたっけ。しかもどこか艶《つや》っぽい。のちに樋口覚にも感じたことだ。

素材というのは、たとえば『吾輩は猫である』で、漱石があえて「御維新」と書いてあることに着目するわけですね。そしてそこから、明治の連中が「御一新」「維新」「百事御一新」「王政維新」といった言葉の使い分けをしていたのは、いったい何をあらわしているのかということをめぐっていく。また福澤諭吉の『旧藩情』の中津藩についての説明のくだりから、当時の「言葉の階層化」がどのようにおこっていったかをめぐっていく。こういうネタヨミは、近世の「儒学の言葉」がどのように「近代の言葉」に変わっていったかを追ったものとしても、なかなか味がありました。

これらはまた、あの太平洋戦争の結末を、昭和の連中が「敗戦」と言うか「終戦」と言うかで、ご当人の思想の出自がわかるという手の話でもあって、いまどきの流行語大賞というくだらない言葉の押し上げにしか反応できなくなった「言葉のポピュリズム」からすると、こういう前田のものを読んでいると、やはりときどきギョッとさせられたのです。

ついで読んだのは『文学テクスト入門』（一九八八）だったろうか。いまはちくま学芸文庫に入って増補され、小森陽一の解説がついているのだが、当時は多木浩二が編集後記を書いていた。前田が亡くなってからこの本が構成され、没後刊行されたからだ。

この本では物語論と読書論が重なって進行していて、そのことに新たな編集的刺激を受けたことをよく憶えています。素材の最初に漱石の『草枕』を扱っている。有名な場面です。

画工の〝余〟が西洋の小説を読んでいると、それをハタで見ていた那美さんが「何かおもしろいんですか」と聞く。余が「適当に開けたところを読んでいるとおもしろいんだ」と言うと、那美さんは「初めから読まないと筋がわからないでしょう」と訝《いぶか》るので、「筋を読むのならそうするが、ぼくはそれを楽しんでいるのではない」というようなことを言う。けれども那美さんは「筋を読まなきゃ何を読むんです？」と引きさがらない。そこで漱石はこう書くわけである、「余は、矢張り女だなと思った」。

前田はこの箇所をつかまえて、世の中の読み手にはそもそも「精読者」（リズール）と「消費的読者」（レクトゥール）という二種類の読者がいるだろうことをあげ、しかし漱石は「小説の中に小説を嵌め込む入れ子型の物語」を『虞美人草』以来試みてきたのだから、そもそも筋だけでは伝わらない文学をめざしたのだと指摘する。

書き手というもの、自分が書いた物語が「精読」されるか「消費的読書」されるかなんてことは、カンケーないのです。いや、それどころじゃないのだ。書き手は、自分が書いたものの最初の読み手になるために、そうとうに七転八倒をする。だからそれが精読されるか粗読されるかの如何《いかん》にかかわらず、多くの作家は自分が分け入った物語の構造にのみ向かっている。これが実情だ。

だとしたら、どうせ読書をするなら、できるかぎり「地」と「図」が二重化されているような物語を読んでいくことこそが、物語の本来と読書の本来とをつなげることになっていくのではないか。それこそが近世の戯作《げさく》や近代小説がめざしたことであったのではないか。前田はそう説明していたのだった。

もっとも、ここまではとくにめずらしい意見ではない。書き手と読み手が同質のエディティング・モデルを相互に交換しているだなんてこと、当然の大前提であるからだ。それにぼくは精読と粗読はどちらも重要だと見ているし、ついでにいえば広読も狭読も、集読も乱読も重要なのですよ。読み方はいろいろあるものなのだ（このあたりのことは、ちくまプリマー新書『多読術』を見てほしい）。

それよりぼくが『文学テクスト入門』で気がつかされたのは、ジュリア・クリステヴァが提唱した「インターテクスチュアリティ」（間テクスト性）をどういうふうに、日本の近代小説にあてはめるかというネタヨミだった。

クリステヴァが「インターテクスチュアリティ」を提唱したのは『セメイオチケ』と

いう本の中でのことだったのだが、これはテクスト間の相互作用に注目することだった。そこには、すべてのテクストは先行するテクスト、つまりプレテクストからの引用とそのモザイク（＝編集）から成り立っていて、そのプレテクストは文学テクストだけではなくて、絵画や写真屋ファッションなどの非言語テクストを含めた〝文化テクスト〟によって成立しているという、いまではやたらに知られることになった重大な指摘がされていた。

そこで前田はさっそくこの方法によって、鷗外の『舞姫』や漱石の『草枕』や芥川の『杜子春《とししゅん》』や鏡花の『照葉狂言』をネタヨミしてみせた。『舞姫』ではベルリンという都市のテクストを使い、『草枕』ではジョン・エバレット・ミレーが描いた《オフィーリア》の絵画テクストを使い、『杜子春』では大正の文化住宅のイメージ・テクストを使って、『照葉狂言』では金沢の民謡のテクストを使って、だった。なかには乱暴なネタヨミもあったと憶うけれど、『杜子春』の読み方には驚いた。

『杜子春』は唐代の伝奇小説『杜子春伝』を芥川が翻案編集した作品です。だいたいは原作を踏襲しているが、肝心なところを読み替え、芥川流の物語に仕立てている。ちょっと紹介しておく。

原作はどういうものかというと、長安の都の城壁の外に佇《たたず》んでいた杜子春が、鉄冠《てっかん》老人という仙人に導かれて莫大な富を手に入れるというところから始まっている。ところがその富を数年で蕩尽《とうじん》してしまう。それが二度にわたる。

そこで杜子春は世の中の酷薄を思い知らされ、世俗的価値を得ようとすることを断念する。そのかわり鉄冠老人に頼んで仙術を身につけたいと申し出る。老人はさまざまな試練を課し、どんな恐ろしいことがおこってもけっして声を出してはいけないという誓いをたてさせる。杜子春はこれらを守り、試練も切り抜けるのだが、物語の終わり近くなって地獄に落ちてしまう。

地獄では父と母が馬に姿を変えられて獄卒たちに鞭《むち》で打たれていた。そのあまりの悲惨に杜子春は思わず呼びかけたくなる。ぐっとこらえているのだが、そうすると母は、私たちのことはいいから、おまえは立派な人生をおくりなさいと言う。これを聞いた杜子春はたまらず「お母さん」と声をかける。この場面で悪夢がさめて、杜子春は鉄冠老人のそばに立っていた。

やむなく杜子春は老人と別れ、いったん死んだ。そうしたら女の子に生まれ変わっていた。けれども老人との誓いはまだ生きているので、言葉が強く喋れない。周囲からは唖《おし》だと思われたまま、長じて結婚をする。ところが夫は杜子春が一言も言葉を発しないので腹を立て、生まれたばかりの子供の両足を握って逆さに吊《つ》り、床に叩きつけてしまった。そこで杜子春はアッと声をあげた……。

みごとな原作です。しかし芥川は、この最後の場面にかなり大きな変更を加えたのである。老人が杜子春に泰山《たいざん》の麓《ふもと》に小さな家を与えたというふうにした。これは原作の凄まじいプロット展開からすると、まことにおとなしい。いや、つまらなくしてしまったとも思えよう。けれども芥川はあえてそのようにして、その家の庭に桃が咲き誇っているというふうにした。陶淵明《とうえんめい》の桃源郷のような設定に変えたのだ。

なぜ芥川はそんなふうにしたのか。ここで前田は、芥川の日々や芥川が暮らしている都会の生活のテクストがここに流入していると見た。大正中期の郊外の小市民がもつコンテキストを、ここにインターテクストしたのだとみなした。仙人になれなかった杜子春は、しょせんは庭の桃で仙人の日々をいっとき想う程度だというふうにした。

なんだそんなことかと思われるかもしれないが、このネタヨミはその後の昭和の私小説から戦後の現代小説にまでつながっていく底流になった。小島信夫から島田雅彦まで、まさに芥川的インターテクストが流行しつづけたのである。そういう見方からすると、前田がクリステヴァの仮説的方法をたくみに近代日本文学にあてはめてみせた手腕は、ハイハイ、けっこうたいしたものだったのだ。

さて、こんなふうに発表順とは異なる前田愛読みをしてきたぼくは、それでも前田のネタヨミにはそんなに感服していなかったのである。ポストモダンな思想をモダンにずらして使っているのが、どこか気にくわなかったのかもしれない。ところがしばらくたって『近代読者の成立』を手にとったとき、おっとっと、これが一番おもしろいじゃないかと感じたのです。それまで書き手にこだわっていた前田が、ここで「読み手の社会」というものに思い切った目を向けていたからだ。

だから本書は総じては近代読者論ではあるのだが一般論になっていず、けっこうな細部を埋め立てたいくつかのネタヨミ論文から成り立っている。それがよかった。堪能させられた。「天保改革における作者と書肆」では、株仲間解散令をうけた版元（書物問屋・地本《じほん》問屋）とその周辺の為永春水や柳亭種彦や滝沢馬琴の動向を追いかけていた。人情本・洒落《しやれ》本・読本を生きたソーシャル・メディアとして捉えられたのは、これが初めてだった。水野の改革の愚かさと版元をめぐる人物たちの慌てぶりもみごとに描かれていた。

次の「明治初期戯作出版の動向」は、江戸の合巻が東京の合巻にどう変わっていったかという、それまであまり知られていなかった近代日本の最初の出版事情が克明に浮上させられていた。合巻というのは、いまならウェブのポータル化といったことにあたる。同様に「明治立身出世主義の系譜」と「明治初年の読者像」も、当時の読み手がどんなふうに「本」にかかわったのかを丹念に浮き彫りにして、ドーダ、読書が明治社会の原像をつくったのだという、前田独自の解析に導いていた。

まあ、こういうぐあいに大いに見直したのだが、しかし、最もおもしろかったのは本書のなかの「音読から黙読へ」なのである。これこそは、当時、ぼくの読書論に新しい起点のようなものを付け加えてくれた。

前田はこの論文で、黙読による読書習慣が一般化したのはごく近年のことで、それも二世代か三世代のことにすぎないと断言した。

その証拠にといって、石川三四郎のばあいは父親が福澤諭吉の『学問のすすめ』を読んで聞かせていたこと、山川均《ひとし》のばあいは父親が馬琴の『八犬伝』を読んで家中のものが手仕事をしながらそれを聞いていたこと、長谷川時雨《しぐれ》の家では祖母が草紙類を絵解きをまじえながら読んでくれていたことなどをあげ、さらにその前の徳富蘇峰や正岡子規や田岡嶺雲《れいうん》は、徹底して句読をもって読書の基礎を叩きこまれていたことをあげている。樋口一葉の日記に、一葉が母親のために小説をいろいろ読み聞かせている場面が出てくることも有名だ。

これらからは、読み手と聞き手が一種の〝共同的読書〟を「家」の生活様式とともに維持されていたことが如実に見えてくる。むろん音読の習慣はリテラシーの水準と関係がある。坪内逍遥の『当世書生気質』には、芸妓《げいぎ》の田の次が仲間が投げ出す「いろは新聞」を小声に読んでいる場面が出てくるが、当時はリテラシーが不如意な婦女子が一人で何かを読むときは、たいてい周囲を憚《はばか》って小声で拾い読むのがあたりまえだったのである。

それは同時に、他人が読む内容を耳で聞いているという状況が一般的だったということを示す。近世、人情本が流行したのはこのような音読習慣の上に成り立っていた。とくに為永春水の人情本の流行は、春水が句読点を音読のリズムにぴったりあわせていたせいもあって、名人技の音読読書の流行を築いていったものだ。

すなわち明治期、日本人の多くはこのように「肉親の声」の記憶とともに共読的な読書社会に入っていったのである。それはどこかで必ず「家」をともなっていた。そういう習慣が「家」から消えていったのは、おそらくラジオを共同的に聞くようになってからではないかというのが、前田の推理である。いいかえれば、「音読の家」は「ラジオを聞く家」に継承されたのだ。本書の「昭和初期の読者意識」や「読書論小史」には、そのあたりのことが、しばしばハッとさせられるネタ本を使って記述されている。ま、今夜はこの一点だけでも心に留めておいてほしかった。

いま、音読社会の変質はどうなってしまったのか。この流れは「茶の間のテレビ」をへて、「一人ずつのウェブ」にまで行き着いた。それは読書や読者の変化ではない。たんなるメディア・テクノロジーの変化であった。それゆえここにはメディア・リテラシーの変化を読み取る装置さえ欠如したままだ。ウェブの中には前田愛にあたるネタヨミもない。だからウェブにまで行き着いたのだが、ここで読者像はぐちゃぐちゃになったのである。句読点はめちゃくちゃ、むろん音読はなく、前田が重視した共読もない。だから「家」なんてものは、とっくになくなっている。ウェブ社会というもの、これまでの「本」の社会とはまったく無縁なものになってしまったのである。

そこでぼくが惟《おも》うには、だったらいまウェブに不可欠なのはあえて「本」であるべきじゃないかということになる。そこに新たな書き手のモデルと読み手のモデルが投与されるべきじゃないかということになる。そうすればそこに、まずは人情本や滑稽《こっけい》本が、ついでは読本や合巻が、そしていずれは漱石の『草枕』や鏡花の『照葉狂言』が生まれてくるだろう。

しかしねえ、事態は悪化の一途をたどっている。ウェブ屋がウェブのことしか知らないようでは、まったく心もとないばかりなんですよ。

第一二八二夜　二〇〇九年一月二三日

参　照　千　夜

八九五夜：フロイト『モーセと一神教』　六七〇夜：ヘルマン・ワイル『数学と自然科学の哲学』　二七二夜：桑原武夫編『日本の名著・近代の思想』　一二一六夜：宮崎哲弥『新書365冊』　八五夜：唐木

順三『中世の文学』　六五六夜：田中貴子『聖なる女』　一〇八七夜：山本ひろ子『異神』　七二一夜：田中優子『江戸の想像力』　六六九夜：樋口覚『三絃の誘惑』　九五五夜：柄谷行人『日本精神分析』　五八三夜：夏目漱石『草枕』　二〇六夜：二葉亭四迷『浮雲』　五三夜：川端康成『雪国』　八二夜：ジョルジュ・プーレ『円環の変貌』　四八夜：ケネス・バーグ『動機の文法』　二六三夜：オットー・ボルノウ『気分の本質』　四一二夜：福澤諭吉『文明論之概略』　一〇二八夜：ジュリア・クリステヴァ『恐怖の権力』　七五八夜：森鷗外『阿部一族』　九三一夜：芥川龍之介『侏儒の言葉』　九一七夜：泉鏡花『日本橋』　八七二夜：陶淵明『陶淵明全集』　一三七六夜：島田雅彦『悪貨』　九九八夜：滝沢馬琴『南総里見八犬伝』　一〇五一夜：長谷川時雨『近代美人伝』　八八五夜：徳富蘇峰『維新への胎動』　四九九夜：正岡子規『墨汁一滴』　六三八夜：樋口一葉『たけくらべ』

このままでは司書の未来が
まったく見えない

ゴットフリート・ロスト

司書

石丸昭二訳　白水社　二〇〇五
Gottfried Rost: Der Bibliothekar.—Schatzkämmerer oder Futterknecht? 1990

十九世紀が始まった一八〇一年、ゲーテがゲッティンゲン大学の図書館を初めて訪れたとき、「まるで音もなく数えきれない利子を生み出す大資本を前にしているような気持ちがする」と述べた。

まるで「書物の経済学」のようなメタファーだが、書物が資本に負けていなかった時代の感想だ。しかしいまは残念ながら、書物は資本にくらべようもない。メタファーにすらならなくなっている。書物に投資する資金も、おそらく全世界をあわせても微々たるものだ。こんなことで高度資本主義の未来はいいのかと猛然と噛みついたのが、フランスのピエール・ブルデューだったことは、一一一五夜の『資本主義のハビトゥス』に説明しておいた。ブルデューは「文化のバロメーターは、産業界が書物にどれほど資金を注いだかにある」と言ったのだ。

まさにその通りだが、さらにいえばブルデューは、「資本は、書物および書店、ならびに図書館と書棚と司書に！」というふうにも言ってもよかったのである。

歴史的にいうと、図書館（ビブリオテーク）が文化史に登場するのは、劇場にくらべるとずっと遅かった。劇場は大きな村落共同体の出現とともに早々に生まれていたが、それはそこに役者と客の身体とちょっとした小道具さえあれば劇場がつくれたからである。図書館はそうはいかない。書物が貯まらなければ、その構造をもちえなかった。風通しも必要だ。

それでも紀元前十四世紀のヒッタイト王国の首都ハットゥサからは、膨大な粘土板のコレクションが発掘されていて、すでに「文庫」が発祥していたであろうことを告げている。通し番号のついた粘土板がかなり見つかったのだ。それから七〇〇年後、アッシリア帝国のアッシューールバニパル王の時代になると、ニネヴェの文庫で「閲覧」が始まっていた。『ギルガメシュ』が閲覧されていたという記録がある。

古代ギリシアはアリストテレスの文庫に代表されるような、個人蔵書の公開まで進んだ。「ビブリオテーク」という言葉が生まれるのもこの時期で、ビブリオテークのテークの語源の「テーカ」とは「箱」ないしは「本箱」のことをさしていた。それがヘレニズム時代になって、七〇万巻を集めたアレキサンドリアの大図書館やエフェソスの図書館が出現するに至った経緯については、目録「ピナケス」の驚異とともに九五九夜の『知識の灯台』に詳しく紹介した。

古代ローマでも文庫や図書館は人気があった。個人の蔵書数を誇ったのは、キケロとウェルギリウスとマルクス・テレンティウス・ウァロ（かの『デ・ビブリオテキス』の著者）だったけれど、ローマには個人文庫のほかにウルピアをはじめとした二八もの公共図書館があった。富裕な貴族の邸宅の書棚の本も少なくなかった。そこではもっぱら奴隷が書物を管理したようだ。

しかし、書物の管理というものは並大抵のものではない。本屋さんに勤めるかアルバイトをしたならわかるように、コンパラーレ（入手）、スプレーレ（補充）、コムターレ（不良品の取り替え）、デシグナーレ（内容表示）、ディスポナーレ（分類）をしなくてはならない。これには専門職が必要だった。こうして「司書」が誕生していった。「ビブリオテカール」とか「ビブリオテカリウス」という。皇帝マルクス・アウレリウスの手紙に、この用語が初見する。

数日前、赤坂稲荷坂の仕事場の書棚整理をみんながしてくれた。一年に一度の本の煤《すす》払《はら》いだ。編集工学研究所と松岡正剛事務所では、師走の大掃除の半分がこの本いじりの作業になる。四階建て（上にいくにしたがって小さくなっている）の建物の、壁という壁のほとんどが本棚で埋まっているからだ。スタッフ総勢と編集学校の諸君が手伝いで参加して、今年も一斉に埃《ほこ》りを拭いてくれた。紙魚《しみ》までは落とさない。

翌日は、溢れかえっている本を適切な位置に配架する作業になる。コムターレやデシグナーレはしない。ディスポナーレだけである。編集学校の山口桃志、成澤浩一、小林佐和子、大音美弥子、渡部好美、丸山ちさと、米川青馬、猪狩みき君たちが、高橋秀元と太田香保の指揮のもと、真冬の窓をあけていながらも汗だくだくでとりくんだ。

すでに赤坂の本の数は五万冊をとうに突破して、六万冊に近くなっているのではないかと想う。以前はこれを仁科哲という猫派のスタッフがほぼ一人で司書してくれていたのだが、彼がやめてからはビブリオテカールは不在のままだ。ぼくも書棚整理を半ばあきらめているのは、書棚と書物の対応にあまりに差がありすぎて、書架はどの棚も二重三重の本をかかえなくてはならず、これでは目で見た機能も、アタマに配置を活用させる機能も、とうてい果せなくなっているからだ。

もっとも赤坂に来た来客たちは、このように書棚に二重三重に本が溢れかえっているのにもかかわらず、それでもタテヨコ・ギリギリ、慎ましくもひしめきあうこの「書物の世紀末的光景」がいたっておもしろいらしく、たいていの御仁は「いやあ、すごい本の数ですね。それに並び方がユニークですね」と感想してくれる。ケータイ写真を撮っていく客もいる。けれども、これはもはや臨界値を大幅に破ってしまったマツキヨ的ないしはドンキ的惨状なのである。

だからスタッフたちも訝しく思っているようだが、ぼくはこの数年来というもの、書棚のディテールには目を瞑《つむ》ってしまっている。次にどこかに引っ越したら一から組み立てなおしたいと、その日をたのしみにするばかりなのだ。

五、六万冊という本の数は、世の中の図書館からすれば、ものの数には入らない。赤坂の蔵書の多くはぼくが個人で入手したものが多いけれど、それではおそらく一〇万冊が限度だろう(井上ひさしさんだけは例外だ)。しかし、図書館はちがう。目的も異なるし、だいたい宗教的背景や学術的背景や市民利用のためのサービスと管理が動く。古代から中世にかけては、オリゲネス、カッシオドルス、ヒエロニムスという名うてのキリスト教三羽ガラスが登場して、おおいにビブリオテカールの才能を発揮したため、宗教世界に図書館重視が目立っていった。『情報の歴史を読む』(NTT出版)にそのあたりの事情を書いておいた。

今日ならば、書棚の充実は購入や入手に頼るわけであるが、昔日はそうはいかない。なにしろ版本技術がお粗末なのだから、図書館を充実させようとおもえば、写本技術を強化することになっていく。たくさんの書写生や書写僧をかかえ、長期の写本作業をしていくことになる。このへんのことも一〇一八夜の『書物の出現』そのほかで、詳しく案内しておいた。皇帝コンスタンティヌス一世が五〇冊の『聖書』を注文したときは、どれほど書写生が集められたことか。

それがカール大帝の時期になると、写本のためのタイプフェイスの指定さえあったというふうに、写本技術も俄然アートっぽくなっていく。カロリング書体ミヌスケルがこうして生まれたのである。

こんなふうな事情、つまりキリスト教社会でどのように図書館が広まり、また制限されていったかということは、ウンベルト・エーコの『薔薇の名前』がミステリー仕立てであかしたものだった。修道院図書館や聖堂図書館はそれ自体が迷宮であり、暗号であり、封印だったのである。そのぶん、書物は神聖視もされた。セリビアのイシドールの『修道院規則』には、書物を損傷したり紛失したりすると厳罰に処せられると記されている。

中世図書館の威容は、やがて大学図書館にも引き継がれていった。ロベール・ド・ソルボンがパリ大学に図書館を設立したのが嚆矢だった。続いて、オックスフォードのマートン・カレッジやケンブリッジのピーターハウス・カレッジにも図書館ができた。オックスフォードのものはボドリアン図書館という。

王侯貴族たちも負けてはいない。シャルル五世、ルイ十二世、フリードリヒ二世は、読みもしない書物でもふんだんに集めていった。読書文化は権勢でもあったのだ。こうなると、そろそろビブリオマーネ（愛書家）、ビブリオファーク（本狂い）、ビブリオスコープ（つんどく派）の登場になっていくのだが、書物と図書館と司書の関係がいよいよ本格的になるのは、やっぱりグーテンベルク以降のことになる。本書は司書の歴史をふりかえったというよりも、ここから先の近世の図書館と近代の司書たちの冒険が縷々《るる》綴られている。

ブルワの司書メラン・ド・サン＝ジュレによる一五三〇年代フランス国内での刊行書物の全収集、フッガー一族のハンス・ヤーコプ・フッガーによる一五七一年の大収集、マザラン枢機卿《すうききよう》の司書ガブリエル・ノーデによる一六四二年の目方による書物収集とその分類、等々。

しかし、書物の分類だっていろいろ「しくみ」がいる。それには書物を知るだけではダメで、そもそも世界がどのように構成されうるか、それをどのように検索すればいいのかということもを勘定に入れなければならない。このとき「世界はアルファベティカルに組み合わせられるような要素でできているはずだ」と喝破したのがウィルヘルム・ライプニッツだった。

その後も、書物と世界の関係はあれこれ追求されたのだが、その一方で書物にかかわる者たちの名と功績と伝説も、「世界知」に組み入れられるようになった。これについては、なかでもカントが先頭を走ったのだろうと思われる。カントは、哲学の発端が何によっておこるかといえば、それには図書館の司書の視点に立つということを発端にすべきだと言ったのだ（カントはケーニヒスベルク王宮図書館の下級司書をみずから求職した）。

かくて図書館と司書はしだいにナショナル・プロジェクトの先頭に立ったり、グローバル・スタンダードの先兵ともなっていった。「図書館はその国の文化のインデックスにほかならない」と言ったのは、たしかレーニンだったはずである。

本書はヨーロッパとアメリカの司書のことにしかふれていないけれど、一方では、グローバル・スタンダードにならない図書館や司書がいくらでもあってよい。日本の足利学校や金沢文庫に始まり、家康の紅葉山文庫によって一挙に各藩各地に広がった私塾型の文庫には、そうしたローカルであるがゆえに、かえって深彫りがユニークな司書たちがつねに何十人何百人と出現したものだ。

江戸時代には司書はそのまま蔵書家であったことも多く、その名もかなり知られている。本をもつことを当時は「儲蔵《ちょぞう》」とも言ったのだが、伊勢神宮の権禰宜《ごんねぎ》だった足代《あじろ》弘《ひろ》訓《のり》、廻船《かいせん》問屋の小山田与清《ともきよ》、狂歌の名人だった四方赤良《よものあから》こと大田南畝《おおたなんぽ》、校勘を生業《なりわい》としていた狩谷《かりや》掖斎《えきさい》、滝野川文庫で有名な書物奉行の近藤正斎《せいさい》などなど、みんな三万巻クラスの儲蔵を誇った。

なかでも小山田与清は自慢の蔵書群を「擁書楼」と名付けた書庫に取り揃え、これをしばしば披露したため、大田南畝、谷文晁《たにぶんちょう》、屋代弘賢《やしろひろかた》、山東京伝らが何かにつけては、瀬戸焼やカラスミ一包や河豚《ふぐ》の粕漬《かすづけ》など持参して、その威容を驚き愉《たのし》んだ。これぞ、まことに男の粋である。このあたりのこと、岡村敬二の『江戸の蔵書家たち』（講談社選書メチエ）などに詳しい。

こういう事情がいろいろ重なって、司書や蔵書家は近代に向かうにしたがい、文人サロンの偉大な亭主ともなったのであるが、それはヨーロッパでも同じこと、ほう、そういう人物が司書でもあったのかというような人物が、書物の森の片隅に蹲《うずくま》ったり、翼をはやす日々をおくっていた。

たとえば、アレクサンドル・デュマがオルレアン公の司書で、アナトール・フランスがパリ上院図書館の司書で、《幻想交響曲》のベルリオーズがパリ音楽学校の司書だったことは、夙《つと》に有名だろう。そもそもレッシングが生涯にわたる司書であり、かのハインリッヒ・ハイネがゲッティンゲン大学の初代図書館司書であって、あのカサノヴァだってヴァルトシュタイン伯の司書だったのである。映画化されたカサノヴァを見た諸君はおぼえているかもしれないが、カサノヴァにあっては、実は書物こそが〝フェティッシュの王女〟だったと言ったほうがいいところがあったのだ。

いやいや、ここまではまだ前座だったのかもしれない。なんといってもホルヘ・ルイス・ボルヘスが司書の出身で、アルゼンチン国立図書館の館長であったということこそ、ビブリオファークの狂喜するところであったろう。これ以上に司書を褒めそやすための例はないというほどだ。司書というもの、書物に隠れているようでいて、世界を分類してきた最初の狩猟者なのである。

これらのこと、ミシェル・フーコーの『幻想の図書館』(哲学書房)を読むと、いっそう身に染みてくる。

さて、かくいうぼくにとっても司書は必ずしも遠くない。ぼく自身が小学校ですでにトッパーを着た小さな図書委員だったということはともかくとしても、松岡正剛事務所を長年にわたって仕切ってくれている太田香保の、その直前までの仕事が慶應義塾大学の日吉図書館の司書だったのだ。

新しい館長に美術史家の衛藤駿さんが就任して(『アート・ジャパネスク』や「極める」の監修をお願いした)、図書館を槇文彦さんの設計で建築からつくりなおし、そのときのパンフレットを衛藤さんが木村久美子に依頼してきたのだが、そのとき太田がその依頼の一件をもって元麻布の松岡正剛事務所に初めてやってきたのである(まだ編集工学研究所はなかった)。

だから太田はぼくのことなどろくに知っていなかったのだが、なぜかデザイナー木村久美子の姿にぞっこんとなり、そのまま松岡正剛事務所に入ることになったのだった（そのころ木村も渋谷恭子も松岡正剛事務所と一緒のマンションに住んでいた）。

あとは周知のごとく、太田はぼく自身の（つまり、ベルクソン的存在のためのという意味だが）、その〝存在のビブリオテカール〟をしてくれるにはふさわしい能力をもっていたため、ぼくはすっかり彼女に仕事の仕切りの覇権をあずけたまま、今日まで過ごしてきたのだった。彼女はもともとは人見知りをするタイプだし、どちらかというと引っ込み思案なのではあるが、リサーチや管理能力にはいまでも司書仕込みが生きている。

さて、さて。いまや、図書館はアマゾンやウェブに好きなように侵食されつつあると言っていい。検索をするのなら、どう見てもアマゾンやグーグルのほうが速くて正確だし、ウェブの各所にはさまざまな図書サイトが顔を覗かせている。これでは各図書館に設置されているＯＰＡＣの検索力は追いつかない。だいたい、この「千夜千冊」にしてからがウェブのお世話になりっぱなしになっている。

しかしウェブの中には、司書は見当たらない。どこにもいない。ビブリオ・ブラウザーなんてものもない。むしろ検索エンジンやウェブユーザーやブロガーたち自身が司書であり、司書群そのものなのである。司書は、ウェブではシステムとユーザーの手にゆだねられていると見たほうがいい。いや、われわれ自身がすでにロングテールのビブリオテカールそのものになりつつあると言ったほうがいいのだろう。けれどもしかし、ウェブ社会がどのように書物とつきあっているかということは、まだあかるみには出ていない。そこはいまだ密室なのである。

第一二一四夜　二〇〇七年十二月三一日

参照千夜

九七〇夜：ゲーテ『ヴィルヘルム・マイスター』　一一一五：ピエール・ブルデュー『資本主義のハビトゥス』　九七五夜：井上ひさし『東京セブンローズ』　三四五夜：オリゲネス『諸原理について』　一〇一八夜：リュシアン・フェーヴル&アンリ=ジャン・マルタン『書物の出現』　二四一夜：エーコ『薔薇の名前』　九九四夜：ライプニッツ『ライプニッツ著作集』　一〇四夜：レーニン『哲学ノート』　一二二〇夜：デュマ『モンテ・クリスト伯』　二六八夜：ハイネ『歌の本』　五五二夜：ボルヘス『伝奇集』　五四五夜：フーコー『知の考古学』　一二一二夜：ベルクソン『時間と自由』

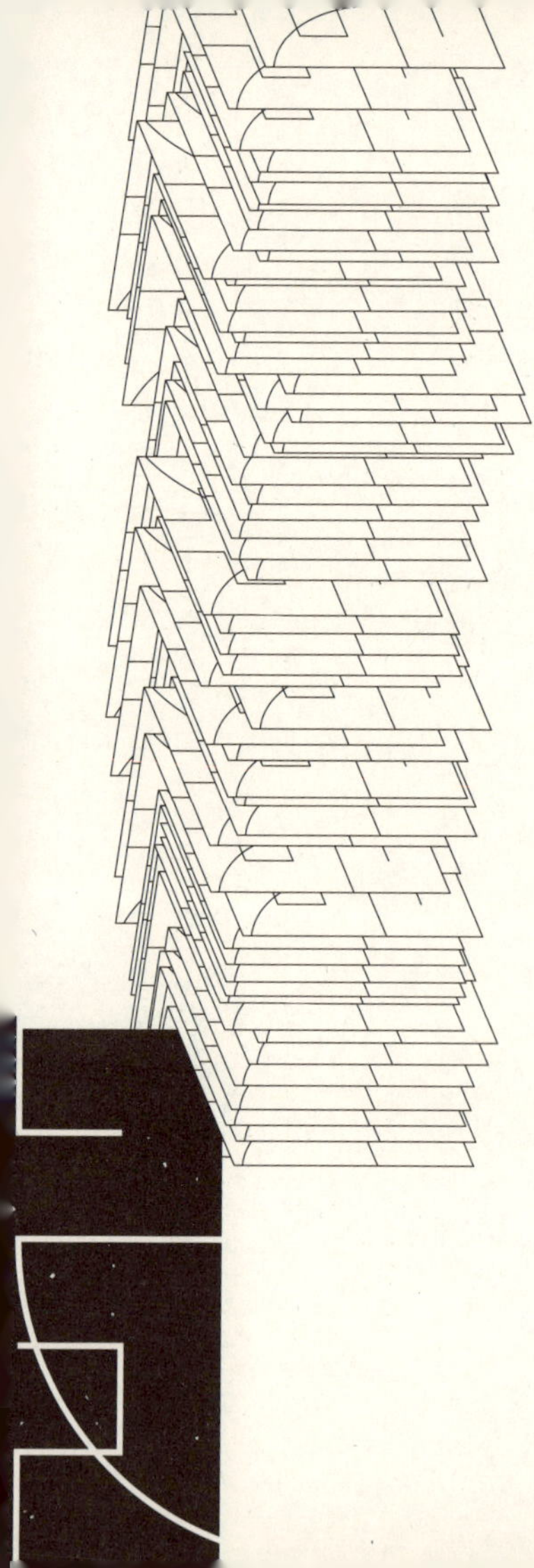

第四章　ビブリオゲーム

ホルヘ・ルイス・ボルヘス『伝奇集』
ウンベルト・エーコ『薔薇の名前』
アンドルー・ラング『書斎』
レイ・ブラッドベリ『華氏451度』
デヴィッド・L・ユーリン『それでも、読書をやめない理由』
ジェイソン・マーコスキー『本は死なない』

類語の反復に注目して
稀代の「世界一人作家」に浸る

ホルヘ・ルイス・ボルヘス

伝奇集

鼓直訳　岩波文庫　一九九三
Jorge Luis Borges: Ficciones 1944

十九世紀最後のブエノスアイレス生まれ。石川淳と同じ年の生まれ。かつて澁澤龍彥が「ボルヘスがプラトニズムならば、石川淳はタオイズムであろう」と書いていたことを思い出す。そのころはなるほどうまいことを言うと合点したが、あらためて考えてみると石川淳がタオイズムであることは半分当たっているとして（幸田露伴なら半分以上がタオイズムだが）、ボルヘスがプラトニズムとは、これは四分の一しか当たっていない。

だいたいボルヘスにどんな〝イズム〟をもってきても、当たりっこない。ボルヘスの書物はある特定のページだけが咳払いをするのだし、ボルヘスの友人は眠りながら目を醒《さ》ますのだし、ボルヘスには「世界のすべての作品はただ一人の作家の作品」（『トレーン、ウクバール、オルビス・テルティウス』）なのである。

ボルヘスには「反対の一致の暗示」とか「書物らしさの追求の幻想」といったような、いわば意味が分散していくような形容のほうがふさわしい。もうすこしボルヘスらしく言うのなら、たとえば「みかけの構造は、みかけなのか構造なのか」とか、「私が知っていることを知るにはどうしたらいいか」とか、また「この言葉の一角には何がさしかかっているというべきか」というふうに言えばよい。なにしろ一九三六年にボルヘスがアドルフォ・ビオイ・カサーレスと共同編集した雑誌は「デスティエンポ」、すなわち「時期はずれ」というタイトルなのである。


ボルヘスはどうも一人でいるようには見えない。その理由を説明するのは、ほとんどボルヘスの本質の特徴をすべて列挙しなければならないようなことになりそうなので、ここでは退散しておくが、ぼく自身は次のような光景をおもいうかべる。

八十歳のボルヘスを内田美恵とともに明治神宮に案内したときのことである。ほとんど失明状態だったボルヘスは、広くつづく玉砂利を踏む人々の乱れた足音に耳を傾けながら歩みつつ、その音をいくつもの比喩の言葉に変えていた。日本の神社というものの「構造」だか「みかけ」だかを想像していたのだろうか、「これを記憶するにはどうすればいいか」というようなことを、ぶつぶつと呟《つぶや》いていた！

これは耳を疑った。いや、こみあげるほど嬉しくなった。ボルヘスはどこにいても過去そのものの再生と一緒だったのだ。そのときボルヘスは、どうしてもぼくがその言葉の断片を憶えられないような言葉ばかりを選んでいたようにおもう。「カイヤームの階段かな、うん、紫陽花《あじさい》の額にバラバラにあたる雨粒だ」、「オリゲネスの一六ページ、それから、そう、鏡に映った文字がね」、「日本の神は片腕なのか、落丁している音楽だ」、「邯鄲《かんたん》、簡単、感嘆、肝胆相照らす、ふっふふ…」。まあ、こんな調子だ。

ぼくはふと、「話すということは類語反復によろこんで陥ることなんだ」という『バベルの図書館』の文句が突き刺さってくるのを感じていた。

ぼくにボルヘスを教えたのは若き荒俣宏である。篠田一士《はじめ》が日本に初めてボルヘスを紹介した直後くらいのことだと憶う。『記憶の人、フネス』だった。

荒俣君はまるまる筋書きをしゃべってくれたので、異様な興奮に立ち会った憶えがある。それから『伝奇集』のいくつかを読み（まだ全体が翻訳されていなかった）、やがて翻訳本が出るたびに読み上げていった。『不死の人』も『砂の本』も『幻獣辞典』も『悪党列伝』も、なにもかもが刺激的だったが、ボルヘス本人に出会ってみて、ふたたび『伝奇集』に戻っていった。

綺作《きさく》『伝奇集』は九本の短編による「八岐《やまた》の園」と十本の短編が並んだ「工匠集」で

できている。『トレーン、ウクバール、オルビス・テルティウス』『円環の廃墟』『バベルの図書館』『記憶の人、フネス』『「ドン・キホーテ」の著者、ピエール・メナール』『八岐の園』『南部』などだ。いずれも本書に入っている。

さきほど「類語反復」という言葉をつかったが、これらの作品はそれぞれが独立していながらも、その全部がどこかで類語反復の光芒を放っているようなもので、最初に一気に読んだときは、さまざまな場面があまりに交じりあって困ったものだった。まるでミルチャ・エリアーデの永遠回帰する再生のシンボリズムなのである。その点、荒俣宏はたいしたもので、フネスの物語をかなり正確に順を追って話してみせた。どうやらボルヘスの読法というものがあるらしい。これは読み直さなければならない。

そこでぼくもあらためて「ボルヘスを読む夜」というものを設けて、たとえば『円環の廃墟』で、「よそ者は、焼け落ちた神殿にどことなく似た、円形の階段教室の中央にいる自分を夢に見た」という文章に出会ったら、次に、「男は、夢を構成するものだが脈絡がなく、すばやく過ぎていく素材を鋳型に入れるのは、人間のなし得る最も困難な仕事であることを悟った」といったわかりやすい文章のあとにつづく、「それは、砂で縄をなったり、表のない貨幣を風で鋳造したりすることよりも、はるかに困難な仕事だった」というような、イメージの不可視化というのか、説明の裏切りというのか、そういう不埒《ふらち》な挿入が入ってくるというボルヘスの流儀を徹底してマスターしたものだった。

これで、Aの作品がBの作品に押し込み強盗のように跨《また》いで交じってくることはなくなった。そればかりか、しだいにぼくのボルヘス感覚が研ぎ澄まされることになった。適度にボルヘスの作品を語っているようで、それが正確ではないのにボルヘスふうに語れるようにさえなった。

それで『円環の廃墟』でいうなら、たとえ「グノーシス派の宇宙生成説によれば、造物主は脚で立つことのできない赤いアダムをこね上げる。魔術師の夜がつくりあげた夢のアダムも、あの土のアダムと同じように無器用で、粗末で、幼稚だった」などという文章に出会っても、怪しげなグノーシス派のことがそこに急に出てくるからといって、そんなことに騙《だま》されなくなったのだ。ところが、ところが、そこまでボルヘスの流儀をシロート研究したのがいけなかったのである。ぼくは『円環の廃墟』が「安らぎと屈辱と恐怖を感じながら彼は、おのれもまた幻にすぎないと、他者がおのれを夢みているのだと悟った」という最後の文章で終わっているその結末から、まったく逃れられなくなっていた。こうしてとどのつまりは、ぼくはまたボルヘスをボルヘスの魂胆に介入しないようにして読むようになったのである。

われわれは、それをいかに知っているということをどのように知るかという方法をもってはいない。また、われわれは何をいかに知っているのかということを考え出す術《すべ》をもってはいない。

い。ボルヘスが『伝奇集』全篇で試みたことは、このような方法を見る方法があるということだった。

たとえば、われわれは時間をどのように知っているのか。時間を知っているということをどのように説明できるのか。ベルクソンもそのことを考えたけれど、それをボルヘスは『八岐の園』にあらわした。そこに「分岐し、収斂し、平行する時間のめまぐるしく拡散する網目」をつくってみせた。その時間の網目では、われわれは互いに接近し、分岐し、交錯し、互いに離れながらも重なることができる。

またたとえば、われわれは場所というものをどのように説明すればいいのか、わかっているのだろうか。おそらくはその場所を説明しようとしたとたん、それがいかに困難なことかを知らされるに決まってる。エリアーデもその「あてど」のことを考えたけれど、そこでボルヘスはエル・アレフという場所をつくってみせた。そこは「すべての場所が重なったり、混ざりあったりせず、あらゆる角度から眺められる地球上で唯一の場所」なのである。

あるいはまたわれわれは、その文字の綴りで何かの意味があらわされているということを、その綴り字のなかに入って説明できるだろうか。そんなことは語源学者しか説明できないと思ってはいないだろうか。しかし語源学者だって、父がつけた娘の名前の綴り字のなかに父の記憶が入っていることなど、とうていわかるはずがない。そこでボルヘスはにっこり、いや、にやっと笑って、『トレーン、ウクバール、オルビス・テルティウス』や『死とコンパス』に、次のように書くのである。「トレーンの祖語では名詞のかわりに副詞が価値をもっていて、単音節のところで意味を撥ねさせる」「第一の文字を語られたとおもえば、それが神の名にもなるのです」。

ボルヘスは「形式と手続きと知識と知覚」とがほとんど重なっていることを確信できた稀有《けう》な文学者だった。このことは、ボルヘスが書物とかページとか編集とか書棚というものを「場所」のように見抜いていたことにつながっている。アルゼンチンの国立図書館の館長でもあったボルヘスが、少年のころから異常な書籍狂いであったことは、ボルヘスのどんな作品からもどんなエッセイからも嗅ぎとれる。

ということは、ボルヘスが登場させる人物は書棚から一冊の書物を取り出したということなのである。あるいはそのなかの一ページに目を落としたということなのだ。また、天文台で望遠鏡をめぐらしてそこに星が見えたということは、天体こそが図書館であって、星座が任意の書物の並びになっていたということなのだ。さらにはまた、ボルヘスが旅をしたというときは、百科事典かカタログの参照番号を追っていたということなのだ。これらは書物であって場所であって、記号群の旅程なのである。

ちょっとだけヒントを書いておこう。オクシモロンという奇妙な修辞法がある。二つ以上の言葉が矛盾しあう形容性によって互いに修飾されあう関係になるような修辞法のことをいう。ボルヘスにとって「形式と手続きと知識と知覚」はオクシモロンのようになっている。このことが了解できれば、ボルヘスをボルヘスにならないで読むことがたのしくなる。そのかわり、ボルヘスにならないかわり、われわれ自身の「形式と手続きと知識と知覚」がオクシモロンのようになる必要がある。

　これは、われわれが「ボルヘス」を読むのではなく「ボルヘスの書物」や「ボルヘスの場所」を読むのだという根本的なトリックを信仰できるかどうかということにかかっている（実のところ、まったく同じことをぼくは自分の仕事について、周辺にわかってもらいたいと思い続けてきた。ぼくはいま仲間とともにコンピュータ・ネットワーク上に約八〇〇万冊が書架都市のごとくに構成される仮称「ＩＳＩＳ《イシス》図書街」というものを準備しているのだが、それはボルヘスが書物や図書館に託した信仰と同様の信仰によって支えられている）。

　それでは、『バベルの図書館』で、ボルヘスがどのように図書館をオクシモロンの構造にしようとしたか、そのことを書いておく。

　その図書館は、中心が任意の六角形であって、その円周は到達不可能な球体なのである。そこでは、五つの書棚が六角形の各壁にふりあてられて、書棚のひとつひとつに同じ体裁の三二冊ずつの本がおさまっている。それぞれの一冊は四一〇ページから成っている。各ページは四〇行、各行は約八〇文字で綴られる。この図書館は永遠を超えて存在しつづける。なぜならば、そこにはたえず有機的な文字をもった書物が一冊ずつ加えられつづけるからである。

とはいえそのくせ、この図書館ではどの一冊をとっても、その一冊が他の全冊と関係をもたないということがない。たとえばある人物が図書館の一五九四号回路で見かけた一冊は、第一行から最終行までMとCとVの文字が反復されるがごとく並んでいる。しかしその配列が意味がないと、いったいだれが決められるだろうか。この一冊は、少なくともそのような配列をもつことによって迷路になりえているのである。あるとき、図書館の監督官が同じ行が二ページにわたっている一冊の本を見つけた。まったくの印刷ミスかのように見えたこの一冊は、その言語が何語であるのかわからなかったので、しばらく調査にかけられた。やがてグアラニー語のサモイエド＝リトアニア方言で書かれた書物であったことが判明した。それはその地方の図書館の書物の結合法を示すルール解説だったのである。

こうして、その図書館では他のすべての書物の鍵であって完全な要約でありうるような一冊の書物が含まれているということになる……。

ホルヘ・ルイス・ボルヘスは一者において全者であろうとし、一所において全所であるような、一書において全書であって、そのすべての逆行と遡《そ》行《こう》であるべき志向をもったボルヘスなのである。それこそわれわれが一度もお目にかかったことのない書物の方舟というものだろう。

第五五二夜　二〇〇二年六月五日

参照千夜

八三一夜：石川淳『紫苑物語』　九六八夜：澁澤龍彥『うつろ舟』　九八三夜：幸田露伴『連環記』　三四五夜：オリゲネス『諸原理について』　九八二夜：荒俣宏『世界大博物図鑑』　一〇〇二夜：エリアーデ『聖なる空間と時間』　一二一二夜：ベルクソン『時間と自由』

「みかけ」と「おつり」と
インターノーテーション

ウンベルト・エーコ

薔薇の名前

河島英昭訳　東京創元社　全二巻　一九九〇
Umberto Eco: Il Nome della Rosa 1980

たった七日間のサスペンスに富む物語だが、完璧な作品だ。閉じた中世世界を「開いた作品」にしたという意味で、その開閉が完璧なのだ。

七日間の物語という様式はボッカチオの十日物語、すなわち『デカメロン』に代表されるイタリアに伝承されてきた枠の物語性を踏襲した。踏襲したのだが、物語は老僧アドソが見習い修道士であったころの見聞を回想しているという方法のなかに蘇生させられているので、たんなる枠物語にはなっていない。

主人公は修道士ウィリアムで、このウィリアムが修道院のスクリプトリウム（写字室）

を舞台に発生した奇怪な連続殺人事件の謎を解く。事件は一三二七年におこっている。名うてのシャーロキアンで『三人の記号　デュパン、ホームズ、パース』という名著のあるウンベルト・エーコは、ウィリアムをシャーロック・ホームズとし、見習い修道士のアドソを助手のワトスンに見立てた。

それなら、これが暗黒の中世修道院を舞台にしたホームズ型の推理小説かというと、たしかにとびきりの推理小説ではあるものの、とんでもない記号と暗号に満ちた複合型のインターノーテーションの構造小説にもなっていて、そこが並大抵ではない。たとえば冒頭には、このアドソの回想手記を一九八〇年一月五日にエーコその人自身が複雑な経過で入手したことになっているという仕掛けの説明が掲げられていて、ここにこの物語構造が唐突な虚構性を裏切っていることがのっけから明かされる。

それに、そもそもの殺人事件というのが「物語の中の物語」とも「書物の中の書物」ともいうべきスクリプトリウムの写本のページの中に起因する。ようするに書物の中の文字の一行ずつが殺害の動機そのものなのだ。この仕組みの発見はエーコならではのもので、どこかでエーコが告白していたように、「私は中世について書いたのではなく、中世のなかで書いたのだ」ということになり、それはわれわれ読者にとっては最も欺かれやすい危険を孕《はら》む仕組みということになるわけなのである。

こうした手のこんだインターノーテーションの方法は、そのほか原書にはラテン語をはじめとしてギリシア語・中高ドイツ語の原語のセンテンスやフレーズがその原語の表記のまま使われているらしいという仕掛けにも生きていて、本書が二重三重の複合的な構造小説であることを伝えている（この日本語訳ではこれらの古風な原語はカタカナ表記で苦心されている）。

エーコが『薔薇の名前』というとんでもない小説を書いたという噂を知って本書を読んだとき、ぼくはいまのべたような精緻な蜘蛛《くも》の巣にひっかかることなく、この物語を読みきれるかどうか、いささか自信を喪失した。熟練した旅人には〝旅の勘〟がはたらくように、読書にもいわば〝読み勘〟とでもいうものがあるのだが、どうもボルヘスやディックやピンチョンで鍛えた〝読み勘〟では、この作品は読み通せないぞという気がしたからだ。

が、実際には、本書はすこぶる痛快に読み進むことができた。それは次のエーコの傑作『フーコーの振り子』においても同じことだった。

なぜ痛快に読めたかというと、おそらくエーコという知性はボルヘスやディックやピンチョンよりずっと洒落《しゃれ》が好きで、お茶目なのである。お茶目といって悪ければ、人を愉快に騙《だま》す名人芸を心得ている。それでは讃《ほ》めたことにならないというなら、エーコは言語や記号の発生と分化に関する裏口の秘密を知っているといったほうがいいかもしれない。裏口の秘密というのは、情報が言語や記号をつくったのであって、言語や記号が情報をつくっているのではないということを熟知しているということである。これについてはあとでちょっと説明しよう。

さて、それにしても、中世修道院のスクリプトリウムにどこかホモセクシャルな匂いのする殺人事件をもちこんでみせたというだけで、ぼくはこの作品に手もなく興奮してしまった。

不満があるとすれば、作品の舞台をもう少しさかのぼって、東ゴート王国のカッシオドルスやボエティウスが跋扈《ばっこ》する時代、モンテカッシーノにベネディクトゥスがスクリプトリウムを開設した当時に、異民族のキリスト教徒とベネディクトゥスらのあいだに生じた未曾有の葛藤を、エーコならばきっと前人未踏の物語に仕立てられたのではなかったかというような、そんな身勝手な模様替えを思いついた程度の不満だけである。しかし、よくよく考えてみると、エーコの狙いすました時代設定こそ絶妙だった。

一三二七年という年代は、ヨーロッパの人口が四分の一に激減したというペストの大流行の前の時代で、イタリアにはダンテとジョットが出て、ドンス・スコトゥスとルルスのアルス・コンビナトリアが確立したころ、ドイツにエックハルトの神秘主義が勃興し、教会はアルス・ノーヴァの新音楽に酔いしれはじめた時期である。美術史上はマルティーニとシエナ派の時代の絶頂期で、ペトラルカやボッカチオが登場するのはまだ二十年ほどをあましている、そんな時期にあたっている。

この設定は碩学のエーコがエーコ流のアルス・コンビナトリアを駆使するにはもってこいなのだ。なにしろエーコの卒業論文が「聖トマスの美的問題」である。この時代は専門なのだ。

そこへもってきて、この十四世紀前後という時代は教会と修道院の関係こそ最も怪しい関係になりつつあった。ローマ＝アヴィニョン軸の教皇とドイツ軸の神聖ローマ皇帝とが世俗権をめぐって熾烈に鎬《しのぎ》をけずりあっていた。『薔薇の名前』では、アヴィニョンの教皇ヨハネス二二世とバイエルン侯ルートヴィヒがフィーチャーされた象徴的対立者になっている。

そこへフランチェスコ会が絡む。「キリストの清貧」を信仰の真理と公言したフランチェスコ会に対して、教皇側がこれを異端だと言い出したのである。主人公ウィリアムはこのフランチェスコ会の修道士というあてはめになっている。それだけではない。エーコはウィリアム修道士をイギリス人にした。これはウィリアムをして、やはりフランチェスコ会修道士だったロジャー・ベーコンに見立てたからだったにちがいない。ベーコンはヨーロッパにおいて最初の正統実験科学の試行者だった。これなら中世のホームズに仕立てるにふさわしい。

実際にも『薔薇の名前』にはウィリアムが自分はロジャー・ベーコンの弟子で、ウィリアム・オッカムの友人だと言わせている場面が出てくる。オッカムもまたフランチェスコ会である。のみならず、オッカムの剃刀こそは事件の候補のカテゴリー数を削る武器なのである。

本書の筋は書くまい。おおざっぱな物語はショーン・コネリー主演によるジャン・ジャック・アノーのよく練られた映画にもなったので、それで充分だろう。

そもそも筋書きなど、エーコにとっては二の次である。エーコはあくまでインターノーテーションを『薔薇の名前』という書物構造にするために物語を選んだのだ。それゆえ物語はどの部分をとってもハイパーリンク状態になっている。

いちいち例はあげないが、殺人事件の直接の原因となったアリストテレス『詩学第二部』をはじめ、随所に散りばめられた「書物内書物」の標題や断片そのものがそうしたハイパーリンクの集約的入口になっていて、読者はそこへさしかかるたびに極度の集中と不安をよびさまされることになる。いいかえれば、われわれが本書の字面を追って読む物語というものは、エーコが設計したそのような情報プログラムに加えられたみかけテキストなのである。

そんなことがどうして成立しうるかということは、コンピュータとコンテンツの関係を考えてみればたちまちわかる。コンピュータにはもともとハードウェアにもとづいたプログラムが用意した回路というものがある。その上にソフトウェアが走るためのOSがある。そこでそのOSに『薔薇の名前』の内容《コンテンツ》をアルゴリズミックにのせるとすると、まず『薔薇の名前』のどこをハード回路にもたせ、どこをOSにするか、そこがユーザーからは見えない潜在的な構造になる。

ついで、ユーザーが『薔薇の名前』のテキストに入っていくと、そのテキストのホットワードや書名の箇所にさしかかるたびに、そこから別のホットワードや書名の中身のどこかに多岐多重にリンクできるようになる。これもあらかじめテキストの各所にリンキング・アンカーを埋めておいたものなので、どのホットワード（あるいはそのキーワードを含む出来事の予知）がどのキーワード（あるいは出来事）につながるかは、ユーザーは前もっては知らされない。

けれども、そのリンクを何度か辿《たど》っていくうちに、ユーザーは「エーコという編集エンジン」が用意したいくつかの設計思想にふれることになり、それと同時に『薔薇の名前』のテキストの目眩《めくるめ》く汎《はん》立体性に気がついていく。そして、テキストのあちらこちらに埋められたキーワードあるいはコンテキストを何度もクリックしながら、その複雑多様な編集性を追体験することになる。

コンピュータ上にアルゴリズミックにプログラムされたテキストを読むということは、

そういうことなのである。そして、エーコはそれをコンピュータを使わずして書物文章として実現してみせた。そこをぼくは試みにインターノーテーションと呼んでみたわけである。

恐るべきかな、ウンベルト・エーコ！　しかし、実はその程度のことならエーコではなくとも近いことはできる。おそらくハイパーテキストやメタテキストの秘密を知っている作家なら、いまやだれだって近いことをするだろう。ほんとうにエーコが恐るべきなのは、そのような設計上の仕掛けの出入りをみかけの知のハイパーリンク状態と合体し、それらを実際の中世キリスト教やグノーシスや異端派の知識の発生分化のしくみと密接につなげているところにある。そう見るべきなのだ。

ところが、エーコがやってみせたことはそれだけでもなかった。まだあった。もっと奥の知の問題、すなわち言語や記号が発生分化していくプロセスに入っていけるようなおつりを用意した。ここが格段だった。

わかりやすくいえば、本書を読むことは「書物の発生」を解読することなのである。そのように書物の発生を解読することを考えているウンベルト・エーコには、のっけから「書物の相互発生」が見えているということになる。そのエーコが見えている相互発生のプロセスとは、相互発生を封印したり捩《ね》じまげたりするプロセスとして歴史のなかでありわれる。そこを『薔薇の名前』を読みすすむ読者が誤読を含めて暗示的に解読するだろうという読みが、エーコのそもそもの執筆動機だったわけである。

そうなのだ、本書のテーマは読みなのだ。これはやはりエーコにしかできない芸当である。メタ語り部としての作者の特権だ。

けれども、エーコはこの語り部の特権を手だれた推理作家やホラー作家のようにふりかざすのではなく、実在の歴史のプロセスに戻す「もどき」の手法の奥行を知っていた。そのためにエーコは、本書の舞台の奥座敷にスクリプトリウムと文書庫（螺旋型塔内図書館）をおいた。そして、その図書迷宮のひとつひとつの書物が、あたかも当時のカタリ派やヴァルド派や小兄弟派やパタリーニ派やドルチーノ派などの、ようするに当時の異端各派の思索内容とコンテキスト対応しているかのような擬態的な錯覚を按配しておいたのである。

これはもはや縦横自在な独壇場というべきもので、やったもの勝ちなのだ。われわれの読み勘による追随は完全に振り切られることになる。こうなれば、結末に近づくにつれ、なんとでも読者を煙にまくことが可能になってくる。

案の定、エーコは本書を次のようにアドソに言わせて締めくくっている。「ついには小規模の文書館として、あの大規模な失われた文書館の記号として、片々たる語句と、引用文と、不完全な構文という、切断された四肢の書物から成る一つの文書館を、私は思い描くようになった」と。ずるいよウンベルト・エーコ、精妙だよウンベルト・エーコ、だ。そして、完敗で、乾杯だよ、ウンベルト・エーコ、だ。

第二四一夜　二〇〇一年三月二日

参照千夜

五五二夜：ボルヘス『伝奇集』　八八三夜：ディック『ヴァリス』　四五六夜：ピンチョン『V.』　九一三夜：ダンテ『神曲』　一一八九夜：ボッカチオ『デカメロン』　二九一夜：アリストテレス『形而上学』

極め付けの書痴が
ビブリオマニアの王道を語る

アンドルー・ラング

書斎

生田耕作訳　白水社　一九八二
Andrew Lang: The Library 1881

　広く書籍にこだわって何かを考える知の学をビブリオグラフィという。書籍学と訳されることが多いけれど、そのなかに書誌学もふくまれる。そういうとやや堅くなるが、書誌学だって愛書学であって漁書学なのである。たんなる文献屋ではありえない。

　愛書家はビブリオマニアという。こちらは愛書狂と訳されることが多く、たとえば「書痴」とか「書得派」とか「書盗者たち」といったほうがふさわしい。イギリスのホルブルック・ジャクソンはロバート・バートンの『憂鬱の解剖』の向こうをはって、『ビブリオマニアの解剖』（一九三〇）という大部の本を著し、こうした愛書狂の症状を書籍医師さながらに詳細に記述してみせた。してみればビブリオグラフィも知の医療の対象として、「狂書学」とか「書痴学」としたほうがいいようだ。むろんこれは少雨荘《しょううそう》斎藤昌三ふう、あるいは漱石ふうの諧謔《かいぎゃく》謙遜であるけれど……。

こうした歴史がいったいどこから発祥したかといえば、古代ギリシアのアリストテレスの私設文庫にすでに動いていた。ついではアレクサンドリア図書館の歴代館長に、またローマの写字生たちやキケロにも動いていた。

ただし古代や中世やルネサンスでは、さすがに〝書癖〟というものを描くにはいたっていない。本を集めるだけだ。メディチ家の資金で好き放題に書物を集めたプラトン・アカデミーの首魁《しゅかい》マルシリオ・フィチーノでさえ、自分の書癖の異常性にふれるまでのことはしなかった。

やはりビブリオマニアは印刷術と出版社と古本市が確立した近代になっての本格的登場というべきで、だからこそたとえばゴシックロマンの泰斗ホレス・ウォルポールは書籍をぴたりと探し出すことの快楽を綴って「掘り出し上手」という用語をつくってみせたのであるし、東インド会社に三十年以上を勤めながら名文家として鳴らしたチャールズ・ラムは「夜遅く、コヴェントガーデン街のバーカー古書店から家まで持ち帰ったボーモント&フレッチャーの二ツ折本」に異常な愛着が生じたことだけを縷々《るる》のべて、それを読む者を存分に羨《うらや》ましがらせることができたのである。二ツ折本とはそのころの愛書家がほしがったフォリオのことをいう。

こうして近代社会で書物蒐集《しゅうしゅう》が異常な熱になってきた。知の愛とはかぎらない。そういうヤワなものではない。知物癖なのだ。だからそこには毀誉褒貶《きよほうへん》が伴った。何を読むかではなく、何を蒐《あつ》めるか。そうなると、うっかりしたこともできない。たとえばノンブルに刷りまちがいがない一六三五年版『カエサル』に大金をはたいたブックハンターは、仲間から徹底的に馬鹿にされるのだ。

他人の蒐集を馬鹿にして悦に入る者があるということは、他所《よそ》の造本や蒐集に称賛を惜しまない批評も出ていたということである。"知物"としての書籍は金目《かねめ》が動く書物とこれははなはだ有名な本であるが、エドワード三世治世下の大法官リチャード・ド・ベリーは『書物経《フィロビブロン》』を著して、当時の書籍宇宙がフランスに開花していることをつぶさに報告して、自分でだらだら涎《よだれ》をたらしたものだった。

こんな骨董趣味まがいのビブリオマニアの状況がはたして書物の将来にとって役にたったのかどうかなどということは、この筋の議論ではご法度である。食通にどんな忠告も効き目がないように書通にもどんな諫《いさ》めも通じない。

本書は、在りし日の生田《いくた》耕作《こうさく》さんが『愛書狂』につづいて翻訳した。その生田さんがラングにとりくんだのだから、これはもう病気である。

そもそも著者のアンドルー・ラングその人が十九世紀末の異常な愛書家にして、博学者であった。詩人であって民俗学者だなどというのはほんのサワリというもので、スコットランド研究の第一人者であって、ホメーロスものの英訳はラングを超えるものがないといわれるほどの語学達者、さらには世界の神話に通暁しているかとおもえば、古今の心霊現象の歴史の細部にも責任をとっていた。そのうえでウィリアム・モリス、コブデン＝サンダスン、W・D・オーカットの範疇に入る書美学の権威であった。

　こういう偏執的な書物を紹介するのに生田耕作さんほどふさわしい人はいなかった。本書も、前著の『愛書狂』も、その一字一句に鉛の活字を一個ずつ磨いて持ってきたような彫琢がある。それゆえ、これらの本のどこを読んでも息がはずむような律動が満ちているのだが、本書はやはり第二章の「書斎」が異様に症状が重くて、痺《しび》れるほどに格別である。だいたい次のような症状が露呈する。

　ラングが注目する書斎は大広間の大書斎でなく、住宅の一室につくられるべき書斎のことである。できればモンテーニュやウォルター・スコット卿《きょう》の書斎のように、細君にも召し使いにも入ってもらいたくない書斎のことだ。その書斎をどうつくっていくか。ラングは手ほどきをして進ぜようという。その指南が狂気の沙汰なのである。

　まずガラス戸がついた頑丈な書棚を手に入れる。まあ、それはいいだろう。書物に埃《ほこり》は禁物だし、がたぴししたのでは困る。ついでその内側をビロードかセーム革で内張りをする。これもいいだろう。書物を傷めてはいけないからだ。次に棚づくりになるのだが、全体を五段くらいにするとして、下段は大きなフォリオが入るほどにし、中段は小型のエルゼヴィル版を二、三段に目の高さまで並べるべきだというのだ。なかで上段はすこぶる注意すべきで、埃よけに革の房縁《ふさへり》をつけなさいという。だいぶん注文が片寄ってきたけれど、これも達人の指南だから黙って聞いたほうがいいだろう。

問題はここからだ。「それからとくに留意したいのは」とラングは言って、材木による書棚の選定とそれにふさわしい書籍の選別をしはじめる。黒檀《こくたん》ならなんといっても神学系の大型書籍でなければならず、象眼細工付きならばストザードやグラヴロの挿絵入りの豪華本なのである。つまりは書物と書棚は一体でなければならないのだ。本と棚の素材は婚姻を結んでいなければならないというのだ。これらが決まってやっとその棚の周囲に軽文学や牧歌劇の書物が置けるということになるらしい。こういうことはカノンのように厳密でなければならず、書棚の材木と装飾によってそこに入る書物を決定すべきなのである。

こういう基本棚がひとつできあがったら二つ目からの書棚は方形の回転書棚などをもってくる。また、遊び棚などを交えていく。知物派ビブリオマニアが書棚一棹でいいはずがない。けれどもここで気をゆるめてはいけない。書斎には書棚だけではなくて、椅子が必要なのだ。椅子こそは書物を取り出したときの決定打なのである。したがってその椅子は必ずトリュブナー商会のものがよく、ゆっくり回転しながらその途中に充分に書棚の書籍たちが椅子をめがけて語りかけてくれるようでなくてはいけない。くるくる速くまわる回転椅子などもってのほか、そんなものは書物を愛する者が座るものじゃない。

書棚と椅子が揃ったからといって、まだ安心はできない。だいたい書棚に入手した書物を並べるだけではよろしくない。一冊ずつの製本に心をいたすべきなのだ。そのためには、ドロームやル・ガスコンやデュスイエなどによる製本の書物を手に入れたい。ゆめゆめフランス装などの本を入手しないことである。あんなものはたちまち傷んで見られたものではなくなってくる。もうひとつある。なんであれ背表紙は金箔押《きんぱく》しでなければいけない。それこそが書斎の絶対気品の条件なのだ。

いやいやもっと厳密にいえば、お気にいりの書棚に陳列されるべきは総モロッコ革装であるべきで、多少は譲歩してもロシア革装にとどめたい。そんな贅沢がどうしてもできないというのなら、シェイクスピアとアルドゥス・マヌティウスだけでもモロッコ革にしておくべきだ。ただしトマス・モアの『ユートピア』は紋章箔押しの仔牛の革でなければならず、ラブレーやマロは幾何学模様のグロリエ様式、モリエールやコルネイユは手編みヴェネチア・レース装にしなければならない（なんということだ！）。こういうことができないのなら、せめてモロッコ革のケース（外函）を用意する。しかしここにもルールがある。何でも入れればいいわけじゃない。シェリー、キーツ、テニソンの詩集だけを入れるべきなのである（！）。

ラングはまだ追い打ちをかけてくる。「人によっては中国製や日本製の革や布を使いたいとおもうだろうが」と言って、なるほどずいぶんいろいろ配慮して、心ある助言をしてくれるのかなと思わせるのだが、そのばあいはポオやネルヴァルやボードレールのみを選ぶべきであると鉄槌を落とすのだ。

もうひとつの問題は色彩だ。これまたはっきり方針をもつべきで（いままでも方針がはっきりしすぎているが）、ホメーロスでいえば『イーリアス』なら真紅を、『オデュッセイアー』なら群青で包むべきなのだ。どうしてかというと、古代叙事詩の朗誦者たちは「アキレウスの怒り」を朗吟するときは緋色の衣をまとい、「オデュッセウスの帰還」を歌うときは青い衣を着ていたからだ。ここまでくるとかなりの病膏肓《こうこう》だ。

それから書物というものはときどき専門の洗濯屋に出さなくてはいけないとも言う。とくにシェイクスピア本には古い肉のパイのかけらがくっついていることが多いから（どうして肉パイなのかは説明していない）、よく気をつけたい。いったいシェイクスピア以外の本に何かが挟まっていたらどうするのだろうか。

本書巻頭の扉絵を描いたウォルター・クレーンは、19世紀末イギリスのウィリアム・モリスらによるアーツ・アンド・クラフツ運動に深くかかわった画家。また随所にアンドルー・ラングの愛書ぶりを補完する図版が挿入されている。

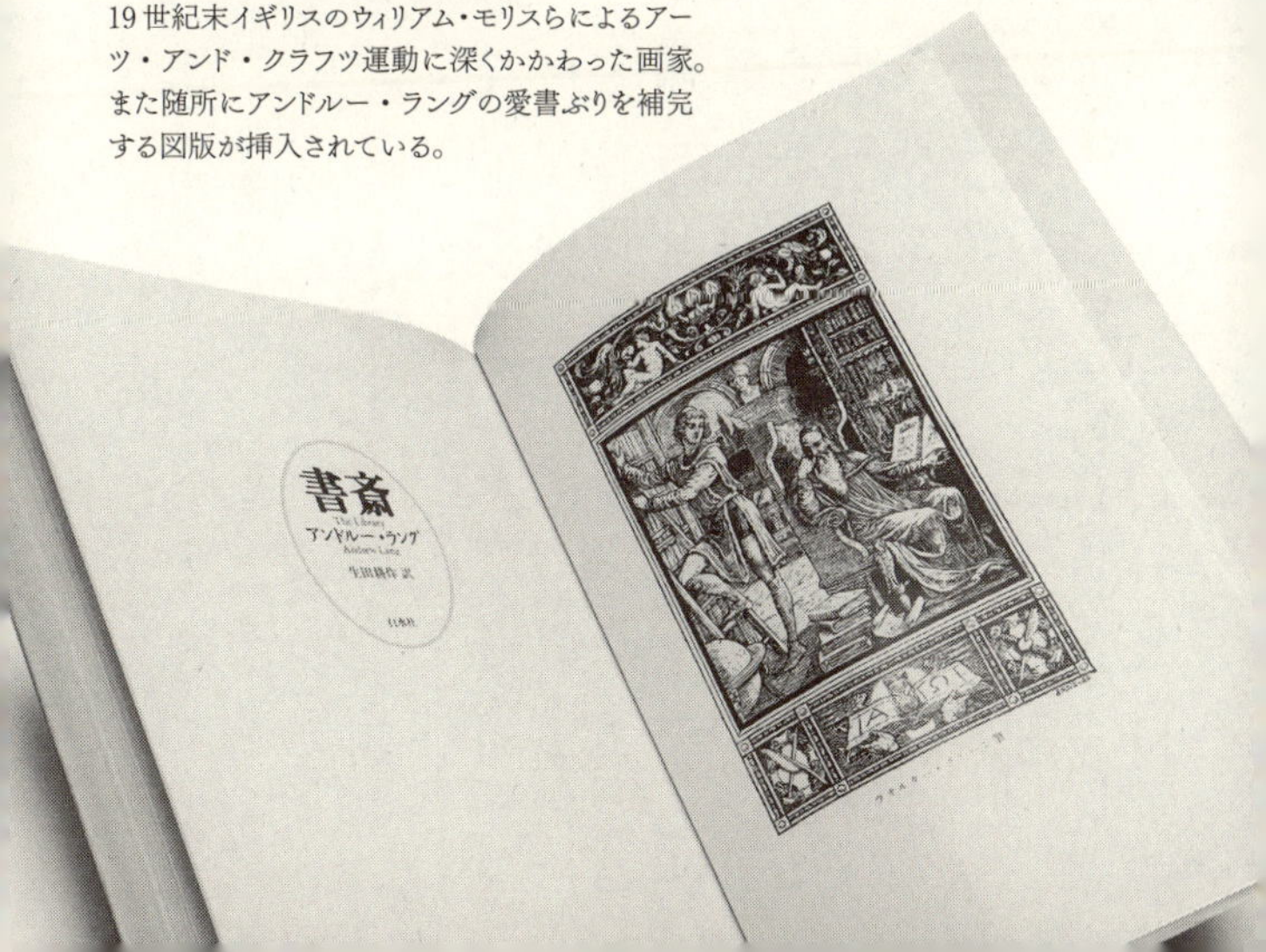

まったく溜息が出るが、ここまでがハードウェア指南だとすると、ここからはソフトウェア指南である。けれども本の中身の話などではない。こういう書斎をつくったら、そこの書籍は絶対に他人に貸してはいけないということだ。「他人に本を貸して報いられることは何もない」。稀に相手がトマス・ド・クインシーかコールリッジであるときだけ、貸してもかまわない（なんということだ！）。

もうひとつ注意すべきは、御婦人のことらしい。ラングが言うには、女性は書物の敵なのだ。ときにはイザベラ・デステやポンパドゥール夫人やマントノン夫人のような例外はあるものの、一般的には女性は書物に対してはげしい憎しみをもっているらしい。その理由は明白で、第一には、女性はそもそも書物を理解しようとはしない。第二に、女性は書物のもつ神秘的な魅力が妬《ねた》ましい。第三に、女性は書物には資金がかかることを知ってはいないので、書物の価値をいたずらに混乱させるだけなのだ。そこで警告である。これら明白な理由を無視して御婦人とともに書物を蒐集すると、その書斎はいつか不幸なことになるという。そして、いつかはそれらの大半が二束三文で葬られるか、書斎そのものが物置部屋になる。気をつけなければいけない。

ざっと、こういう調子だ。男尊女卑もいいところ、まったくもってお節介な話ばかりだが、ビブリオマニアとは真実こういうものなのだ。書物は宝石よりも御婦人たちよりも、むろん自分よりも輝いているものなのだ。
そんなビブリオマニアをどう日本語に訳すのか、最初にぼくが書いたことがまんざら斎藤昌三や漱石の諧謔でも謙遜でもないらしいということも、きっとおわかりいただけたことだろう。いや、漱石その人自身が御婦人の書物音痴に苦笑していたらしい。

第三四七夜　二〇〇一年八月一日

参照千夜

五八三夜：夏目漱石『草枕』　二九一夜：アリストテレス『形而上学』　九九九夜：ホメーロス『オデュッセイアー』　八八六夜：モンテーニュ『エセー』　六〇〇夜：シェイクスピア『リア王』　一五三三夜：ラブレー『ガルガンチュアとパンタグリュエル』　九七二夜：ポオ『ポオ全集』　一二一二夜：ネルヴァル『オーレリア』　七七三夜：ボードレール『悪の華』

いつか書物が
街を歩く人格になっていく

レイ・ブラッドベリ

華氏451度

宇野利泰訳　ハヤカワ文庫NV　一九七五
Ray Bradbury: Fahrenheit 451 1953

書物を描いた書物には、ステファヌ・マラルメこのかた書物熱に向けた執念のようなものが宿っている。モーリス・ブランショ、ホルヘ・ルイス・ボルヘス、ロレンス・ダレル、アンリ＝ジャン・マルタン、ウンベルト・エーコなど、かれらの軒並みの書物思想は、書物の神話を確信して書物の将来に加担した人間の宿命のようなものを、黒々と描いてきた。

ブラッドベリはどうか。ブラッドベリ自身が書いた『ブラッドベリがやってくる』（晶文社）によれば、彼もまたたいへんな書痴であり、図書館狂いの性癖をもっている。そうでなければ、書物が自然発火する温度である華氏四五一度（摂氏二二〇度）なんぞに着目するはずはない。この作品の魅力は、ブラッドベリが書物を焼く法令をもったジョージ・オーウェル型の窮屈な未来社会を描きつつも、その一方でブラッドベリがどのように書物の神話を取り戻そうとしたかという一点にかかっている。

書物を焼くのは秦の始皇帝の焚書《ふんしょ》のようなもので、社会があまりに究極の姿を求めるときにしばしばあらわれる悲喜劇的な現象である。未来社会ばかりにおこるわけではない。いつだっておこってきた。もちろんブラッドベリもそのつもりで書いている。しかし、この現象の背後には禁書・発禁という、もっと面倒なタブーが宿っている。

エーコの『薔薇の名前』にもみごとに描かれていたが、どんな時代にも禁書・発禁という動向がある。日本にも江戸時代以降は何度も発禁がおこっている。明治の大逆事件のあとは特高警察による検閲によってたくさんの文書が「××××」の伏せ字や黒塗りになった。日本でも、あいかわらず「不健全図書」「有害図書」規制が続いている。

キリスト教関係やイスラム教関係では、いまでも激しい禁書合戦がおこっていて、サルマン・ラシュディの『悪魔の詩』をめぐる殺人事件のような血なまぐさい動向が水面下でおこってきた。禁書・発禁はどんな時代にもおこっているものなのだ。アメリカ創設メンバーのベンジャミン・フランクリンさえもが、イギリス本国から〝入国〟してくる影響のよろしくない書物の焚書を条例化したものだった。その『フランクリン自伝』も何度も発禁された。そもそも書物は禁書・発禁の上に成り立っているとさえいえるのである。

本書は、このような普遍的な禁書・焚書の問題を、ブラッドベリが当時のアメリカに吹き荒れていたある忌まわしい現象にプロテストして書いた。

その忌まわしい現象というのはマッカーシズム、すなわち「赤狩り」である。ブラッドベリはマルキストでもそのシンパでもなかったが、社会の成り立ちとしてマッカーシズムの暴挙がとうてい許せない。だれが思想などを検閲できるのか。だれが書物を禁止できるのか。何がタブーになってしまうのか。ブラッドベリはそのことをSFのステージにのせて綴るにはどうするか、それを考えて『華氏451度』を構想していった。そのときふと浮かんだのが、怖るべき「書物の自然発火点」というアイディアだったのである。

物語は時の焚書官ガイ・モンターグが燃えさかる火の中で任務遂行をしているところから始まる。焚書官は映画《ゴーストバスターズ》さながらの大仰な発火装置を装着していて、この世界で禁止されている書物を片っ端から燃やしていく任務をおびている。禁書制度の執行員なのだ。任務は大胆に、無情に、次々に遂行されていった。

取り締まりは功を奏して、しだいにだれもが書物を読まなくなってきた。そのかわり、その世界の〝国民〟たちには、耳にぴったりはめこむことのできる超小型ラジオ「海の貝」が支給され、どこへ行くときもそこから流れる情報を浴びせられていた。また、家に帰れば帰ったで、部屋の中では巨大なテレビスクリーンが装置されて、たとえ一冊の書物がなくともこれを四六時中眺めていればじゅうぶんに幸福になれるように仕組まれていた。

　ところがある日、ふとしたことからモンターグは、この焚書システムの逆鱗《げきりん》にふれるような秘密をもってしまうことになる。書物を撲滅すべきモンターグ自身が読書にめざめてしまったのだ。そして、ちらりと目にした書物の一端に「推定によると、一万一千ほどの人々が、卵を小さいほうのはしで割ることに肯んぜず、あえて死をえらんだものである……」というような一文があることを読む。

　これはなんでもないことのようだが、その世界ではすこぶる恐ろしいことだった。なにしろ書物から知識を得るなんてとんでもないことなのだ。けれどもモンターグはその世界に残っている最後の一冊ともいうべき『聖書』にも出会い、世の中にはものの本質というものがいくらでも詰まっていて、書物というのはその本質や核心に迫るための〝気孔〟のようなものだということを知る。さらに、あることがきっかけで、『ドーヴァーの岸辺』という詩を読みあげたとき、これをかたわらで聞いていた婦人がさめざめと心から泣き始めたのも見た。

かくして事態は一刻の猶予も許されないほうへ向かっていく。このままではモンターグ自身が燃やされる。上官はうすうすモンターグの大逆罪にもまさる所業を察知して、機械シェパードを放ってモンターグらを狩ろうとしはじめた。

しかし話は意外な展開を見せるのだ。その国でモンターグのようになりつつあったのは、モンターグだけではなかったのである。ここからがブラッドベリの仕掛けが生きてくる。モンターグはついにあるとき出会った一団が、そのまま書物化していることに気がついたのである。

かれらは一人ずつが自ら進んで書物化した人物たちだったのだ。「自分はプラトンの『国家篇』そのものだ」という老人の紹介によると、後ろで微笑んでるのがジョナサン・スウィフトの『ガリヴァ旅行記』さんで、その横に立っているのがチャールズ・ダーウィンの『種の起原』氏だった。『マタイ伝』君や『ヨハネ伝』嬢もいるし、科学が得意な男はすでにアインシュタイン化し、いかにも無抵抗主義者のように見える男はマハトマ・ガンジー化しているようなのだ。かれらは生死を賭けて書物になった連中なのである。いわば本たちの生きた語り部たちだ。化身なのだ。

ブラッドベリが周到に用意した終盤は、結局は古代の文字がなかった時代のオラル・コミュニケーション世界に回帰する。みんなが一冊ずつの語り部になる。それで最後にどうなるかは伏せておくが（これも納得させられる結末だが）、ブラッドベリは書物を殺した帝国に対して、人間の生きた記憶をもって復讐したことになる。まさにボルヘスの「記憶の人フネスの国」の再来だった。

いま、われわれは耳にイヤホンをつけ、手にモバイル・コンピュータを持ち、ポケットに携帯iモードを入れている。あげくに時代は急激なインターネットの普及と拡張によってウェブ総世界を体験しつつあるのだが、それは、ちょっと視点を変えてみると、ブラッドベリが描いた焚書帝国さながらなのである。はたしてこのウェブ総世界の情報洪水を前に、いったいわれわれがどのように「書物的なるもの」を取り戻すのか、かなり見えにくくなっている。

たとえば「季刊・本とコンピュータ」という雑誌のタイトルが暗示しているように、書物とパソコンとデータベースを切り離したくない人々というのも少なくはない。アラン・ケイと話すたびに感じたことは、このパソコンを〝発明〟した男には最初から「書物的なるもの」をパソコンから切断する気なんて、これっぽっちも持っていなかったということだった。それが証拠にアラン・ケイお得意の「ヴィヴァリウム」というネーミングは、世界最初の修道院であるベネディクトの修道院が開設した写本図書館のことだった。

アラン・ケイ以降も、電子図書館の構想が世界の主要都市で始まっている。ぼくも日本の国会図書館の電子化推進委員の一人にさせられた。これは必ずしも書物を捨てようなどという計画ではない。むろん燃やしてしまうわけでもない。だから、「書物的なるもの」はウェブ総世界を前にして、むしろ静かに再浮上しているといってよいのだろうともおもう。そう納得したい。

けれどもやはり、いま「書物的なるもの」の真の本質はしだいに失われつつあるとも感じる。デジタル情報のどこが、あのマラルメやボルヘスが愛した書物熱に似ているのかと問いたい気もしてくる。書物のデフォルトが失われつつあるのだ。そうだとするのなら、きっと電子上の華氏四五一度がやってくる前に、そして一人一人がプラトンやガンジーにならざるをえなくなる前に、われわれにはブラッドベリには内緒でやっておかなくてはならないことがあるはずなのである。

では、ブラッドベリ読書体験の話に戻って、追記をひとつ。

ぼくはブラッドベリの作品のあらかたを読んでいるが、最初に唸《うな》ったのは『火星年代記』だった。この本のことを教えてくれたのは写真家の奈良原一高で、武満徹や武田好史も「あれはいいねぇ」と言っていたようにおもう。

ついで『黒いカーニバル』と『十月はたそがれの国』に驚いた。これを書いた人に会いたいとおもったのはこのときだ。ついで『ウは宇宙船のウ』『スは宇宙《スペース》のス』を、フレドリック・ブラウンの『発狂した宇宙』とともに読み耽《ふけ》った。そのときは工作舎に入ってきた戸沼恭にこれらを薦め、しばらくはブラッドベリとブラウンに似せてコピーを書く遊びに興じたものだった。この遊びは、ダイヤモンド社から頼まれて構成編集をした『東京市電・東京都電』という本の幾つものヘッドラインに生かされている。

とくにぼくがやられたと脱帽したのは『何かが道をやってくる』だ。これには冒頭からやられた。「嵐の空模様のシャツを着た男が避雷針を売りにきた」というものだ。舞台は田舎町。その一郭に怪しい汽車を怪しい気球と怪しい大テントをもってサーカス・カーニバル団がやってくる。少年のジムとウィルは魂を奪われるように、この「クガー&ダーク魔術団」に魅いられていく。物語はやがて歪んだ時空の光景をあらわして次々に奇想天外を見せていく。

ブラッドベリは作家の作法を隠さない。いろいろ提供している。『ブラッドベリがやってくる』『ブラッドベリはどこへゆく』(晶文社)にだいたいのことが書いてある。これは参考になる。

第一には、たっぷりした古い精神に新しいお化けをどう出すか、という作法である。これは泉鏡花とほとんど同じ作法といってよいだろう。鏡花と同じというのは、どんな都会のど真ん中でも平気で正真正銘のお化けを出すということだ。第二に、真似をすること、どんな情報も開けてみること、たくさん書くことである。真似をすればアナロジカル・プロットがいくらでも思いつく。そして第三には、できるかぎり仕事に熱中し、その仕事のなかでリラックスをおぼえることである。この第三の作法のことを、ブラッドベリ本人は「小説作法における禅」とよんでいる。

もうひとつ、おまけの追記。

意外なことにレイ・ブラッドベリと会って話しこんだ日本人はあまりいないらしい。そう、ブラッドベリ自身が言っていた（ただし二十年前の話。もっともその後もあまり聞いていないけれど……）。

べつだん会うのが困難なめんどうな作家ではない。ロスアンゼルスの飛行場に着いたら電話をかければすむ。すぐに何日のアポイントメントがいいかを本人が決めてくれる。そうすれば、かなり気さくで陽気であって、なんでも話したがるアメリカ人に会える。そのアメリカ人特有の明るさに、ぼくはちょっと面食らったほどだった。とくに地下室に案内されて、ミッキーマウスをはじめとする厖大なぬいぐるみや人形のコレクションを自慢されたときは、これがあのブラッドベリなのかと疑った。

しかし、ブラッドベリの真骨頂はきっとそこにある。好きなもの、嫌いなものをはっきりさせること、そこなのだ。本人も、こう言っている。「まず自分が好きなものは何かを決めること、ついでに何が憎らしいかを決めること、そうしたら次にそこに入りこむキャラクターを選んでみることだ」と。ただし、そこで自分ばかりが主人公になってはいけない。そこからは、そのキャラクターの大活躍のために努力を惜しまないようにすることだという。ブラッドベリを読むことは、そういう脇から涌出したキャラクターと交流することなのである。地下室のキャラクター人形があんなに集まっているのは、ブラッドベリの世界を演じ分ける時間を待っている登場人物のためだったのである。

第一一〇夜　二〇〇〇年八月十日

参照千夜

九六六夜：マラルメ『骰子一擲』　五五二夜：ボルヘス『伝奇集』　七四五夜：ダレル『アレキサンドリア四重奏』　一〇一八夜：リュシアン・フェーヴル&アンリ＝ジャン・マルタン『書物の出現』　二四一夜：エーコ『薔薇の名前』　七九九夜：プラトン『国家』　三二四夜：スウィフト『ガリヴァ旅行記』　五七〇夜：アインシュタイン『わが相対性理論』　二六六夜：ガンジー『ガンジー自伝』　一〇三三夜：武満徹『音、沈黙と測りあえるほどに』　四一八夜：フレドリック・ブラウン『宇宙をぼくの手の上に』　九一七夜：泉鏡花『日本橋』

ネットで読んでは
体に入らない

デヴィッド・L・ユーリン

それでも、読書をやめない理由

David L. Ulin: The Lost Art of Reading—Why Books Matter in a Distracted Time 2010
井上里訳　柏書房　二〇一二

ある日、フィッツジェラルドやカート・ヴォネガットを読み始めたら、どうも以前の読書感覚とは違っている。そこそこ歳もとったのだから再読感が変わっているのは当然だけれど、その違いではない。何がおこっているのか。

そのうち十五歳の息子のノアと『グレート・ギャツビー』の話になったら、息子も学校の授業で読んでいたらしく応じてきたが、ふいに「でも、文学なんて死んでるんじゃないの」と言った。たしかに文学は死んでいるかもしれない。小説や物語は生きているだろうけれど、文学は死んだというのは当たっている。そうか、自分はまだ文学としてフィッツジェラルドやヴォネガットを読んでいるから乗れないのかと言いきかせてみたが、しかしそんなことで読書力が変質するものなのか。

ふりかえってみると、自分にとって本という存在は、これまではいつだってパラシュートを開くための紐であり、脱出用のハッチであって、現実の人生から出ていく扉だったのだ。それがそうではなくなったのか。

本書の著者のデヴィッド・ユーリンはもともとは「ロスアンゼルス・タイムス」の文芸欄担当記者で、その後はかなりディープな読書家として多くの書評やエッセイを書くかたわら、作家をしたりUCLAで文芸を教えたりしてきた。アレグザンダー・トロッキが好きだというのだから、かなり「際」や「端」が見極められる読書家だ（トロッキはポルノグラフィック・サスペンスの鬼才だった。フランシス・レンゲルの筆名で相当数のポルノ小説を発表した）。

そのユーリンが読書感覚に変異を感じたのである。おそらくちょっとした感覚だとおもうのだが、ずうっと本を読んでいると、アスリートが腰やスナップの切れ具合、バットやクラブの振り具合で最初の衰えを感じるように、この変異はすぐわかる（ぼくもすぐわかる）。すぐわかるだけに、ヤバいのだ。

読書通というものは、音楽通や料理通や骨董通と同じではないが、それに似たところもあって、一冊の本を読み始めるとすぐにその本（その著者）の狙い・技倆・味付け・モダリティにピンとくる。ついでその一冊が自分にとってどういうものか、だいたいのアディクション（嗜好性《しこう》）の度合が見えてくる。しかし最終的にアタマとカラダに残るのは、その本その人の魂胆なのである。

だから変異を感じるとしたら、この魂胆の感じに狂いが生じたということになる。魂胆は書き手と読み手の持ち合いなので、同じ本を再読しているのに魂胆のズレを感じるとしたら、これは読み手のほうに何かの変化がおこっているせいなのである。ユーリンがかつてから好きだったフィッツジェラルドやヴォネガットの再読感で何かの変異を感じたというのは、日本でいえば漱石や川端の読み方が変わったというより、おそらく織《お》田作之助《だ さくのすけ》や久生十蘭《ひさお じゅうらん》や石川淳の読み味が変わったというのに近い。それはそうとうヤバいはずだ。

そのうちユーリンは、自分がかつてのように本のパラシュートを開けていないのは、自分のせいだけとはかぎらないのではないか、読書魂胆を見誤らせる夾雑物のようなものに見舞われているのではないかと感じた。

体調か、人間関係か、人生に倦《あ》いたのか。いや、そういうのじゃない。ひょっとすると、周囲がすべてネット環境になっていることと関連しているのかもしれない。あそこには刺激と欲望がめちゃくちゃに散乱していて、そんなことに冒されるはずがないと思っていたのに、いつのまにか集中力が擾乱されてしまったのかもしれない。

そう思っていたらキンドルに「本」が入って、これを試しに読む連中が身近にも出始めた。ある友人は「小説はまあまあ読めるが、エッセイや一般書は読めないね」と言った。キンドルでは思考力に深みの拍車がかからないというのだろうか。ある者は「黒白《くろしろ》の画面が気にいらない」と言った。作家のニコルソン・ベイカーは「画面が白黒であるより、ディスプレイが緑がかった灰色なのが問題だ。あれは病人の色だ」と言った。

何がおこっているのかよくわからないので、ユーリンはキンドル2を仕入れてみた。なるほど『ギャツビー』が読めなくなった感覚に近いものがある。なんだか深い体験がこないのだ。うーん、このせいなのかとおもううち、ニコラス・カーが『ネット・バカ』(青土社)でネットは確実に読書力を減退させると書いた。やっぱり、そうか。

けれども、なぜ電子のインターフェースが読書力を邪魔するのかはわからない。ユーリンは紙であれネットであれ、読書力は結局は自分の問題だろうと思うことにした。そこへiPadが発売され、またたくまに一〇〇〇万人のアメリカ人が使い始めた。そんなとき気になるニュースに出会った。

二〇一〇年五月九日、バラク・オバマがハンプトン大学の卒業式のスピーチで、注意力と注意力の欠如について、および本質と外観について語り、このことを掘り下げて考えてみることが陰影に富み、知的に洗練される本質に近づけるのだということを言ったのである。そこそこいいことを言うじゃないかとおもっていたら、しばらくしてこのスピーチがネットで炎上していることを知った。ネットユーザーたちは一般教書演説をもじって「一般iPad演説」とからかっていた。

オバマはこう言っていたのだ。「みなさんは二四時間たえまなく情報を提供しつづける社会の中で成人しました。この社会はわたしたちにあらゆる情報を浴びせかけ、あらゆる種類の議論を見せつけます。しかしそれらを真理の秤にかけてみると、必ずしもすべてが重要なわけではありません。iPodやiPad、エックスボックスやプレイステーション、どれひとつとして私は使い方を知りませんが、それらの出現によって情報は気晴らしとなり、娯楽となり、エンターテインメントの一種となったのです。力を与えてくれるものでもなければ、私たちを解放してくれるものでもありません。そうした情報のありかたはあなたたちを圧迫しているばかりか、私たちの国や民主主義さえ、これまでになく圧迫しているのです」。

ネットでは「オバマはネットを規制するつもりだ」とか、「国民がネットで事実を知りすぎると、あんたの社会主義計画の邪魔になるのかい」などと、やけに喧《やかま》しい。

ユーリンは、この応酬は互いに空転していると感じた。ネットユーザーたちの意見もつまらないし、オバマのほうもネット社会がどんな文化力をもちうるかを使いもしないで無視している。おそらく問題はiPadのテクスチャーやSNSのしくみにあるのではなく、ネット社会からいまだ新たな「熱い読書力」が浮上していないだけなのだろうと感じた。

こうしてユーリンはそれ以降、少しずつネット環境とネット端末機をいじるようになり、せめて小説だけは電子読書もするようになっていく。

本書でユーリンは、読書力というものは本を運ぶメディアが「紙であるか、電子であるか」にかかわらず、ひとえに物語の複雑性に分け入るかどうかにかかっていると見ている。そのことをフランク・コンロイの『彷徨』(晶文社)につなげているところが、際々《きわきわ》に強いユーリンらしい。

コンロイは『マンハッタン物語』(講談社文庫)で驚くべきことを小説にした作家だ。物語は一人の少年がピアノにめざめ、独学で習得した音楽技能をフルに駆使して自作した楽曲を、ついにロンドン交響楽団と共演するところまで昇りつめるというものなのだが、その随所に指とピアノとの細密な格闘のこと、選曲が人生を変えてしまうほどの大事であること、鍵盤にはピアニストの全肉体が関与することなどを、くどいほど鮮明に描き出した。

なぜ言葉だけでここまで筋書きに沿ってピアノとの不即不離の関係が描けるのかというほどの小説だ。クライマックスでは生き別れの父親がナイトクラブでジャズを弾いているとき、互いに父子であることを知らないままに連弾をするという胸詰まるシーンも繰り広げられる。

ここまでくれば、紙も電子もあるはずがない。書き手がどこまで立ち入ったかということと、読み手がどこまで立ち入る気があるかということ、そこに「熱い読書力」が生まれるかどうか、読書はそこにかかっているとしか言えない。ユーリンはそのことをコンロイの『彷徨』を読んで以来ずっと守り続けてきたということを、本書であらためて実感している。

が、これで本書がおわっているのではない。電子ネットワーク時代の読書がどういうものであるべきなのか、どうあってほしいのか、ユーリンはさらに考える。

あらためて目勘定でざっと言うと、三〇〇ページほどの小説はおよそ一〇万語の情報量になっている。これだけの言語質量とコンテキストを「熱い読書力」で愉《たの》しむには、それなりの書き手と読み手の交歓が要請される。それがうまくいけば「読む心」、すなわち「魂胆」の共有ができあがる。

かつてウィリアム・ジェームズは「経験には注意を向けるべきだ。自分の注意したものだけが心になっていく」と示唆したものだった。まさにそうだろう。注意のカーソルが対象に応じて自分の心に向かって動かなければ魂胆とは出会えない。

しかし一〇万語の小説を堪能するにはけっこうな注意《アテンション》の持続が必要だ。これを鍛えるにはツイッターをいくらやっても養えないし、iPhoneでいくら情報をタップしていても無理である。それなのにネット体験で豊饒なものがあるような幻想が生じるのは、どうしてか。理由ははっきりしている。ユーチューブで三日で一〇〇万回以上の、一週間で一〇〇〇万回以上のアクセスがあったことに気をとられるからである。そんなことはまったく個人の充実体験にかかわりのない出来事なのだ。ルイス・コーエンが指摘したように、SNSは別々の情報にたくさん出会えることが豊饒な体験だという錯覚をつくる。それが自分にも関係しているという幻想をつくる。これではとうてい一〇万語のコンロイのピアノ小説についての賛歌など生まれない。

コーエンはこうも書いていた、「仏教徒たちは水を描写するには泥が沈むまで待ちなさいと言うが、オンラインの情報は浮き上がった泥が沈むことがない。水はたえず掻き回されてばかりいる」と。かくしてユーリンは電子読書にはそれなりの覚悟をしたほうがいいんだと思うようになる。

本書の結論は、その書きっぷりが正直で優美であることに反して、けっこう激越なものである。それは「注意散漫のネット社会のなかで、読書こそはこの社会に対する最大の抵抗なのである」ということだった。大いに共感できる結論だ。ぼくにとっても、読書と編集は社会の情報編集に対する抵抗であったからだ。

先だって角川財団学芸賞・城山三郎賞などの授与式後のパーティで、初めて篠田正浩氏に会った。そのとき「松岡さん、千夜千冊すごいね。あれは映画何十本分ですよ」と言っていた。同じパーティでやはり初対面の辺見庸氏と話したら「千夜千冊、読んでるよ。ほら、お互いに闘争をやめない同志だからな」だった。

「千夜千冊」がいつも映画一本分をめざしているとか、闘争のための準備や突撃になっているなんてことはない。もっと気楽に書いている。けれども、五本か七本に一本くらいの割合だろうと思うのだが、「千夜千冊」は一冊の本と、その一冊がかかえる背景連鎖との全面的な戦争をしてきたようなところも、少なくない。いや戦争とはかぎらない。ともに思索を共有しうるところはこちらも支援を惜しまず、一緒に泣きたいときは著者以上に泣くためでもあった。

ぼくは「千夜千冊」を書き手と読み手の結託を示すために綴ってきた。書評ではない。批判もめったにしない（谷崎の『陰翳礼讃』と、あと一、二冊だけはケチをつけた）。

なぜそんなふうにしたかというと、ぼくにとって一九九〇年代の世界と日本が最悪だったのである。ポストモダン以降の批評と文句の挙句がこうなのかと落胆した。そのことは『インタースコア』にも『国家と「私」の行方』（いずれも春秋社）にも書いたことなのでここでは省くけれど、そのことがあって二〇〇〇年二月から「千夜千冊」をネット上に開始したのだった。以来、毎夜一冊ずつ書いた（土日はお休みにした）。あえてネット上にリリースしたため、紙の編集を得意にしてきた松岡正剛がネットで本のことを書くのは「矛盾じゃないか」「もったいない」「書き捨てになる」「コメントはとらないのか」「あんなに書いて無料なのは（課金しないのは）ネット経済に対する無視だ」などと言われた。まだブログという用語が出回っていなかったし、ましてキンドルもスマホもｉＰａｄもなかった時期だった。

本というものは、自費出版でないかぎり、版元で必ずやなんらかの編集がなされて書店に出ていく。タイトリングや目次や見出し付けや校正もされる。索引や解説がつくこともある。編集がされない本など、ほとんどない。だからどんな本にも編集のよしあしが関与する。コンロイの『マンハッタン物語』は英語の原題は〝BODY & SOUL〟というまさに魂胆をあらわすタイトルだったのに、つまらない邦題にしたものだ（この翻訳タイトリングはへたな編集の例だ）。

一方、本を読むとは何かというと、読み手はこれを自由に編集してよろしいということだ。どんな本もいろいろな感想をもって読んでもいいということは、読み手は好きに「本読み編集」ができるということである。つまりは読書もまた編集の継続なのである。

「千夜千冊」で本を案内すると決めたとき、この二つの編集に関して「本は編集されている」ということを宣言したかった。

もうひとつ、言いたかったことがある。それは「メディアはメッセージである」（マクルーハン）とともに、「メディアは編集である」（松岡正剛）ということだ。もっとも、このことには大事な但し書きがいる。「だから、どんなメディアの内容も編集がおわっていることに気をつけなさい」だ。新聞、雑誌、テレビ、すべてが編集後の産物なのである。ぼくの本をめぐる編集力は、この「メディアが次々に済ましていく編集」に、本の中から抵抗してみせるカウンター・エディティングでもあった。

ところがインターネットは、これらの中間編集プロセスをすっとばして成立する様式を公開するようになった。思いもかけない出来事だった。これは快挙であろう。世界中で高速の多重交換日記ができて、それを他人も覗きこめるというのだから、こんなディスエディティングなことはない。それを「編集からの自由」の登場と言われても仕方がない。しかし、その爆発量があまりにも大きすぎた。歴史上のどんな情報爆発よりカンブリア紀並みに巨大巨種巨様だった。書き放題、出し放題、見せ放題になった。のみならず、ネットは文句たらたらになったのだ。オバマ・スピーチに対するいちゃもんも次々に付く。

わが「千夜千冊」は、このようなインターネット上で「読む」と「書く」とをあらためてつなげるため、あえて本ばかりを案内しつづけることにしたのである。それでどうなってきたか。ぼくも何度も変調をきたした。変調はユーリンのように他人行儀なものでなく、けっこう自分に覆いかぶさってきた。

ついでながら「千夜千冊」がどうやってリリースされているかというと、まずは数週間ずつ十数冊の本の候補がアタマの中とデスクの上を行ったり来たりする。しかし一夜に一冊としたので、ここからどの本にするかを選ばなくてはならない。

候補にはおおむね七割が既読本、残りは初読本が上がっていて、当夜が近くなるにつれ、これらを高速に入れ替え出し変えながら、読み手としての感想を書き手としてのリプリゼンテーションに移行させていく。ついで、どこかで『リア王』にする、チョムスキーでいく、『アーリア神話』を書くなどと決着させるのだが、いざ書き始めてみると何かが当日の読み書きコンディションにそぐわない。変調がある。魂胆がその日のわが等身大に向かってぴったりしないのだ。それで、書きなおしをしたり本を変更したりする。

超古典たちは別途、ずらりと待機させてある。困ったときに老子やソポクレスや維摩経に戻れるようにしておくためだ。送られきた本がおもしろそうなので（贈本が多いので）、ふいにそちらへ飛び移ることもある。内田繁の『インテリアと日本人』やナタリー・サルトゥー＝ラジュの『借りの哲学』はそんなふうに飛び入りした。これらは「読みながらもう書き出している」といったほうがいいかもしれない。

だいたいはこんなふうに本を選びながら読み書きするのだが、これが三〇〇冊、一〇〇〇冊、一五〇〇冊と続いてくると、「本の海」を航行しているようにも「本のパノラマ」を連続制作しているようにも感じてくる。そうなると本や著者が異なっているのに、その要約や案内や感想が似たり寄ったりにならないような工夫をすることにもなる。つまりはブンガク、ヒヒョー、ロンダンとはまったく別の編集をほどこすことになっていく。これでは世論の噂からはどんどん遠のくばかりだが、それこそがぼくが果たそうとしてきたことなのだ。

書き上がったテキストをサイト・フォーマットに流し込み、図版とキャプションを入れ、ホットワード・リンクをつけるのはスタッフがしてくれる（当夜は小西静恵・仁禮洋子・寺平賢司だ）。それが上がってくるとプリントをして、そこからは推敲と赤字入れになる。これを二〜三回くりかえす。

こうして「千夜千冊」の作業をすることは「読む」と「書く」とを頻繁に往復することだった。一般の読者はこんなことをしないし、作家たちも「読む」のは資料か愉《たの》しみのためで、専念するのは「書く」ほうだけだ。それで十分だ。

しかしぼくのように十五年以上にわたって一冊ずつの本に「読む」と「書く」を同時

に縫い取っていくと、文章を読んで何かを感じるというプロセスがいったいどのように出来上がっているのかが、かなりよく見えてくる。自分の読書力の変調がどこに兆すのかもアスリートのように感知できるし、骨董を見ながらあれこれの判定を総動員してもなお自分の価値観を凌駕するものがあるように、本にも「読みの値打ち」がつけられるようにも、なってくる。むろん、多様な書きようがあることも身についてくる。

かくしてはっきりとしたのは、「読む」と「書く」とはまったくもって同じ穴のムジナだということだった。

ユーリンの本書『それでも、読書をやめない理由』は、四年ほど前に読んでいて、昨夜、マーキングをしながら読みなおし、書き始めてからはユーリンを文楽人形にして、ぼくが人形遣いとしてこの本の顚末《てんまつ》を動かすように書いてみた。結果、今夜の「千夜千冊」は「それでも、松岡正剛が紙と電子の読み書きをやめない理由」に向かっていったわけである。はい、御注文はこれでよろしかったですか。

第一六三二夜　二〇一七年二月二七日

参照千夜

五八三夜：夏目漱石『草枕』　五三夜：川端康成『雪国』　四〇三夜：織田作之助『夫婦善哉』　一〇〇六

夜：久生十蘭『魔都』　八三一夜：石川淳『紫苑物語』　一五八六夜：ニコラス・G・カー『ネット・バカ』『オートメーション・バカ』　六〇夜：谷崎潤一郎『陰翳礼讃』　七〇夜：マクルーハン『グーテンベルクの銀河系』　六〇〇夜：シェイクスピア『リア王』　七三八夜：チョムスキー『アメリカの「人道的」軍事主義』　一四二二夜：レオン・ポリアコフ『アーリア神話』　一二七八夜：老子『老子』　六五七夜：ソポクレス『オイディプス王』　一五三〇夜：『維摩経』　七八二夜：内田繁『インテリアと日本人』　一五四二夜：ナタリー・サルトゥー＝ラジュ『借りの哲学』

グーグルは「すべて」だが
アマゾンには「そいつ」がいる

ジェイソン・マーコスキー

本は死なない

Amazonキンドル開発者が語る「読書の未来」

浅川佳秀訳　講談社　二〇一四

Jason Merkoski: Burning the Page: The eBook Revolution and the Future of Reading

ＭＩＴで数学を専攻し、モトローラに入ったときは長期休暇をとって一〇〇万ワードのインターネット小説の先駆けのようなものを書いていた一九七二年生まれのジェイソン・マーコスキー君が、キンドルの開発の一部始終にかかわったのは、次のような事情だったらしい。

二〇〇五年頃、アマゾンとグーグルが書籍のデジタル化に取り組みはじめたという噂を聞いた。そこで両社の求人に応じることにした。どちらの会社も、次々に入ってくる面接官一人ひとりと一時間ずつ話し、それがおわるとまた呼び出されて、ホワイトボードにプログラム・コードを書かされ、自分が理想としたいアーキテクチャの作図をやらされた。汗びっしょりだ。面接はまる一日かかる。しかもかなり厳しい。きっとキツイことを言われただろう応募者が、がっくりしてガードマンに両肩を抱えられるようにして退出していくのも見た。

アメリカのIT企業の多くはバーレイザー(Bar Raiser)を面接官に交ぜている。意図的にハードな質問を投げて、応募者をどんどこ落とす役である。アマゾンやグーグルがほしいのはどんな苦境にも強いITサムライだけなのだから、やにこい連中を振り落とすのは当然だった。

マーコスキー君は無事に両社とも合格した。アマゾンを選んだ。グーグルは「すべて」だったが、アマゾンには「そいつ」の狙いがある。極秘裡《り》に進めている「そいつ」の開発プロジェクトをしてみたかった。

通知を受けると、二週間後にはアマゾン本社のあるシアトルに引っ越さなければならなかった。すぐに社員研修に突入させられ、イニシエーションとしてCEOのジェフ・ベゾスのスピーチ映像をアタマに叩き込む。ジェフのメッセージは一言に集約すれば「君たちは仕事を楽しみ、歴史に残れ」というものだ。ジェフなら言いそうなことだ。これは肝に銘ずることにした。

配属は希望通り極秘プロジェクトの担当になった。キンドル開発だ。それからは来る日も来る日も世界の書籍の電子化のためのあらゆる工夫を考え、試み、実践するチームのミドルリーダーになった。技術開発も戦略シナリオ作りも対外営業もしなければならない。それができなければたんなる分担員でおわる。

ニューヨーク、ワシントン、ロンドン、フランクフルト、日本、インド、イスラエルに飛び、たくさんの出版社を訪れ、各種メディアに電子書籍の有効性を語ることが日課になった。ついでは、電子書籍の変換工程を確立していくこと、その作業を管理することが任された。

驚くべきことに、また忌まわしいことに、電子書籍が作られる工程はソーセージの製造工程にほぼ近い。製造マシンの片側から入れた魚肉や豚肉が機械的にミンチにされたのち、反対側から一本ずつのソーセージになって出てくるように、電子書籍は原材料となる本がいったん細かく切り分けられて、それが再構成されてデジタルソーセージに生まれ変わるのだ。

そのような電子書籍はPDFのような「固定型」ではなく、つまり媒体への印刷を前提としたメディアスタイルではなく、端末機の画面や文字の大きさに合わせてレイアウトが調整できる「リフロー型」になっている。この方式だと、文字の拡大縮小に合わせてページ数も自動的に調整されるので、画面をスクロールする必要がない。

PDFファイルをリフロー型にするために、アマゾンをはじめとするたいていの電子版元は、インド、中国、シエラレオネ、マダガスカル、フィリピンなどに「本の電子ソーセージをつくる変換工場」をもっている。肘がぶつかりあうような工場の中の作業机で、多くの安価な労働力がパソコン画面に並んだ文字をしらみつぶしにチェックして、ページ番号や欄外の注を削除していくのだ。PDFになっていない書籍なら、まさに本を解体して一ページずつをスキャンしながら、マイクロコンテンツを再構成していく。むろん膨大なリアル本たちがずたずたのゴミとなって捨てられる。

さすがに心優しきマーコスキー君はこの手の工場を飛び回っていて、心が痛んだそうだ。なにしろ倉庫一つぶんほどの巨大な木材粉砕機のような機械が、数秒で本の背表紙を切り取っていくのだ。けれども、彼に絶対機密保持の開発現場への出番がやってくると、だからこそ「すばらしい電子読書」のために全力を尽くそうと念じたそうだ。

当時、キンドル開発のことは本社の特別チームと、カリフォルニア州クパチーノ（シリコンバレー）にあるLab126という技術集団にしか知らされていなかった。友人はむろん、家族にも秘密だった。

アマゾンにはもともと「AtoZ」という開発精神がある。AからZまで揃えて、フルメタルジャケットで戦うという方針だ。一二六というのも、Aという一番目の文字にその後のアルファベット二六文字がついていくという意味になっているらしい。そんななかマーコスキー君は晴れてプログラム・マネージャーとなり、アマゾン本社とLab126をつなぐ唯一のキーパーソンになったようだ。よほど優秀だったのである。毎週一度、飛行機でシアトルとクパチーノを行き来する仕事は二年間続いた。

電子書籍リーダー（電子ブックリーダーともいう）に風穴を開けたのは、実はアマゾンではない。ソニーである。

すでにEインク（電気泳動インク）はゼロックスによって七〇年代に開発されていて、その後いったん凍結された技術も二十年のちにはEインク社が改良を加えていた。だから二〇〇三年頃には商用化ができたはずだったのだが、みんな漠然としていた。それに着手したのはソニーの技術者だった。二〇〇四年四月にはリブリエが発売された。

ただソニーはこれを潤沢な資金で保護しなかった（日本の経済技術界もマスメディアも注目しなかった）。そのため高額な電子ブックリーダーとなり、収益をもたらさずに頓挫《とんざ》した。リブリエはのちにソニー・リーダーとして生まれ変わったが、いささか時機を逸した。ソニーの逡巡《しゅんじゅん》を突いてアマゾンがキンドルで出し抜いたからだ。

キンドルの特徴は目の負担が少ないEインクでできている電子ペーパーと、書籍データを保存する低コストのハードドライブにある。とくに目立った技術があるわけではない。電子ペーパーは量子力学的な波形を工夫したもので、酸化チタン粒子が帯電して黒いインクの中に浮かび上がるようになっている。マーコスキー君にもその技術の奥はわからないと言う。

ハードドライブは昔でいえば粘土板にあたる。テキストの格納装置だ。製造原価が落ちてかなり低価格にはなったが、まだ新たな技術革新には至っていない。ただこのハードドライブを次々にどんどこ集めればデータセンターができ、そこをクラウド化することができる。そうなればクラウド・リーディング時代の到来だ。まだ、そこまでは行っていないけれど、必ずそうなる。だからいまのところ電子書籍システムといっても、たいしたものじゃない。ただ、アマゾンには電子ペーパーとハードドライブでは語れない別のリソースがあった。

社内に既存技術をすべて点検してアソシエートしていく集中力、十年にわたってあらゆる本を電子化してきた強引な知力、それらをユーザーとオンラインでつないだネットワーク力、数百万冊の本をたちまち配送できる提供力、などなどだ。そしてタフで真摯《しんし》なスタッフが揃っている。キンドルはこの上に乗ったのだ。

こうしてお目見えしたキンドルは、かつてのケータイ電話網を下敷きにした高速通信Whispernet を利用することで、パソコンと同期化する必要はなく、端末から直接オンラインストアにアクセスして本を探せた。ソニーと違ってすぐに収益を上げる必要もなか

に考え込めたのだ。

っただからジェフ・ベゾスは自身で、画面に何行の文字を入れるかをいつまでも大い

本書はこれまでの書物の歴史と文化にそれなりの敬意を払いつつも、明瞭にアマゾン流の「Reading2.0」を提唱している。グーテンベルクが「Reading1.0」で、とうていそんなふうには見えないが、キンドルが「Reading2.0」だ。

むろんキンドルが自慢したいことは、それなりにある。読書履歴が自動的に残る。好きなだけメモを書き足せる。気になった箇所にアンダーラインが引ける。ソーシャル機能によって他人とつながる。とくにクラウド・リーディングが発達すれば、MP3が音楽を収納搬送できるように、どんな本も無尽蔵に収納もでき、搬送もできる。

しかし現状のキンドルにはさまざまな限界がある。紙に印刷された本の再現性は五〇パーセント程度だし（ハイファイではなくローファイだし）、カラーリングは初期の四色から一六色にふえたが、ディザー処理による中間色の出力はまだお粗末である。バーンズ・アンド・ノーブルのNookのようなデュアルスクリーン（二画面方式）も採用されていない。索引もないし、ハイパーリンクが設定されていないものが多い。

しかも、まだ一五〇万タイトルだ。そのうちの五万タイトルくらいがボリュームゾーンをつくっているにすぎない。アクセスもやっぱりアダルトものが多い。色数を上げ、

精確な画像を要求しているのはエッチなアダルトユーザーばかりなのである。なによりつまらないのは、レイアウトが一様で、部品が本によって特色をあらわしていないということだ。当然、電子書籍には文庫も新書もムックもないということになる。のっぺりだ。これでは十徳ナイフのようなｉＰａｄにすら及ばない。

そのｉＰａｄにも足りないのが、読書は身体的で三次元認知に依《よ》っているということを、いまだフォローできていないということだ。流し読みができないし、本の背のタイトルやサブタイトルの並びから読感推理をはたらかせることは、できない。

いったい、これから本はどうなるのか。その可能性と危険性はリアルと電子の両方が背中合わせで問われている。

リアル（リアル本とリアルリーディングとリアルショッピング）のほうは、出版社、書店、図書館、学校読書が新たな展望をもちえないまま、深刻な苦境を乗り切らなければならなくなっている。その苦境が日本では十年以上も続いてきた。「失われた十年」と言われるが、実際には二十年以上続いた。今後はもっともっとヤバくなるのはわかりきっている。業界に展望がなさすぎるのだ。制度や機構、流通や経営に問題があるし、編集者の才能、書店員のスキルアップ、司書や教職員の本や読書に対する包容力や戦闘性の欠如などにも問題がありすぎる。

一方の電子のほう、すなわち電子書籍とデジタルリーディングのほう、まとめていえば電子読書システム業界のほうは、アマゾンやグーグルによるリアル本のデジタル化と、ソニーの電子読書端末やそれに続いたキンドルの登場、そしてアップルのiPadで、一挙に新たな競争に突入した。

まずは電子書籍リーダー（電子読書端末）の開発合戦が一気におこって、ついではネットワーク・リーディング全般の各ゲートで技術開発と切り出しをどうしていくか、すべてが戦闘状態に入っている。そこにスマホの過当競争が加わった。読書業界的にはいまはまだ揺籃《ようらん》期であるが、そのうち力をもつだろうし、サービスも向上するだろう。

そんな状況を前にして、リアル本を扱う出版書籍業界の無惨な低迷は、けっこう前から始まっていた。

すでに八〇年代後半からPCネットワークや電子ゲームの波及にともなって読書力の低下が目立っていたのだが、そこに本のデジタル化が始まり、電子ブックリーダーが登場して、いよいよおかしくなってきた。町の本屋さんがバタバタと倒れていった。この現象に、千年以上にわたる神聖な書物の殿堂が汚されたと感じた業界人も少なくない。けれどもぼくはボヤキまくっている書店関係者や大学関係者にしょっちょう出会ってきた。けれども、それよりずっと前から出版社・書店・取次、図書館・学校は、読書市場をめぐっての独自のイノベーションをおこそうとはしなかったのである。無策だった。ボヤいている連中ほど、何もしてこなかった。

日本の場合、八〇年代に入ってから各自治体が図書館建設やメディアセンターの開設を一斉に進め、各地に大型書店もふえ、見た目には書店も図書館もそこそこきれいにはなったのだが、それは大半が店舗デザイン優先で、なんら「本の力」を高めるものではなかったし、「読書編集力」を育むものではなかった。だいたい本棚設計にろくな工夫がない。これは建築設計者やインテリアデザイナーたちの問題だ。

そもそも本にかかわるスペシャリストやプロが養成されなかったのである。カリスマ書店員はごく僅《わず》かだったし、愉快な本屋、痛烈な本屋、おいしい本屋がほとんど試みられてこなかった。本の価値を作り出しているエディターシップを、アスリートやアーティストのように知らせるべきだったのに、そういうことをいっさいしなかった。

ぼくが丸善のオギさんとダケヤマさんから、丸善丸の内本店の四階に小さなブックショップ・イン・ショップを任されたのは二〇〇九年二月のことである。僅か六五坪だった。ぎゅうぎゅう詰めでも六万冊しか入らない。けれども要望に応《こた》えて十月には「松丸本舗」を鳴りもの入りでオープンさせた。「本のセレクトショップ」「ブックウェアの誕生」を謳《うた》った。

三年間で新たなモデルとチームを作りたいと言って、和泉佳奈子を中心にかなりの実験を試みた。螺旋状の迷宮的構造を現出させ、棚がヨコにつながるように工夫した。キーブックを選定し、BSE（ブックショップエディター）という本のコンパニオンを導入し、作家や有名人の蔵書棚を造作し、開店当初から「本の相場」を見せる落書き《グラフィティ》ができるようにした。丸善側は反対したが、本の前置きも横積みもした。「男本・女本・間本《あいだ》」といったシーズン特集もしつらえた。美輪明宏がよろこんで見にきた。詳しいことは『松丸本舗主義』（青幻舎）を読んでいただきたい。

しかし、一ヵ月もたたないうちにダケヤマさんが外され、半年目からは松丸担当の仕入れ係が次々に配転し、オギさんが丸善社長をやめさせられた。そのうち丸善そのものが書店部門とその他部門に分かれ、ジュンク堂のクドーさんがトップに坐った。二年半がたつとその書店部門のクドーさんが松丸を了えたいと言ってきた。これでは何をか言わんやだ。ソニーと同じだ。

二一世紀は「方法の世紀」である。二十世紀までは「主題」の時代だった。それなら本というものも、主題にこだわらずに方法に転じていかなければならなかった。これが出版社にも編集者にも、書店にも図書館にも問われる。

そもそも書物や全集や雑誌は消費財なのである。コモディティなのだ。だったら作りっぱなしでいいわけがない。出版社はコンテンツメーカーではあるけれど、同時にマヨネーズとタコ焼きソースの違いをつくっている欲望産出者なのだ。だったら、あんなわかりにくい書籍広告ばかり打っていて、いいわけがない。

書店だって、ブティックや薬屋やスニーカーショップと同様の小売業なのである。本がどのようなコモディティであるのか、店舗でどんなショッピングスタイルを用意するのか、サービスは何を試すのか、当然問われるべきだった。書店員の給与も安すぎるし、バイト代はひどすぎる。

図書館だって、いつまでも旧態依然たる十進分類に依拠していていいはずがない。動物園や水族館がなんとか見せ方を工夫しているのに、そういう涙ぐましい努力をしない。棚分類もおかしいが、せっかく版元が工夫して作ったカバーを外して、鼠色の本の背を押し黙らせたまま並べておいていいはずがない。とくに並製（ソフトカバー）の本はカバーをはがしたら貧弱きわまりない。ぼくは書店で文庫を買うのが大好きなのだが、図書館でカバーを外した文庫が並んでいると、一箱五〇〇円の古本屋に来たのかと思ってしまう。

図書館でもっと問題なのは、司書たちがほとんど本を読まないという実情だ。大学も同断だ。教員たちも研究室にこれ見よがしの専門書を並べるだけで、図書館を利用しない。お笑い草だ。図書館はかつては「神の知」の、ついではリベラルアーツの、いまでは「知のエンタテインメント」の空間なのである。司書や教員たちはアライグマやアシカや深海魚の飼育係を見習ったほうがいい。

だいたい著者と編集者と書店と図書館員と大学教員がつながっていないのが問題なのである。これでは「国の知」「町の知」「人の知」が切れていく。

著者や学者や作家たちにも問題がある。「センセイ」と呼ばれてごく僅かなスターライターが書店サイン会に出てくるだけだ。それもベストセラー相手か有名どころの著者ばかりで、難しい本のサイン会なんて、一度も催されたことがない。「難解書籍一〇〇人サイン会！」をやるべきだったのだ。売れっ子作家か芸能人ばかりでは、心ある読者層が書店に行くはずがない。

書評も問題だ。書評をするのはセンセイばかり。ほんとうは、書評はどんな「読者モデル」がその本にありうるのかという、本のコミュニティや本のファッションショーや本の読者モデルの提示であるべきなのに、そういう書評欄はめったに組まれない。その書評センセイの著書にして、書店でも図書館でもまったくガイドされることはない。これでは多くのユーザーのレビューやコメントやリコメンデーションで押し上げられていく電子ネットワークの読書環境のほうが、リアルな書物文化に代わって浮上していくのは当然だったのである。

あらためて言明しておくが、ぼくは現行の電子書籍リーダーなどで本を読みたいとは一度も思ってこなかった。断然格段の「リアル本」派なのだ。これは五十年間、まったく変わらない。松岡正剛は紙フェチ、見開きフェチ、文字フェチなのである。視覚的フォーマットや触感のリズムこそが「知の快楽」をダイナミックにしていくものだと信じてきた。だから表紙のデザインにも目次にも注目するし、組み方も中見出しも索引も、オートバイ部品のように偏愛する。帯だってりっぱな本なのだ。

ところが電子書籍では表紙のメッセージはなくなっているし、レイアウトや索引は捨てられている。帯もなくなっている。部品はアマゾンやグーグルが用意した画一的なものだけだ。

もともと本を読むという行為は、さまざまなアフォーダンスを出入りさせる身体的な行為として発達してきた。目も手も使うし、体の姿勢も関係ある。車中の読書や寝転び読書は、まさに体ごとのエクササイズなのだ。

実は口や耳も使っている。音読が口と耳の動員にあたるけれど、それだけでなく黙読時ですら読んでいる最中には内語的な擬似発音がおこっていて、これに耳が呼応している。体も深くかかわっている。食べすぎれば本など読めたものじゃない。読書は背中や腹とともにあるものなのである。

読書は身体的になればなるほど、ずっとおもしろくなる。読書はプラトンや空海の時代から「知の格闘技」であり、そもそもが「全身アスリート」の体験世界なのである。実際にもプラトンはレスラー出身だったし、空海は山岳修行をしながら重要なフレーズを声に出していた。

ぼくも同じだ。親指と人差指でページを次々にめくる感覚値も、アイスキャニング・スピードの加減の仕方もスキップ・リーディングの仕方も、読みながらマーキングをしていくスキルも、ほとんど小型機のパイロットやサッカー選手や板前さんたちのように習得した。これらはすっかりぼくの体になっている。いまさら画面だけを指こすりしてスクロールしたくない。

ちなみにぼくは一九八四年からワープロやPCで文章を打ってきた。もちろんネットサーフィンもする。あまり参考にはしないがウィキペディアも見る。そもそも「千夜千冊」をウェブ・ネットワーク上で公開してきたわけである。だから大いに電子の恩恵に浴してきたわけだ。スタッフたちがPCを操っているのは嫌いではないし、ウェブがもたらすソーシャル・イノベーションにも最初から関心をもってきた。

ただし紙フェチだから、そうやってキーボードで打った文章は必ずプリントアウトして、赤字はその紙のほうに書きこんできた。その推敲もたいてい三、四度にわたる。「千夜千冊」もずっとそうしている。ぼくの推敲には空間認知が必要なのだ。文章を手元ではなく上から文脈を見て、言葉をバーズアイしながら編集するのだ。だから電子化がよくないなどとはゆめゆめ思っていないのだが、もっともっと工夫したほうがいいと言いたい。現状の電子端末で本を読む気はしないぜよ、と言っているだけだ。

というわけで、ぼくにはキンドル（アマゾン）もヌーク（バーンズ・アンド・ノーブル）も、リーダー（ソニー）もガラパゴス（シャープ）もシグマブックやワーズギア（松下）もコボ（楽天）もお呼びでないのだが、しかし、ところが、なのである。

本音を言うが、「本」や「読書の文化」をなんとかしようとしている気概と工夫と投資については、リアル本を作ったり売ったりしている連中たちよりも、いまやマーコスキー君のような「電子の一族」たちのほうがずっと冒険的であり、真剣であり、勇気に富んでいるとも感じるのだ。これはアップルの仕事を外から見ていた頃からしだいに感じていたことで、そのうちキンドル4のヴァージョンアップ版をさわってみて、うーん、リアル派たちは負けているぞと実感した。そんな実感から今夜はキンドルの開発と宣教にかかわったマーコスキー君の本を、軽く千夜千冊することにしたわけだ。けっこうよく書けていた。

それにくらべてあえて苦言を呈するが、本書はひどい。講談社が翻訳出版したのだが、なんと、どこにも原題と原本の発行元や発行年を明示していないし、訳者などによる「あとがき」もない。翻訳はちゃんとしていたが、本作りとしては実にお粗末な日本語版だった。なんということか。

未来の読書がどのようになっていくのか、電子の一族たちはさまざまな憶測をしている。クラウド化することはまちがいないだろうが、それでどうなるかというと、まだまだヴィジョンが見えていない。

映画やビデオゲームと接合していくという見方もあれば、読書クラブを内包していくだろうという見方もある（ぼくはそう予想している）。一冊ごとに小部屋ができるとか、読者ユーザーの質問に答えられるようになると言う者もいる。マイクロコンテンツ化も進むだろう。著者と読者が相談のうえデジタル本をつくるだろうとか、注釈チャットがふえるコンテンツに人気が集まるだろうという予想もある。

ソースブックス社（シカゴ）がリアル本とCDやDVDを次々にカップリングしたように、これからは電子書籍がリアル本を引きずりこむという説もある。そのときは音楽配信や著者のボイスメッセージも付くことになるだろう。オンデマンド本もだんだんふえていくだろう。とはいえ、それで将来がおもしろくなるかというと、そうでもない。

なるほどアマゾンにはＥｎｃｏｒｅ（アンコール）という部門があって、カスタマーレビユーの情報をもとにあまり注目されていない作品や作家を発掘強調して、電子のおすすめ品にしようという動きもあるが、これをカスタマーに頼っていてはダメだろう。そこには独自の編集力が生まれなければならない。一番期待がもてそうなのは、各種の読書アプリが開発され、競って発売されるだろうというものだが、そのアプリの内容や機能がいっこうに見えてこない。

既存の書籍業界では、たとえば黒田官兵衛についての一冊の本があれば、そこには秀吉から安土桃山のすべての問題に関する本、図解本や年表本、中国や日本の参謀をめぐる本といった単行本がずらりと踵《きびす》を接するのである。また、そういう本やムックを編集制作するエディターシップがずらりと控えている。いくらアマゾンが電子本化を進めても、そういったコンテンツはアマゾン自身からは生まれてはこない。

かれらは「狩人」なのだ。いくらオール電子化を叫んでも、結局は既存出版社の本を待って、それを狩り取って、電子化するしかないはずなのだ。これはグーグルだって同じことだ。ともかくもぼくが見るに、この程度の発想では結局はSNSと同様に、電子ブックリーダーのサイト内にはおっつけ大量の広告が溢れてきて、とても読書している気にならなくなるだろう。

電子書籍の未来を論ずるには、これまでの本の文化の特色をあらためて列挙して、ライプニッツ以来の検索システムを総ざらいし、カラザースの『記憶術と書物』（工作舎）を読み、その特異な機能を総点検したほうがいい。とりわけ連想検索の可能性を追求したほうがいい。高野明彦の連想検索システムがもっと参考にされるべきである。

必要なのは、マーコスキー君たちにもその用意はあったようだが、そもそも本を読むとはどんな文化力や社会力が必要なのかということを考えることなのだ。そういうことを詰めていけば、実はリアル本であろうと電子本であろうとオンデマンド本であろうと、待望されるのは、それらをどのように「知のマザープログラム」が包めるかということだと気がつくはずである。

問題はその「知のマザープログラム」が図書分類や大学の学科に代わって、まだこの世に提示されていないということにある。松丸本舗は挫折させられたが、その方法の冒険が技能化され、ソーシャライズされるのは、これからだ。

第一五五二夜　二〇一四年七月三一日

参照千夜

七九九夜：プラトン『国家』　七五〇夜：空海『三教指帰・性霊集』　九九四夜：ライプニッツ『ライプニッツ著作集』　一一六二夜：森健『グーグル・アマゾン化する社会』　一三一四夜：メアリー・カラザース『記憶術と書物』

追伸

本は交際である

本には何でも入る。オリエント文化もバッハの楽譜も信長の生涯も入るし、ピーターパンの冒険もハイデガーの哲学もシダ植物の生態も入る。物語も日記も政策も犯罪も、必ずや本によって形をなし、本として世の中にデリバリーされてきた。本は何でも運べる舟であり、たいていのコンテンツを盛り付けられる器で、かつまた知識と情報の相場でもあって、誰もが好きに着たり脱いだりできる着脱自在な方形の衣裳なのである。

ぼくはそういう本たちとのべつ交際しながら、人生大半の時間を費やしてきた。そして五六歳のとき、その体験の一部を互いに連鎖する感想録のように綴って「千夜千冊」としてウェブに公開することにした。書評ではない。その本との「めぐりあい」の事情と「印象」と「言わずもがな」を綴った。不倫はがまんした。一人の著者とは一度だけの付き合いとしたのである。このたび、それらを編みなおし、角川文庫のシリーズとして好きに再構成することになった。名付けて「千夜千冊エディション」だ。

この一冊目のエディション（いわば「編集成」とでもいうもの）では、ぼくなりの本読術《ほんどくじゅつ》や読書思想を組み立てた。四章にわたって本から本へ飛び移っているが、共通しては三つのことを重視した。

第一には、ぼくが本に接するたびに試みてきた「読み」の手法がわかるような千夜を選んだ。パスカル、馬琴、バルザック、ポオらは、ぼくに「読み」を教えてくれた秘訣の持ち主だった。第二に、そもそも本はどのように編まれて著されてきたのか、どう読まれてきたのか、そのプロフェッショナルな「しくみ」に言及した千夜を並べた。われわれは長い音読の時代をへて、近代以降に特異な黙読の習慣をつけるようになったのだけれど、そこには中世以来の「書き読み」と「読み書き」の秘術が潜伏していたのである。カザラースの『記憶術と書物』や前田勉の『江戸の読書会』に詳しい。

第三に、本というもの、古代アレキサンドリアの神殿めいた図書館に始まって愛書家たちの書斎づくりに至るまで、つねに並べられ書架に入り、閲覧と入手を待ってきたオブジェクティブな物品でもあった。それゆえ、その扱いにはさまざまな「フェチ」や「偏向」が出入りした。焚書や禁書もおこった。いまやその多くが電子化されて、ネットの中にも棲息するようになってきた。それなら、本の読み方や本たい。

との交際の仕方は変わるべきなのかといえば、いやいや、そんなことはない、もっとラディカルになったほうがいいという主張者たちの本を選んでおいた。ボルヘス、エーコ、マングェル、ユーリン、マーコスキーの弁論にしばし耳を傾けていただきたい。

本とは、人類の歴史文化のなかで最高無二の知的情報体となってきた柔らかいパッケージである。この連中とはひたすら交際するのが一番だ。ぼくはそのための取《と》説《せつ》（取扱い説明書）を綴ってみたかった。いささかぼくが得意とする編集格闘技に片寄っているかもしれないが、それなりに愉《たの》しみ勝手も使い勝手もあるのではないかとおもう。

掲載収録にあたっては、角川ソフィア文庫の編集部、角川文化振興財団、松岡正剛事務所、編集工学研究所の諸姉諸兄にあれこれ扶《たす》けてもらった。造本設計は町口覚君の「字紋」を操る乾坤一擲に託した。なによりも古今東西の著者や版元や印刷者にお礼を述べたい。

松岡正剛

千夜千冊
EDITION

「千夜千冊エディション」は、2000年からスタートした
松岡正剛のブックナビゲーションサイト「千夜千冊」を大幅に加筆修正のうえ、
テーマ別の「見方」と「読み方」で独自に構成・設計する文庫オリジナルのシリーズです。

執筆構成：松岡正剛
編集制作：太田香保、寺平賢司
造本設計：町口覚
意匠作図：浅田農
口絵撮影：熊谷聖司
編集協力：清塚なずな、編集工学研究所
制作設営：和泉佳奈子

松岡正剛の千夜千冊　http://1000ya.isis.ne.jp/

千夜《せんや》千冊《せんさつ》エディション

本《ほん》から本《ほん》へ

松《まつ》岡《おか》正《せい》剛《ごう》

平成30年 5月25日　初版発行

発行者●郡司 聡

発行●株式会社KADOKAWA
〒102-8177　東京都千代田区富士見2-13-3
電話 0570-002-301（ナビダイヤル）

角川文庫 20955

印刷所●株式会社暁印刷　製本所●株式会社ビルディング・ブックセンター

表紙画●和田三造

ISBN978-4-04-400352-4　C0195

角川文庫発刊に際して

角川源義

第二次世界大戦の敗北は、軍事力の敗北であった以上に、私たちの若い文化力の敗退であった。私たちの文化が戦争に対して如何に無力であり、単なるあだ花に過ぎなかったかを、私たちは身を以て体験し痛感した。西洋近代文化の摂取にとって、明治以後八十年の歳月は決して短かすぎたとは言えない。にもかかわらず、近代文化の伝統を確立し、自由な批判と柔軟な良識に富む文化層として自らを形成することに私たちは失敗して来た。そしてこれは、各層への文化の普及滲透を任務とする出版人の責任でもあった。

一九四五年以来、私たちは再び振出しに戻り、第一歩から踏み出すことを余儀なくされた。これは大きな不幸ではあるが、反面、これまでの混沌・未熟・歪曲の中にあった我が国の文化に秩序と確たる基礎を齎らすためには絶好の機会でもある。角川書店は、このような祖国の文化的危機にあたり、微力をも顧みず再建の礎石たるべき抱負と決意とをもって出発したが、ここに創立以来の念願を果すべく角川文庫を発刊する。これまで刊行されたあらゆる全集叢書文庫類の長所と短所とを検討し、古今東西の不朽の典籍を、良心的編集のもとに、廉価に、そして書架にふさわしい美本として、多くのひとびとに提供しようとする。しかし私たちは徒らに百科全書的な知識のジレッタントを作ることを目的とせず、あくまで祖国の文化に秩序と再建への道を示し、この文庫を角川書店の栄ある事業として、今後永久に継続発展せしめ、学芸と教養との殿堂として大成せんことを期したい。多くの読書子の愛情ある忠言と支持とによって、この希望と抱負とを完遂せしめられんことを願う。

一九四九年五月三日